과학기술
혁신시스템의
대전환

혁신국가를 향한

과학기술혁신시스템의 대전환

개방과 협력시대로의 재도약

초판 1쇄 인쇄 _ 2023년 10월 30일
초판 1쇄 발행 _ 2023년 11월 1일

지은이 _ 이민형

펴낸곳 _ 다인기획
펴낸이 _ 임채식
책임 디자인 _ 이정은

ISBN _ 979-11-984769-1-3 03300

등록 _ 2023. 6. 14 | 제 2023-000070호

서울시 중구 창경궁로 18-1 동림비즈센터 901호
이메일 limcs629@hanmail.net

책값은 뒤표지에 있습니다.

혁신국가를 향한

과학기술
혁신시스템의
대전환

개방과 협력시대로의 재도약

이민형 지음

다인기획

혁신의 주창자로 알려진 오스트리아 출신의 미국경제학자 조지프 슘페터는 1912년 발표한 저서 '경제발전론'에서 혁신이라는 단어는 사용하지 않았지만, 그 개념을 명확히 밝혔다. 그는 철강 생산 장치와 동력, 운송의 역사를 예로 들며 자본주의의 본질은 경제 구조를 변화시키는 산업적 돌연변이, 즉 '창조적 파괴Creative Destruction'에 있다고 주장했다.

슘페터가 살았던 시대, 인류는 이른바 2차 산업혁명에 성공해 화학, 전기, 석유, 철강 분야에서 기술혁신을 이루었다. 이후 1970년대 컴퓨터의 등장으로 3차 산업혁명을 통해 단순 작업의 자동화를 실현했고, 현재 우리는 AI(인공지능) 등을 통해 지적 활동의 자동화, 개별화 생산이 가능해지기 시작한 4차 산업혁명의 한가운데에 있다. 이제는 레이 커즈와일이 예측한 싱귤래리티Singularity, 즉 AI가 인간을 능가하는 '기술적 특이점'에 이미 도달하고 있다는 의견도 세를 얻고 있다.

이 책은 이러한 혁신이론의 역사적 바탕에서 이뤄져온 다양한 과학기술 및 산업의 발전을 정리하면서 현재와 미래를 잇는 새로운 혁신론을 제시한다. 저자의 혁신론이 미래완료형으로서 주목되는 이유다. 아울러 저자가 30년 이상 줄곧 혁신이론에 천착하여 산·학·연·관을 아우르는 '혁신정책 디자이너'로서 국내외의 대표적인 혁신이론가중 한사람으로 입지를 다져왔다는 퍼스널 히스토리도 이 책의 가치를 드높이는 대목이다.

곽재원 (가천대 교수, 전 중앙일보 과학기술 대기자)

정부출연연구기관(출연연) 혁신에 대해 이야기하는 많은 사람들이 있지만 이민형 박사만큼 오랫동안 국가연구개발체제와 출연연에 대한 연구를 해오면서 출연연의 역사와 상황을 잘 파악하고 있는 정책연구자는 없다고 본다. 그동안 나 역시 출연연에 30 여년 근무하면서 출연연의 역할이 약화되는 현상을 안타깝게 보면서 연구기반이 잘 구축된 출연연의 운영 시스템을 개선하면 출연연의 핵심 혁신역량이 강화될 것이라고 생각하면서 뜻있는 연구자들과 출연연 혁신 방안을 논의하였다.

이번 이민형 박사의 '혁신국가를 향한 과학기술혁신시스템의 대전환'을 읽으면서 우리나라 국가연구개발체제와 출연연의 상황을 잘 진단하고 전환의 방향을 올바로 제시했다고 본다. 무엇보다 정부연구개발 예산시스템 및 관리체계와 정부연구개발정책의 문제점들을 출연연의 PBS제도와 공공기관 운영법(공운법)의 적용의 문제점과 함께 파악하고 그 개선점을 제시하였다.

'모든 것이 변화하고 있는 대전환시대에 국가과학기술혁신시스템의 혁신 여부가 우리나라 미래의 혁신성장과 발전을 결정하게 될 것이다'

우리나라 국가과학기술혁신시스템의 혁신을 위한 훌륭한 지침서로서 혁신에 관심이 있는 모든 정책연구자, 정부부처 공무원, 출연연 보직자들에게 일독을 권한다.

이규호(전 한국화학연구원 원장)

혁신국가를 향한 과학기술혁신시스템의 대전환

: 개방과 협력시대로의 재도약

기술패권 경쟁시대가 시작되었다. 4차 산업혁명의 핵심기술과 산업을 선점하는 기업과 국가가 글로벌 시장을 지배하고 패권국가로서의 힘을 갖는 시대가 되었다. 글로벌 혁신시장은 이미 AI, 반도체, 전기차 등 새로운 산업들의 전장이 되고 있다. 이제 AI는 4차 산업혁명의 주인공으로 그 모습을 본격적으로 드러내고 있다.

글로벌 대기업들은 4차 산업혁명의 핵심기술과 혁신역량으로 무장해 글로벌 혁신시장에 대한 지배력을 키우고 있다. 글로벌 혁신기업들이 창출하는 경제적 가치는 거대하고 그런 혁신기업을 보유하고 있느냐가 국가간 부의 격차를 좌우하고 있다. 지금의 글로벌 혁신기업은 국가 안보를 지키는 파수꾼이기도 하다.

이처럼 글로벌 혁신시장의 판이 흔들리고 국가간 전략기술경쟁이 치열해 짐에 따라 선진 각국의 혁신전략과 정책도 이전과는 전혀 다르게 움직이고 있다. 선진국 정부는 기업과 시장의 자율성에 맡겨두었던 것을 거두고 국가 전략 차원에서 혁신시장에 적극 개입하는 방식으로 정책을 전환하고 있다.

여기에는 지금의 혁신가치 창출의 복잡성도 관련되어 있다. 경제사회 및 기술지식의 복잡성으로 인해 연구자 한사람, 하나의 기업으로는 새로운 혁신가치를 창출하기 어렵다는 점이다. 혁신가치는 산학연관이 모두 협력하고 상호작용하는 시스템적 활동의 결과로서 창출된다. 따라서 산학연관이 모두 협력해 혁신역량을 발휘하도록 정부가 나서서 국가혁신시스템을 재정비하고 정책을 통한 리더십을 적극 발휘하고 있다.

국가혁신시스템은 국가마다 역량과 수준에 차이가 있다. 새로운 글로벌 혁신시장의 판세에 대응하기 위해서는 지금의 국가혁신시스템의 역량 수준을 한 단계 높일 수 있어야 한다. 그래서 국가혁신시스템의 오래된 구조적인 문제를 개선하는 것이 국가 혁신역량 및 경쟁력 제고의 관건이 된다.

전통적으로 과학강국인 유럽은 기초과학 수준은 우수하지만 미국보다 과학지식의 혁신전환 능력이 떨어진다는 문제가 있다. 이런 구조적 문제를 스스로 유러피언 패러독스라 부른다. 그런데 구조적인 문제가 개선되지 않고 지속되면서 유럽은 4차 산업혁명의 대전환에 뒤쳐지고 새로운 성장동력이 없다는 치명적인 문제로 이어지고 있다. 이미 자본시장에서는 그 문제가 극명하게 드러나 애플의 시가 총액(약 3조 달러)이 영국의 증시 전체 시가총액을 넘어서고 있다. 유러피언 패러독스를 해결하지 못한다면 유럽의 혁신성장 동력은 하락하고 미국과의 부의 격차는 더욱 크게 벌어질 것이다.

우리나라에는 일명 '코리언 R&D 패러독스'라는 구조화된 문제가 있다. 연구개발의 양적 투자는 많은데 혁신시장에서 성과창출이 부족한 것이다. 연구개발에 대한 양적 투자의 확대가 양적인 연구성과 창출로는 이어졌지만 질적으로 우수한 연구성과 창출로 전환되지는 못하고 있다. 당연히 시장에서 지식의 혁신전환도 원활하지 않다. 다만 혁신시장에서 기업들의 빠른 캐치 업Catch up 역량이 상당한 혁신전환 능력을 발휘하고는 있다. 그러나 이런 전략은 같은 전략을 구사하는 중국에 밀리고 있다. 또한 4차 산업혁명의 디지털 전환은 속도있는 혁신을 이끌고 있어 캐치 업Catch up 전략을 실행하는데 필요한 시간이 부족하다. 따라서 한국혁신시스템의 R&D 패러독스를 해결하려면 연구개발시스템의 역량 제고를 기반으로 과학지식의 혁신전환능력까지 높이는 전략이 필요하다.

국내 연구개발시스템은 정부의 지원과 관리에 상당부분 의존하고 있다. 연구개발시스템의 경쟁력을 높이려면 지금의 정부연구개발정책 기조의 변화가 필요하다. 지금까지 정부의 연구개발정책을 지배해 온 관리원칙은 경쟁을 통한 효율성 제고이다. 경쟁방식은 양적 성과를 높이는 효율성은 달성했으나 더 이상의 효율성 제고에 한계를 보이고 있다. 더구나 오랜 시간 지속된 경쟁체제는 더 나은 지식창출을 위한 지식생태계의 협력 기반을 훼손시키고 있다. 연구자, 연구기관, 기업, 정부부처 모두 각각 나름의 노력을 하고 있지만 서로 폐쇄적이며 상호작용을 하지 않고 있다. 이러한 개별 경쟁체제에서는 큰 성과를 창출하기 어렵다. 작은 성과, 양적인 성과를 위한 경쟁체제에서 큰 성과, 질적인 성과를 위한 개방과 협력체제로 전환이 필요하다.

개방과 협력체제로의 전환은 혁신생태계를 구성하는 지식생태계와 시장생태계의 장벽을 넘는 상호 협력을 촉진해 시장의 혁신전환 능력 향상에도 기여한다. 산학연 간의 실질적인 협력 활성화로 지식생태계와 시장생태계 간의 장벽과 상호 몰이해가 개선된다면 혁신가치 창출에 대한 연구계와 기업의 적극적인 태도 변화를 유발할 수 있다. 이러한 태도 변화는 국가혁신시스템의 지식가치사슬구조의 질적 수준을 높이는 거대한 구조적 변화를 일으킬 수 있다.

국가과학기술혁신 거버넌스도 한단계 도약해야 한다. 개방과 협력체계로의 전환을 이끌어가는 것뿐만 아니라 국가혁신시스템 지식가치사슬구조의 구조적 문제를 주도적으로 개선해 나가야 한다. 컨트롤타워의 역할도 형식적인 과학기술정책 컨트롤타워 수준에서 벗어나 국가 전략기술개발과 혁신성장 전략을 주도하는 정책 컨트롤타워로서의 역할 전환이 필요하다.

모든 것이 변화하고 있는 대전환시대에 국가혁신시스템의 경쟁력 수준이 국가의 경제안보와 부의 수준을 좌우하게 된다. 특히 과학기술을 중심으로 하는 혁신체계 즉, 국가과학기술혁신시스템의 혁신 여부가 우리나라 미래의 혁신성장과 발전을 결정하게 될 것이다. 그러면 우리는 무엇을 어떻게 준비하고 대응해야 하는 가? 에 대한 해답이 필요하다. 지금 등장하고 있는 거대한 혁신변화의 특징과 핵심적 맥락 파악에서부터 우리나라의 국가과학기술혁신시스템이 안고 있는 구조적인 문제에 대한 확인 및 대응을 위한 변화와 혁신방안 등이 필요하다. 그러나 국가혁신시스템의 대응 방향과 전략, 정부의 역할 등에 대한 포괄적인 답을 제시해 주는 문헌을 찾기가 어려웠다. 이에 부족하지만 저자가 고민한 내용들과 정책적 의견을 많은 분들과 공유하고 싶은 생각에 저술작업을 시작하게 되었다.

과학기술정책분야는 관련 학문분야에 대한 이해뿐만 아니라 혁신환경 변화의 맥락, 기술과 경제사회와의 관계, 정부 제도의 역할까지 폭넓게 파악해야 하는 분야이다. 빠른 기술변화만큼 변화의 내용과 맥락을 이해하고 새로운 제도의 역할까지 통찰하는 과정을 수없이 반복해야 하는 어려움도 있다. 지금도 어려움에 처해 있을 후배들에게 저자의 지식이 작은 도움이 되었으면 하는 바람이 있다.

혁신은 과학기술분야에서 경제분야 및 사회분야까지 연계되어 있다. 그 중에서도 핵심인 과학기술과 경제분야는 직접적으로 연결되어 있다. 그러나 현실은 과학기술계와 경제계 간의 상호 이해와 소통이 부족한 상황이다. 혁신생태계는 지식생태계와 시장생태계가 함께 만드는 것이지만 각각은 작동방식이 전혀 다르다. 이 책이 서로 다른 두 분야의 특성을 이해하고 소통하는데 작은 도움이 되었으면 한다.

이 책은 2부로 구성되어 있다. 1부에서는 글로벌 혁신환경 변화의 특징과 이에 대응한 선진국들의 혁신정책의 흐름을 다루고 있다. 단순히 변화 내용을 기술하는 것만이 아니라 변화의 맥락과 왜 선진국들이 그런 정책을 추진하는지를 설명한다. 전공자가 아닌 일반인들에게도 과학기술혁신 관련 글로벌 환경 변화와 선진국들의 정책 방향을 이해하는데 도움이 되리라고 본다. 기술패권 등 요즘 국제정세에 관심있는 독자라면 일독을 권한다.

2부는 정부가 해야 할 역할에 대한 논거와 우리나라 국가혁신시스템의 특징과 구조적 문제를 설명하고 있다. 또한 우리나라 국가혁신시스템을 주도하는 정부연구개발시스템과 공공연구개발정책을 크게 해부하여 분석한다. 공공연구개발정책을 지배하고 있는 관리 패러다임, 정부정책 및 제도의 문제점과 개선방안에 대한 저자의 관점과 의견을 제시한다. 과학기술혁신 분야에서 정부의 역할이나 정부연구개발정책에 관심이 있는 분들이라면 2부까지 읽기를 권한다.

유난히도 무더웠던 여름날이 지나가고 서늘해진 가을 초입에 지난했던 글쓰기 작업이 마무리되었다. 혼자서는 어려웠을 길에 선후배와 가족들의 도움과 격려는 지치지 않는 힘이 되었다. 특히 광주과학기술원 임기철 총장님께서 해주신 많은 조언과 격려는 생각의 터널 속에서 길을 잃지 않고 목적지에 도달할 수 있는 원동력이 되었다. 언제나 응원해주시는 아버지, 하늘에서 기원해 주시는 어머니, 격려해 주신 모든 분들께 감사의 인사를 드린다.

2023년 10월 이민형

1부

글로벌 혁신 패러다임의 대전환

2부

국가혁신시스템과 정책 패러다임의 전환

글로벌 혁신 패러다임의 대전환

4차 산업혁명, 미중패권 경쟁, 기후변화와 탄소중립, Covid-19 팬데믹 등 글로벌 환경은 혼란과 불확실성으로 가득하다. 이러한 글로벌 위기 해결의 중심에 기술이 있으며 국가와 국민을 지키는 전사의 역할을 하고 있다. 전략기술을 둘러싼 국가간 경쟁과 전략싸움도 치열하다. 기술혁신을 둘러싼 국제정세와 선진국들의 혁신정책 전략을 파악하고 우리의 대응 방향을 모색한다.

1장

기술패권과 혁신생태계의 재구조화

글로벌 혁신환경은 과학기술혁신 경쟁을 넘어 기술패권 경쟁으로 나아가고 있다. 국가의 기술경쟁력이 경제안보와 군사안보를 좌우하는 핵심요인으로 변화하고 있다. 4차 기술혁명의 성공을 좌우하는 전략기술의 확보가 국가의 생존과 미래 운명을 좌우한다.

전략기술의 안보화 시대
: 전략기술이 국가안보의 주축이 되다.

미중 간의 패권 경쟁은 첨단기술력에 기반한 중국경제의 도약에 의해 촉발되었다. 미중패권 경쟁의 핵심에는 기술이 있으며 글로벌 과학기술 혁신정책이 안보화와 기술주권 확보로 향하고 있다

기술혁신역량이 경제안보와 군사안보를 결정한다

기후변화로 인한 지구적 재난 위기, COVID-19의 대유행으로 인한 전 세계 시민의 생명 위협, 우크라이나에 대한 러시아의 침략 전쟁은 전 세계를 혼란에 빠뜨리고 있다. 이러한 글로벌 위기 상황은 무역전쟁으로 시작된 미중간의 패권경쟁을 심화시켜 경제, 기술, 안보로 연계되는 신패권 경쟁시대로 전개되고 있다.

일반적으로 안보Security는 외부의 군사적 위협으로부터 국가와 국민을 보호한다는 의미로 사용된다. 그러나 COVID-19의 대유행과 미중패권 경쟁이 심화되면서 안보의 개념은 군사적 안보를 넘어 경제적 안보의 중요성을 부각시키고 있다.

그동안 국가간 자유무역 확대에 따른 세계화가 진행되면서 기업들이 비용 절감 및 시장 개척을 위해 제품의 설계, 부품과 원재료의 조달, 생산, 판매를 다수의 국가 및 지역에서 실시하는 국제적인 분업체계 즉, 글로벌 가치사슬global value chain이 활발히 진행되었다.

글로벌 가치사슬이 확산되면서 글로벌 기업들은 세계 시장에서 저렴한 제품생산 비용에 의한 가격 우위를 점할 수 있었다. 하지만 제품의 생산과정에 여러 나라가 관련되어 있어 어느 한나라에 문제가 생기면 제품의 생산과 판매가 어려운 취약성을 내포해 왔다. COVID-19의 대유행은 세계화에 의한 글로벌 가치사슬의 위험성을 명확히 알게 해 주는 계기가 되었다.

마스크에서부터 생활용품, 첨단 반도체까지 감염방지를 위한 봉쇄조치에 제조 부품, 원재료 등 글로벌 공급망이 붕괴되는 현상이 발생한 것이다.

　또한 우크라이나 전쟁은 유럽의 가스 공급 문제와 식량 공급 위기를 유발해 에너지 가격과 식량가격의 상승과 불안정성을 촉발했다. 일부 국가간 갈등과 전쟁이 글로벌 경제의 가치사슬에 그대로 반영되어 영향을 미치고 있는 것이다.

　글로벌 공급망에 대한 불안정성 경험은 공급망의 다각화에 대한 필요성 인식과 함께 보다 안전한 공급망 확보를 위한 글로벌 가치사슬의 재구축으로 이어지고 있다. 글로벌 공급망의 재구축은 미국을 주축으로 한 자유시장경제와 경쟁관계인 중국과의 편가르기로 본격화되고 있다. 이러한 국가간 동맹에 의한 새로운 공급망 구축은 제품 생산에만 국한된 것이 아니라 첨단장비 수출통제, 첨단 분야 연구개발까지 영향을 미치고 있다.

중국, 첨단기술력을 토대로 글로벌 슈퍼파워로 도약하다.

　미국의 중국에 대한 경쟁전략은 턱밑까지 따라온 중국이 미국경제를 추월할 수 있다는 위험 인식에서 비롯되었다. 중국은 2010년에 일본, 미국을 제치고 세계 최대의 제조대국이 되었다. 나아가 종합 산업정책인 "중국제조 2025"를 2015년에 발표해 제조 최강국 도약을 목표로 핵심기술과 부품 소재의 자급자족 달성을 제시하였다. 더욱이 현대판 신 실크로드 전략인 "일대일로"는 거대 경제권의 형성을 통한 중국의 패권주의적 야망을 드러냈다. 미래 기술패권을 좌우하는 4차 산업혁명 기술분야에서 중국의 첨단기술력 성장은 중국이 글로벌 수퍼파워로 도약할 수 있는 기회가 되고 있다.

실제로 중국은 미래 유망기술분야에서 상당한 기술력을 확보하고 있는 것으로 나타났다. 최근 호주의 한 전략연구소가 발표한 중국의 기술수준 발표 내용을 보면, 수십 개의 주요 유망기술 중 80% 이상 기술에서 중국이 선두를 달리고 있다[1]. 아직은 첨단 신기술분야에서 중국의 기술적 위협이 크게 느껴지지는 않지만 복합기술체인 중국 달탐사선의 활동과 성과는 중국의 기술력에 기반한 우주굴기의 수준을 보여주고 있다. 또한 우리나라 기업들과 경쟁관계에 있는 전기차, 이차전지, 모바일 폰 등에서도 중국은 빠른 성장 모습을 보여주고 있다. 더구나 중국은 서구에서 교육받고 연구한 수많은 인재들을 중국 국내로 유입하고 해외 기술기업 의 유치 및 해외 공동연구를 통해 첨단기술 지식을 확보하고 있다. 이런 방식은 중국이 새로운 지식 흡수를 통해 기술 선도국으로 가기 위한 중요한 전략으로 활용되고 있다.

그래서 중국을 제어하기 위한 미국의 노력은 대중국 무역제재 뿐만 아니라 첨단기술에 대한 제재를 통해 이루어지고 있다. 트럼프 행정부에서는 중국산 제품에 대해 추가 관세를 부과하였고 첨단 기술의 중국 공급 차단을 위한 수출통제 대상 리스트 관리를 통해 첨단기술이전을 제한하였다. 중국산 통신장비 및 전력장비에 대한 조달 금지도 이루어졌다. 중국에 대한 무역 및 기술통제는 바이든 행정부에서도 지속되고 더욱 조직화되고 있다.

미국은 자신들이 주도하는 무역과 공급망 재편을 위해 IPEFIndo-Pacific Economic Framework[2]를 출범시켰다. 그리고 공급망 협력 강화 특히 반도체 분야에서의 공급망 협력에 초점을 둔 반도체 및 과학법CHIPS and Science Act[3]을 제정하였다. 미국은 반도체 선진국인 미국, 한국, 일본, 대만이 참여하는 CHIP4도 제안하고 있다.

최근 미국의 대 중국 대응 전략은 무역전쟁 만으로는 턱밑까지 추격한 중국을 따돌리기에는 한계가 있어 4차 산업혁명의 핵심기술을 확보해 미래의 기술패권을 장악하는 것이다. 기술패권시대에는 첨단 핵심기술을 선점한 국가가 기술-경제-안보 등 모든 것을 차지할 수 있기 때문이다.

글로벌 과학기술혁신정책 방향 전망

최근 등장한 기술의 안보화 및 패권화 흐름은 글로벌 선진 국가들의 과학기술혁신정책의 방향과 전략을 크게 바꾸고 있다.

미중 간의 패권경쟁으로 국가간 기술혁신 전략과 제조업 공급망 관리 정책이 경제안보 및 국가안보와 연계되어 전개되고 있다. 그동안 중국의 경제 성장과 함께 발전해 온 서방 국가들은 외부 환경이 변화하면서 중국을 벗어난 기술혁신 및 공급망의 확보 전략으로 전환하고 있다. 특히 미국의 중국 견제를 위한 첨단기술 보호 전략은 중국으로의 첨단기술의 유입을 막고 서방 국가들에게 첨단 기술분야에서 중국과의 공동연구 및 협력을 줄이도록 요구하고 있다. 이에 따라 서방국가와 중국과의 기술혁신의 상호의존성이 줄어들고 국제적으로 지식과 기술의 자유로운 흐름이 제약되고 있다. 또한 진영이 구분되는 국가들 간의 과학기술혁신 동맹을 추진해 새로운 기술혁신 공조체제를 추진하고 있다.

한편에서는 4차 산업혁명의 핵심기술을 확보하기 위한 국가간 기술확보 경쟁이 치열하게 전개되고 있다. 핵심기술을 확보해야 새로운 시장확보 및 혁신질서를 주도할 수 있기 때문이다. 더구나 과학기술혁신 동맹국 간에도 자국의 이익이 우선이어서 기술경쟁력이 있어야 협상력 확보와 새로운 시장질서에 우위를 점할 수 있다.

따라서 글로벌 과학기술혁신정책은 경제안보와 군사안보가 결합된 기술기반 경쟁이 치열하게 전개됨에 따라 기술주권을 확보하기 위한 전략적 기술역량 확보가 과학기술혁신정책의 중요한 과제로 등장하고 있다.

그동안 과학기술혁신정책은 국가의 기술적 혁신역량 제고, 기업의 혁신역량 개선과 같은 혁신경쟁력 제고를 통해 글로벌 시장에서 제품경쟁력, 기업경쟁력을 확보하기 위한 시장중심적 접근이 이루어졌다. 그러나 이제 안보화, 기술주권, 과학기술혁신동맹과 같은 기술안보, 기술정치, 기술외교가 중시되고 있으며 국가간 전략경쟁의 중심에 기술과 산업공급망이 위치하고 있다. 즉, 글로벌 과학기술혁신정책은 과학기술의 주권확보 등 전략적 역할을 강화하는 방향으로 패러다임이 전환되고 있다.

과학기술혁신정책의 전략적 역할 확대와
경제사회외교정책과의 연계 강화

기술패권에 대한 국가 전략적 대응이 중요해지면서 과학기술과 경제사회외교정책 등 타 분야 국가정책과의 연계 및 조정이 중요해지고 있다. 그동안 우리나라는 과학기술정책을 과학기술분야의 집중 육성을 위한 독립적인 정책영역으로 운영하였다. 그로 인해 과학기술분야가 고립된 갈라파고스 섬과 같다는 비판이 있다. 이제는 과학기술이 국가 안보 및 외교의 주인공으로서 국가전략분야를 이끌어가는 역할을 수행해야 한다. 이러한 환경변화와 시대적 역할 요구에 부응해 과학기술혁신정책의 역할과 정책체계를 새롭게 재설정하는 것이 필요하다.

2 환경 규제의 글로벌 시장 지배
: 환경 규제가 시장 규범이 되다.

기후변화에 대응하기 위한 탄소중립과 같은 환경 규범이 새로운 글로벌 시장 규범이 되고 있다. 환경 규범은 글로벌 환경 개선이라는 선한 얼굴 뒤에 선진국의 기술패권 공고화를 위한 수단이라는 두 개의 얼굴을 가지고 있다.

탄소중립이 글로벌 시장의 핵심 규범이다.

다가올 글로벌 미래 시장의 핵심 규범은 탄소중립이다. 탄소중립은 인간의 활동에 의한 온실가스 배출을 최대한 줄이고 남은 온실가스는 산림 등을 통한 흡수, 이산화탄소 저장, 활용 기술을 통한 제거를 통해 실질적인 배출량이 0Zero가 되는 개념이다. 이에 탄소 중립을 '넷 제로Net-Zero'라 부른다[4].

지구 온난화로 폭염, 폭설, 태풍, 산불 등 이상 기후 현상이 세계 곳곳에서 발생하고 있다. 국제사회는 기후변화 문제의 심각성을 인식하고 이를 해결하기 위해 선진국에 의무를 부여하는 교토의정서 채택(1997)에 이어 선진국과 개도국이 모두 참여하는 파리협정(2015)을 채택하였다[5]. 파리

협정의 목표는 산업화 이전 대비 지구 평균온도 상승률을 $2°C$보다 훨씬 아래로 유지하고 나아가 $1.5°C$로 억제하기 위해 노력해야 한다는 것이다[6]. 기후변화에 관한 정부간 협의체 IPCCIntergovernmental Panel on Climate Change는 2050년경에 탄소중립을 달성해야 한다는 주장을 하고 있다.

주요 국가들은 국제사회의 협약 준수를 위해 자율적으로 각 국가의 온실가스 배출 감축목표NDC: Nationally Determined Contribution를 제시하고 이행해 가고 있다..

독일은 2045년을 탄소중립 달성 시점으로 설정하고 2030년까지 '90년 대비 65% 감축목표를 세웠다. 미국은 2030년까지 '05년 대비 50~52%를 감축하는 목표를 설정했고, 영국은 2030년까지 '90년 대비 68% 감축목표를 세웠다. 그리고 일본은 2030년까지 '13년 대비 46% 감축 목표를 세웠다[7]. 최대 탄소 배출국인 중국은 2060년 탄소중립목표를 제시하고 있다.

우리나라는 온실가스 누적 배출량(1951~2018)기준이 1%로 세계 13번째에 해당되고 있다. 2030년 배출목표는 18년 대비 40% 감축을 목표로하며 23년에 감축수단별 이행가능성을 고려해 부문간, 부문내 일부 조정이 이루어졌다[8].

탄소배출 조정을 위해서는 에너지생산 전환, 산업의 저탄소 전환, 건물의 에너지 효율 향상, 수송, 농축산, 폐기물 등의 탄소배출 감축과 모빌리티의 에너지 전환이 필요하다. 대부분의 감축요소들은 에너지와 관련된 것으로 탄소배출을 획기적으로 줄이거나 배출이 없는 획기적인 에너지원의 개발과 전환이 필요한 상황이다.

2050년에 넷 제로에 도달하기 위해서는 경제를 뒷받침하는 에너지 시스템의 총체적인 변화가 필요하다. 즉, 획기적인 감축 효과를 창출하는 기술의 확보와 뛰어난 기술의 비용효율성 달성이 필요하다. 그리고 그런 기술은 안전하고 환경적으로 수용될 수 있어야 한다. 탄소중립의 달성은 획기적인 기술혁신뿐만 아니라 에너지를 사용하고 관리하는 기업, 정부, 시민 모두의 행동 변화가 이루어져야 가능하다.

그중에서도 가장 우선적으로 요구되는 것은 기존의 에너지 수요와 4차 산업혁명 시대의 새로운 에너지 수요를 충족할 수 있는 기술의 확보와 비용 효율성의 달성 여부이다. 4차 산업혁명시대에 경쟁 우위를 확보하기 위해서는 안정적 에너지원의 확보가 중요하기 때문이다. 특히 제조업 중심 국가의 경우 더욱 그렇다. 안정적 에너지원 확보를 위한 국가간 에너지 전략 조정뿐만 아니라 관련 산업의 기술경쟁력 확보 경쟁이 치열해 질 수 밖에 없다.

자국 산업과 시장 보호를 위한 국가간 경쟁이 치열하다.

미국과 유럽은 글로벌 시장 지배와 자국 산업 및 기업 보호를 위해 관련 산업경쟁에 대한 새로운 시장 규범을 만들고 있다. 대표적인 사례가 미국의 인플레이션감축법IRA : Inflation Reduction Act과 EU의 탄소국경조정제도CBAM : Carbon Border Adjustment Mechanism 일명 탄소국경세이다. 이에대해 미국 유명 언론기관이 기후정책이 글로벌 파워 경쟁의 중심이 되고 있다라고 언급할만큼 친환경 산업이 중요한 위치에 있다[9].

미국의 IRA법은 여러 내용을 포함하고 있으나[10] 핵심은 미국내 전기차, 베터리 등 친환경 관련 제조기업 역량을 높이기 위해 세금 감면 및 보조금 혜택을 주는 법안이다. 또한 이 법안을 통해 중국의존을 줄이고 미국 중심의 산업 및 광물 공급망 강화를 추진하고 있다. 특히 배터리 제조에 사용되는 핵심광물의 일정 비중 이상을 미국 또는 미국 우호국에서 추출 및 가공된 경우에 한해 세액공제가 된다[11]. 그래서 IRA법은 인플레이션 해결보다는 기후변화 대응을 위한 법안이라는 비판적 주장이 제기되고 있다[12].

EU의 탄소국경제도는 탄소배출량 규제가 약한 국가에서 생산한 제품에 대해 수입관세를 부과하는 제도이다. 일종의 무역관세이다. 구체적으로 철강, 알루미늄, 비료, 전기, 시멘트, 수소제품의 수입에 적용된다. 관련 산업에서 대 EU 수출규모가 큰 나라들인 중국, 러시아, 한국 등이 큰 영향을 받을 것으로 보인다. 개도국의 경우 탄소배출 감축을 위한 대규모 투자가 어려워 EU 시장이 요구하는 조건에 부합하기가 더욱 어려울 것이다.

우리나라 정부는 23년 5월에 한국형 탄소중립 100대 핵심기술을 확정해 본격적인 탄소중립 기술개발 청사진을 제시하고 있다. 에너지 관련 핵심기술을 선정하고 석유화학, 철강, 시멘트 분야에 대한 전략로드맵을 제시하였다[13].

환경 규범의 두 얼굴에 대한 대응 방향

선진국 시장이 강제하는 탄소중립 기준에 대응하기 위해 세계 각국들은 정부 차원의 제도 구축과 관리를 폭넓게 하고 있다. 민간 기업의 경우, 정부가 강제하는 기준 준수 요구이외에 민간 투자시장에서 전체적으로 요구하는 환경 조건들이 강화됨에 따라 기업들의 정책과 행동에 큰 영향을 받고 있다. 대표적인 것이 ESGEnvironment, Social, Governance이다.

시장에서 소비자들의 환경에 대한 관심이 높아지면서 소비행태에 환경을 비롯한 사회적 책임과 거버넌스 이행여부가 영향을 미친다. 그로 인해 시장에서 투자자들이 기업의 환경지향성을 중시하고 기업의 환경 중시정책 준수 여부가 글로벌 투자자들의 중요한 투자 조건이 되고 있다. 그 결과 민간 투자시장에서는 ESGEnvironment, Social, Governance 준칙이 글로벌 시장 규범으로 자리잡고 있다.

우리나라 정부는 2025년부터 기업에 ESG 관련 의무공시를 요구하고 있다. 더구나 애플, 구글, 마이크로소프트 같은 글로벌 기업들은 RE100선언[14]을 하고 있다. 글로벌 대기업들의 이러한 요구는 글로벌 가치사슬에 속한 부품이나 소재를 생산하는 기업들에게도 요구되고 있어 관련 국내기업들은 생존을 위해 친환경 경영을 해야만 하는 상황이다. 그러나 친환경 경영으로의 전환은 기술적 문제와 재정적 문제 모두를 야기할 수 있어 기업경영에 중대한 영향을 미치는 사안이다. 특히 재생에너지로의 에너지 대체 가능성은 여전히 상당한 한계가 있어 실제 달성가능할지에 대한 의문이 있지만 글로벌 시장과 소비자, 대형 기술기업들의 기업경영정책이 환경 중시로 전환되고 있는 것만은 명확하다. 글로벌 시장에 친환경 투자 준칙이 적용되는 배경에는 또 다른 이유가 있다. 즉, 친환경 중심으로 글로벌 시장 질서가 전환되는 배경에는 지구의 환경을 살린다는 선한 목표만이 존재하는 것이 아니다.

선진국들은 글로벌 시장에 친환경적 시장 규범을 적용하면서 기후변화 대응과 친환경 소비로의 전환이라는 명시적인 이유를 내세우고 있다. 기후변화 대응은 지구 전체의 재난과 재해를 야기할 수 있어 전 세계가 모두 동참해야 하는 선한 목표이다. 그러나 기후변화 대응을 위해서는 기존의 에너지 사용, 제품과 서비스 사용, 행동양식 등의 총체적인 변화가 필요하다. 따라서 기존에 소비자들이 누렸던 풍요로움과 편이성을 유지, 개선하면서 친환경적으로 전환하기 위해서는 획기적인 기술적 역량이 우선적으로 확보되어야 한다.

선진국들은 자신들이 보유한 높은 기술력과 충분한 자금력을 앞세워 글로벌 시장 전 부문에서 새롭게 형성되는 친환경적 신시장을 선점하고자 한다. 즉, 앞선 기술력으로 탄소중립과 같은 친환경 규범의 대응을 기술 패권화를 공고히 하는 전략으로 활용하는 것이다. 지구 환경 살리기를 위한 친환경 경영이라는 선한 목표 이면에는 선진국 특히 미국과 유럽이 주도하는 글로벌 시장의 신규범을 토대로 글로벌 시장 선점을 위한 국가간 기술패권 경쟁이 치열하게 전개되고 있다.

친환경 분야 기술력이 선진국 수준에 미치지 못하는 국가들이나 개도국들은 선진국들이 정한 글로벌 시장규범에 대한 대응력이 낮아 글로벌 신시장 확보는 커녕 진입 자체가 어렵다. 선진국들은 기후변화 대응이라는 차원에서 산업정책을 공고히 추진하고 새로운 신규 시장의 확보, 안정적인 공급망 확보, 선진국의 후발국가와의 기술격차 확대 및 유지 등을 위한 새로운 전략들을 창출하고 있다. 즉, 친환경 규범은 글로벌 환경 개선이라는 목표를 위해 설정되었지만 선진국들은 자신들의 시장과 이익 확보를 위해 기술패권 공고화를 위한 수단으로 활용하고 있다.

새로운 글로벌 시장의 친환경 규범에 대응하기 위해서는 결국 뛰어난 기술력 확보가 답이다. 국내 기업들이 발빠른 대응으로 일부 분야에서는 글로벌 시장을 선도하는 그룹에서 선진국 기업들과 경쟁하고 있지만 중소기업들의 대응은 상당히 부족하다. 국내 기업들 특히 중소기업들이 친환경이라는 글로벌 시장 규범에 대응하기 위해서는 부족한 기술력을 확보할 수 있는 기술, 시간, 자금이 모두 필요하다. 글로벌 시장 대응을 위해 국내 기업들이 친환경 기업으로 전환하는데 필요한 시간확보, 기술지원, 자금지원 등 종합적이고 전략적인 대응이 필요하다.

3 신흥기술의 기회와 위험
: 기술개발과 규제의 딜레마

AI와 합성생물학과 같은 신흥기술들은 새로운 혁신의 기회를 제공하지만, 한편으로는 인간의 인권, 윤리를 침해하는 위험을 내포하고 있다. 규제제도는 기술개발과 규제의 딜레마를 넘어 기술과 사회의 공진화를 위한 역할을 해야 한다

AI 기술의 획기적 발전과 위험

몇 년전 이세돌과 인공지능 알파고의 세기의 바둑대결이 온 나라를 충격에 빠트린 적이 있다. 이제는 인간이 사용하는 자연어로 대화하고 질문에 답을 하는 대화형 인공지능 ChatGPT가 등장하였다. 대화형 ChatGPT는 인공지능이 인간의 질문 의도를 이해하고 인간과 유사한 대화가 가능한 영역에 진입했다는 점에서 충격적인 발전이다. 대규모 데이터의 분석을 넘어 인간이 원하는 정보를 정리해서 제시해 주는 것이 가능해진 것이다. 창의적인 작품을 창출하는 예술 분야에서도 AI는 놀라운 결과물을 만들어 내고 있다. 멋진 음악을 작곡하기도 하고 놀라운 그림 실력을 보이기도 한다. 지난해 미국의 미술대회에서는 AI가 그린

그림이 1등을 차지하기도 했다.

이처럼 AI가 보여주는 다양한 능력에 대한 놀라움과 찬사가 쏟아지고 있지만 한편에서는 빠르게 성장하는 학습 수준에 대한 공포심과 위험성이 커지고 있다. 불과 수년전만 하더라도 빅데이터에 기반한 수많은 정보와 지식의 창출로 빅데이터의 영향력이 커질 것이라고는 대부분 예상했으나 데이터에 대한 학습이 인간의 언어의 맥락을 파악하는 수준으로 발전하리라고는 예상하지 못했다. 그러나 단지 몇년의 시간이 흐른 뒤 AI의 학습수준은 인간 언어의 문맥을 이해하고 대화가 가능한 수준으로 발전했다.

AI의 발전이 획기적으로 생산성을 개선해 경제, 사회적으로 새로운 기회를 제공해 줄 것이라는 기대가 크지만, 한편으로는 변화의 속도나 양상이 어떻게 나타날지 모르는 불확실성으로 인해 불안감과 위기의식도 커지고 있다. 더구나 AI는 편향된 데이터를 사용해 사회문제를 야기하거나 인권을 침해하는 행위에 이용되는 등 윤리적 위험의 목소리가 높다. 좀 더 깊은 불안감은 AI가 곧 인간의 능력을 뛰어넘을 것인데 인간이 AI에 대한 완벽한 통제를 할 수 있을 지에 대한 것이다. 최근 일론 머스크, 유발 하라리 등 글로벌 기업의 CEO 등 유명 인사들이 AI에 대한 연구개발 속도를 늦추도록 규제해야 한다는 주장을 하는 것도 AI에 대한 인간의 통제력 부족에 대한 위기의식에서 나온 것이다.

합성생물학, 인간이 신의 영역에 도전하다.

획기적인 변화가 나타나고 있는 또 하나의 분야는 바이오 기술이다. 신의 영역으로 알았던 생명현상에 대한 인간의 도전은 바이오 연구 분야에서 비약적으로 발전하고 있다. 바이오 기술은 생명체에 대한 분석을 통해 발견한 원리를 사용해서 생명체에 인위적인 변화를 주거나 새로운 인공 물질과 제품을 만들게 된다.

최근 바이오 기술의 놀라운 발전을 보여주는 분야 중의 하나가 합성생물학이다. 합성생물학은 알려진 생명정보와 구성요소를 이용해 인공적으로 생명체의 구성요소 및 시스템을 설계,제작, 합성하는 분야이다. 합성생물학은 바이오연구의 약점인 속도와 스케일, 불확실성의 한계 극복을 가능하게 하고, 제약 · 에너지 · 화학 · 농업 등 바이오 관련 다양한 산업에 막대한 파급력으로 인해 미래 바이오산업의 게임 체인저 기술로 떠오르고 있다[15].

이처럼 합성 생물학이 가진 높은 산업적 가능성과 파급력으로 인해 글로벌 기술패권 경쟁의 핵심기술로 부각되었고 선진국들은 국가 차원에서 기술주도권 확보를 위해 합성생물학을 전략적 육성 분야로 선정하여 지원하고 있다. 그러나 한편에서는 합성생물학이 갖고 있는 생명윤리적 문제, 안정성 문제 등이 중요한 사회적 위험으로 부각되어 논쟁이 되고 있다.

미국은 2010년에 크레이그벤터 연구소가 박테리아 합성에 성공하면서 윤리적 논란이 야기되자 오바마 대통령은 미국의 생명윤리위원회에 윤리적 이슈에 대한 검토를 요청하였다. 생명윤리위원회는 공익성과 책무성, 지적자유와 책임성 등을 기준으로 윤리적 검토를 실시하였다. 검토 결과는 공공의 이익을 극대화하고 기술로 인한 피해는 최소화해야 하지만 위험 유발 가능성만으로 신생분야의 지적 자유를 제한하는 것은 부적절하다는 의견이 제시되었다. 즉, 합성생물학의 효용에 대한 측면과 위험성에 대한 검토가 동시에 필요하다는 점을 제기하였다. 그리고 이를 위한 범부처적 협력 절차 마련 등이 제시되었다[16].

우리나라는 기술영향평가제도를 활용해 2022년에 합성생물학에 대한 기술영향평가를 실시했지만 미국과 같은 거버넌스적 접근이 이루어지지는 않았다.

혁신과 규제에 대한 선진국의 정책 방향

AI 분야나 합성생물학과 같이 사회적으로 큰 영향을 미치는 신흥기술들은 경제적 측면에서는 기술개발의 속도를 높여서 빠르게 공익적, 산업적 효과를 창출해야 한다. 그러나 윤리문제 및 안정성의 문제가 있어 기술의 안전한 사용과 사회적 수용을 위한 기술개발에 대한 적절한 규제가 동시에 이루어져야 한다.

혁명적 기술이라 불릴만큼 큰 변화의 속성을 가진 기술은 기술개발의 초기에는 해당 기술의 영향을 쉽게 예측하기 어렵고, 기술이 발전되어 널리 사용되면 그때는 제어나 변경이 어렵다. 그래서 기술을 너무 일찍 통제하면 지나치게 제약하게 되고 나중에 제어하게 되면 비용이 많이 들거나 불가능할 수 있다. 그래서 신흥기술을 관리하기 위한 적절한 규제의 시기를 찾기 어려운 문제가 나타난다. 일명 "Collingridge 딜레마 [17]"이다. 신흥 기술은 초기 단계에 불확실성과 복잡성을 내포하고 있으며 새로운 기술적 접근이 기존의 윤리적 기준을 침해하는 문제를 야기할 수 있기 때문이다.

이러한 딜레마를 해결하기 위해서는 과학기술과 혁신에 이르는 영향과 잠재적인 발전을 이해할 수 있는 유용한 정보가 필요하다. 이를 위해서는 과학에서 혁신에 이르는 포괄적인 정보를 다루는 거버넌스 체계의 구축이 필요하다. 또한 구체적인 수단으로 기술영향평가(TA) 제도의 발전이 필요하다. 기존의 기술영향평가제도가 특정 기술의 여러 파급효과들을 분석하고 있지만 기술이 영향을 미치는 윤리적, 사회적, 법적, 경제적, 정치적 고려사항을 모두 포함하는 보다 통합적인 기술영향 평가로의 전환과 평가정보의 전략적 활용이 필요하다[18].

우리나라도 현재 기술영향평가제도가 운영되고 있다. 그러나 아직은 일부 기술에 대해서만 이루어지고 있으며 기술영향평가제도의 역할과 활용도 명확하지 않다. 더구나 기술영향평가가 사전에 미리 이루어지지 못해 사전적인 예방 차원에서의 역할이 미미하다. 합성생물학에 대한 기술영향평가도 2022년에야 추진되었다.

신흥기술에 대한 규제는 대체로 다른 국가들보다 유럽에서 강하게 이루어지고 있으며 사전예방을 강화하는 엄격한 조치를 취하고 있다. 이 배경에는 기술이 자율적인 활동이 아니라 사회적 목표와 가치에 잘 기여할 수 있는 시스템이 되어야 한다는 논리가 있다. 일명 책임있는 연구 responsible research 를 주장한다.

이에 최근 AI 기술발전이 갖는 위험성에 대한 경고의 목소리들이 커지면서 AI 연구 속도를 늦추거나 국제 규범 제정을 통한 기술개발에 대한 명확한 규제의 필요성이 제기되고 있다.[19] 개별 국가 수준에서의 규제로는 AI 기술의 위험을 막는데 상당한 한계가 있기 때문에 국제규범의 제정이 더욱 제기되고 있는 것이다. 그러나 아직 AI의 혁신성이 갖는 새로운 산업창출의 폭발력에 대한 기대로 국제사회가 규범 제정에 적극적이지 않다. 그렇지만 AI 기술이 유발하는 인권 윤리 문제, 기술에 대한 인간의 통제력 문제 등에 불안감과 공포가 커지고 있고 여러 선진 국가들이 국제규범 제정을 주장하고 있어 조만간 국제규범 제정을 위한 본격적인 움직임이 있을 것으로 예상된다.

앞으로 AI를 시작으로 해서 위험성이 높은 다른 기술분야에 대한 국제적 규범 강화의 목소리는 더욱 커질 것이고 책임있는 연구에 대한 사회적 요구도 강화될 것이다. 국내에서도 AI를 비롯한 위험성이 높은 분야의 기술개발에는 책임있는 연구 준칙이 적용될 필요가 있다.

그런데 AI, 바이오기술과 같은 신흥기술은 기술의 안보화에도 밀접히 연결되어 있다. 신흥기술의 기술적 파급력이 클수록 전략기술로서 역할을 하게 되기 때문이다. AI기술은 이미 중요한 전략적 자산으로 인식되고 있으며 4차 산업혁명은 AI가 주역이라고 할 만큼 중요한 기술분야로 등장하고 있다.

앞으로 획기적인 기술개발에 의한 혁신 수요와 신흥기술에 의한 위험성에 대한 규제의 요구 강화로 정책적 딜레마의 강도는 더욱 커질 것이다. 기술개발에 기반한 국가혁신전략은 여러 마리의 토끼를 한꺼번에 잡아야 하는 전문적인 영역으로 고도의 전략적인 정책역량이 요구된다.

AI 시대 미래 전망

○ **4차산업혁명 : DX**(Digital Transformation)**에서 AX**(AI Transformation)**로 전환**

4차 산업혁명은 디지털 전환을 통해 모든 것을 디지털 데이터화하는 과정을 거쳐 AI를 활용한 모든 디지털 빅데이터의 가치창출 시대로 진입하고 있다. 생성형 AI는 인간의 언어로 대화할 수 있어 빅데이터 학습을 통해 인간이 원하는 모든 정보 제공이 가능하다. AI 기술시대는 4차산업혁명이 본격적으로 시작되었음을 알리고 있다.

○ **AI시대는 세상의 모든 것을 바꿀 수 있어 미래의 불확실성이 크다.**

AI는 기존 산업의 부가가치 창출에서부터 전 산업구조의 개편까지 일으킬 수 있다. 인간의 일자리 대체에서부터 업의 본질까지도 바꿀 것이다. 경제적 변화뿐만 아니라 인권, 윤리, 언론, 정치문제에 따른 철학, 사회, 문화, 정치체계 등 인간의 세계 전체를 흔들 수 있다.

* AI는 디지털화된 명목지식의 축적과 학습을 통해 제조 장인들의 암묵지식에까지 도전하고 결국은 능가하게 될 것이다.

○ **AI시대는 디지털 제국주의를 본격화시킬 것이다.**

디지털 세상은 이미 구글 등 거대 기업들이 점령하고 있다. AI가 활용되면서 디지털 제국주의가 더욱 심화될 것이다. 데이터 주권 상실, 기술 종속 문제뿐만 아니라 영어권 편향된 문화와 가치관 확산으로 글로벌 다양성이 훼손될 수 있다.

* 현재 초거대 AI 보유 국가는 미국, 중국, 한국뿐이다.

○ 정부의 AI 발전과 규제에 대한 전략의 스마트함이 국가 미래 생존에 중요하다.

AI 발전 지원은 단순히 기술정책 및 산업정책 차원이 아닌 국가경쟁력 차원에서 접근하는 것이 필요하다. 핵심기술과 산업의 육성, 혁신생태계 지원뿐만 아니라 AI 규제에 대한 국제규범 주도, 경제사회 부작용에 대한 안전망 마련 등 종합적인 전략이 필요하다.

* 국내 AI 혁신생태계 발전은 소프트웨어만으로는 한계가 있다. 소프트웨어와 경쟁력있는 하드웨어를 결합한 종합전략이 필요하다.

디지털 전환과 지식생태계의 대변화
: 지식이 대폭발하다.

디지털 전환은 세상의 모든 것을 바꾸고 있다. 데이터 폭발로 지식생태계는 크게 변화하고 전통적인 지식-기술-시장으로 이어지는 혁신의 선형관계가 무너지고 있다. 혁신은 지식생태계와 시장생태계의 복잡한 상호작용 속에서 탄생한다. 디지털 전환은 두 생태계 간의 소통장벽을 완화시킨다.

4차 산업혁명은 데이터의 대폭발 시대를 열다.

4차 산업혁명은 ICT기술의 축적과 새로운 혁신으로 모든 것들을 데이터화하고 대규모 빅데이터와 정보들이 빠르게 유통되고 융합되어 새로운 가치를 창출하는 디지털 대전환을 특징으로 한다. 디지털 혁명은 데이터의 가치창출과 정보와 지식의 융합가치 창출로 새로운 가치창출 시대를 열고 있다.

새로운 디지털 세계는 세상과 소통하고 경험하며 혁신하는 방식을 재구성하고 있다. 경제, 사회 전반에 걸친 기존의 구조와 경계들이 무너지고 새로운 혁신적 가치들을 창출하게 한다. 더구나 인공지능AI 기술이 획기적으로 발전해 인간의 한계를 뛰어넘는 대규모 데이터, 정보, 지식들을 학습하고 인간의 언어로 정보를 제공해 기존의 지식생태계에 대변화가 일어나고 있다.

일반적으로 지식생태계의 구성요소는 데이터, 정보, 지식이다. 정보와 지식은 다소 혼용되어 사용되기도 한다. 정보는 상대적으로 가치의 명확성과 고정성이 부족한 상태를 의미하며 명확성이 높아지게 되면 지식으로 발전된다. 반면 데이터는 객관적이며 단편적인 것에 머물고 있는 상태이며 분석과 해석을 통해 정보와 지식으로 발전하게 된다. 이들의 관계는 데이터--〉 정보--〉 지식으로 연결된다.

모든 것이 데이터화된 디지털 세상에서 데이터의 폭발적인 증가는 정보와 지식의 원천과 기반에 대변화를 일으키고 있다. 데이터의 폭발적인 증가는 정보와 지식의 대폭발로 이어지고 있다.

디지털 전환은 전통적인 지식, 기술, 시장 관계를 변화시킨다.

데이터의 폭발적 증가는 지식에서 혁신으로 이어지는 과정에도 큰 변화를 일으키고 있다. 즉, 지식과 기술, 그리고 시장 간의 관계에 변화가 나타나고 있다.

기존에는 정보와 지식의 생성과 이전의 속도가 빠르지 않았으며 지식의 생성이 기술로 발전하고 개발된 기술이 시장으로 이전되어 혁신가치를 창출하는 것으로 인식되었다. 즉, 지식--〉기술--〉시장으로 이어지는 이른바 기술혁신의 선형이론Linear Process Model이 널리 인식되었다.

그러나 디지털화로 인한 데이터의 폭발은 지식에서 기술과 시장으로 이어지는 선형적 혁신가치 창출 과정이외에 데이터 또는 정보와 지식이 직접 시장으로 이어지는 변화가 나타나고 있다. 지식, 정보뿐만 아니라 데이터 자체가 새로운 가치를 창출하는 요소로서 기능을 하고 있다. 전통적인 지식, 기술, 시장 간의 경계가 무너지고 있는 것이다.

그림 1-1 지식, 기술, 시장의 관계 변화

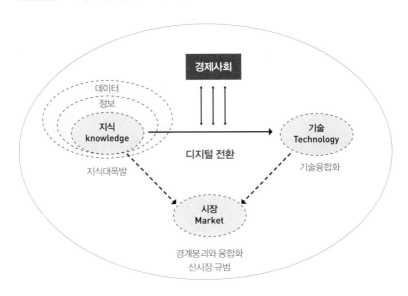

○ 자료: 이민형 외(2018) 수정 [1]

디지털화는 개별 생태계들을 대변화시킨다.

지식생태계는 데이터의 대폭발로 생태계 자체가 크게 변화하고 있다. 즉, 지식을 구성하는 가장 하위 단위인 데이터 생태계의 큰 변화로 인해 지식생태계의 규모 및 작동방식에 대변화가 일어나고 있다. 데이터 생성 규모 자체가 크게 증가할 뿐만 아니라 데이터 간의 융합을 통한 새로운 데이터의 생성도 증폭되고 있다. 더욱이 데이터 생성의 흐름이 단순히 양적 규모 확대에 그치지 않고 보다 가치있는 데이터 창출을 향해 가도록 데이터 생태계가 변화하고 있다. 이를 위해 데이터의 유통이 보다 활발히 이루어지도록 데이터를 개방하고 접근이 용이하게 하기 위한 정책이 활발히 추진되고 있다. 과학계에서는 연구데이터의 개방과 접근 확대를 위한 오픈 사이언스 정책이 선진국들의 주요 정책으로 등장하고 있다.

기술생태계는 기술분야간 경계가 무너지고 기술분야간 융합이 활발하게 이루어지고 있다. 디지털 전환이 이루어지면서 데이터에 기반한 정보기술이 각 분야에 접목되며 전 분야에서 ICT 융합화가 이루어지고 있다. 특히 정보기술과 바이오 기술이 결합되면서 바이오 기술발전 속도가 급격히 빨라지고 있다. 그로 인해 바이오 분야 기술개발이 크게 확장되고 연구개발 투자 생산성도 급속도로 개선되고 있다. 더욱이 AI의 등장은 기존의 기술체계를 파괴하고 새로운 기술혁신체계로 전환을 촉발하는 급진적 혁신Radical innovation을 일으키고 있다.

시장은 기술과 사회관계의 밀접화와 글로벌 사회문제들에 대한 해결 요구가 결합되면서 질서체계가 개편되고 있다. 강력한 글로벌 환경 규제가 새로운 글로벌 시장의 질서로 등장하고 미중 간의 패권경쟁이 글로벌 산업 공급망 개편, 치열한 전략기술 경쟁을 일으키는 등 과거와는 전혀 다른 시장체계로 변화하고 있다.

전반적으로 ICT 기술의 축적 효과와 이에 기반한 급격한 기술발전이 지식생태계, 기술생태계, 시장생태계 각각의 구조를 근본적으로 변화시키고 있다 또한 이들 간의 관계도 과거의 방식과는 다른 근본적인 변화가 나타나고 있다.

지식 대폭발시대의 혁신은 개별 경쟁보다 협력을 필요로 한다.

데이터, 정보, 지식의 대폭발 환경에서 기업들은 필요한 지식을 독자적인 역량으로 확보하기가 점점 더 어려워지고 있다. 미국의 초기 대기업들이 필요한 기술을 자체적으로 확보하기 위해 기초연구에서 개발연구까지 전 과정을 연구하던 방식은 쇠퇴하고, 필요한 지식을 외부에서 찾아 유입하거나 산학연 협력 또는 공동연구 방식을 통해 필요한 지식과 기술을 확보하는 방식으로 변화되었다. 특히 많은 새로운 지식이 필요한 사회문제해결 과제와 기초연구 성과가 시장으로 도달하기까지 많은 자원이 투입되어야 하는 의료분야의 경우 연구성과 거래 및 공동연구를 통해 많은 혁신성과를 창출하는 것이 일반화되어 가고 있다. 이처럼 지식생태계 환경이 변화하고 기업의 지식수요가 변화함에 따라 국가혁신시스템 차원에서 지식교류의 개방성을 제고하고 산학연 협력을 확대하는 것이 중요한 정책적 수단으로 등장하고 있다.

지식창출 영역에서 대학과 공공연구기관의 관계도 경쟁보다는 협력이 강조되고 있다. 기본적으로 학습하고 소화해야 할 지식의 양이 급격히 증가하고 있어 연구자 개인의 기본적인 학습기간이 길어질 뿐만 아니라 연구자 개인 한사람의 지식에 의존해 과학기술적 문제와 사회적 문제를 해결하기는 어려워지고 있다.

그래서 지식정보의 대폭발 시대에는 경쟁보다는 협력이 중요해지고 있고 경쟁 단위도 개인별 경쟁에서 집단간 경쟁으로 규모화되고 있다. 즉, 데이터의 폭발로 인한 지식 양의 급격한 증가는 경쟁보다 협력 중심으로 연구와 혁신방식을 변화시키고 있다.

디지털 전환은 지식생태계와 시장생태계의 소통장벽을 줄인다.

혁신은 지식생태계와 시장생태계의 상호작용 속에서 탄생한다.

혁신은 지식생태계에서 창출된 새로운 지식, 정보, 데이터가 시장에서 거래되거나 기업의 혁신활동에 의해 창출된 새로운 제품과 서비스가 기업 또는 소비자들에게 수용되어 재무적 성과를 창출할 때 구현된다. 또는 창출된 혁신이 또 다른 혁신으로 이어져 시장에 가시적인 형태로 등장해 실질적인 성과를 창출할 때 혁신의 높은 가치가 창출된다. 즉, 혁신의 가치창출은 가치의 원천인 지식생태계에서 창출된 무형의 지식자산이 시장생태계에서 유무형자산제품 및 서비스의 가치창출로 전환될 때 나타난다. 따라서 높은 질적 가치를 보유한 지식자산이 많이 창출될수록 시장에서 혁신가치를 창출할 수 있는 기회가 많아진다.

이처럼 혁신이 창출되는 혁신생태계는 지식생태계와 시장생태계가 모두 포괄적으로 연결되어 있다. 혁신의 가치는 지식생태계와 시장생태계 모두가 적절히 기능하고 작동할 때 창출될 수 있다. 즉, 혁신은 지식생태계와 시장생태계의 상호작용 속에서 탄생한다. 이러한 관계는 아래 그림의 빙산모형처럼 나타낼 수 있다.

그림 1-2　지식생태계와 시장생태계의 관계 (빙산 모형 1)

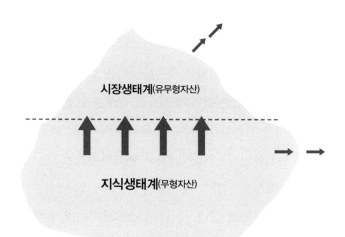

디지털화는 두생태계 간의 소통장벽을 줄인다.

4차 산업명시대의 디지털화는 지식생태계의 규모를 폭발적으로 확대시키고 있다. 지식생태계의 구성요소인 지식, 정보, 데이터의 생산과 결합이 기하급수적으로 증가해 지식의 대폭발을 일으키고 이것은 전체 무형자산intangible asset 규모를 크게 확대시킨다. 또한 디지털화는 대규모의 지식, 정보, 데이터를 시장에 빠르게 전달해 시장에서 지식자산과 시장거래자들 간의 접촉을 크게 증가시킨다. 이러한 변화는 시장에서 이전보다 빠른 혁신을 가능하게 한다. 그리고 시장의 다양한 거래자 및 기업들의 혁신속도를 빠르게 가속화시키는 촉매가 된다. 즉, 디지털화는 소통장벽이 있는 두 생태계 간의 상호작용을 가속화시켜 속도있는 혁신을 촉진한다.

또한 디지털 전환은 산업의 융합화를 가속화시키는 효과를 유발한다. 특히 여러 분야 기술들의 융합은 산업의 기술적 속성을 완전히 바꾸기도 한다. 대표적인 분야가 자동차산업이다. 자동차의 동력시스템은 휘발유 엔진시스템에서 전기에너지, 수소에너지의 배터리시스템으로 전환되었다. 자동차의 운행방식은 인간의 개별적 운전능력에 의존하는 것이 아니라 자율주행으로 전환되고 있다. 즉 IT와 소프트웨어의 총체적인 시스템으로 운영되고 있다.

자동차 산업의 기술시스템 전환은 자동차의 가치창출 방식도 새롭게 바꾸고 있다. 기존 자동차의 가치는 개인 소유가치가 중시되어 이를 위한 제조 판매 방식이 적용되었다. 이제는 소비자에게 편리한 이동서비스를 제공하는 방식으로 가치창출 방식이 변화하고 있다. 디지털화된 자동차 산업은 기술의 구성, 서비스의 구성, 가치의 구성까지 모두 바뀌고 있다. 이런 변화는 자동차 산업을 시작으로 다른 산업으로 계속해서 이어질 것이다.

디지털 전환이 유발하는 새로운 문제들

디지털 시대에는 창출되는 무형의 지식자산의 규모가 클수록 새로운 혁신가치 창출 기회가 많아지기 때문에 혁신의 원천인 무형자산을 창출하는 지식생태계의 중요성이 더욱 커질 수밖에 없다. 그래서 많은 선진국가들이 연구개발에 대한 투자를 지속적으로 늘리고 세계적인 글로벌 기업들이 연구개발에 많은 투자를 하고 있다. 그런데 문제는 연구개발 투자의 생산성이다. 연구개발로 창출된 많은 지적자산들이 시장에서 혁신가치로 전환하는 데에는 많은 장벽과 구조적 난관이 여전히 존재한다. 대부분의 연구개발성과들이 시장에서 혁신의 꽃을 피우지 못하고 중도에 사라지거나 지식창고에 쌓여있는 것이다.

디지털 전환의 진행은 혁신가치 창출 활성화에 도움을 주지만 새로운 문제들을 촉발시키고 있다. 기존의 경계들이 무너지고 세상의 모든 것들이 연결되면서 새로운 사회문제가 발생하며 기존의 사회문제들은 더욱 복잡하게 얽히고 있다. 또한 기존 시장질서와 경계가 무너짐에 따라 기업들은 글로벌 시장에서 더욱 치열하게 혁신경쟁을 할 수 밖에 없다. 그리고 경쟁시장은 기업들에게 빠른 혁신의 속도를 요구하고 있다.

문제는 빠른 혁신의 속도가 요구되는 상황에서 지식생태계에서 창출되는 지식자산들이 시장으로 빠르게 이전되어 혁신가치를 창출할 수 있는 가이다. 디지털 전환이 지식생태계와 시장생태계 간의 정보 교류와 거래를 보다 원활히 하는데 도움을 주지만 두 생태계간에는 높은 장벽이 여전히 존재하고 있다. 그리고 사회문제는 더욱 복잡해지고 있기 때문이다.

과학기술혁신정책의 역할이 중요하다

혁신가치를 창출하기 위해서는 각 생태계의 활동을 활성화하면서 두 생태계의 장벽을 낮춰야 한다. 여기에 과학기술혁신정책의 역할이 중요하다.

연구개발을 통해 창출된 연구성과가 시장에서 혁신가치로 창출되지 못한다면 연구개발투자의 생산성 문제가 제기될 수 있다. 정부도 연구개발투자의 생산성이 기대만큼 높지 않다면 지속적인 투자 확대에 대한 고민을 하게 된다. 그런데 연구개발을 통한 새로운 지식의 발견과 응용 활동을 하지 않는다면 혁신의 원천 자체가 사라지기 때문에 연구개발을 멈출 수는 없다. 국가간 지식창출 경쟁이 치열한 상황에서 연구개발투자를 멈춘다면 글로벌 지식경쟁에서 뒤쳐질 수 있기 때문이다. 따라서 많은 국가들이 연구개발 투자를 확대하면서 시장에서 혁신가치의 창출 효과가 개선되도록 노력을 기울인다.

지식생태계와 시장생태계의 소통 장벽을 줄이는 것은 혁신가치 창출에 중요하다. 정책적으로는 연구개발 투자 생산성 제고 측면에서 중요하게 고려해야 한다. 그래서 두 생태계 간의 장벽을 줄이기 위해 양측간 교류를 촉진하고 기술지식정보를 제공하는 등 사업화를 위한 직접적인 지원이 이루어지고 있지만 그 효과는 제한적이다. 그래서 이들 간의 장벽을 낮추기 위해서는 직접적이고 부분적인 접근만으로는 효과 창출이 어렵고 연구개발에서 시장의 혁신가치 창출과정까지 관련된 요소와 제도들이 포함된 포괄적인 접근이 필요하다.

모든 국가들에게 높은 혁신가치 창출은 과학기술혁신정책을 통해 달성하고자 하는 중요한 정책목표이다. 국가마다 연구개발 주체들의 역량 차이가 크고 시장의 혁신에 대한 수용성 및 혁신 관련 제도의 기능 차이로 혁신생태계의 역량과 성과가 다르다. 그러나 모든 선진 국가들이 정부정책을 통해 이루려고 하는 지향 목표는 모두 동일하다. 혁신생태계가 잘 기능하는 혁신국가를 만드는 것이다.

2장

글로벌 혁신정책의 패러다임 전환

경제안보시대의 기술의 안보화, 패권화로 인해 선진국들의 과학기술 혁신정책의 기조가 바뀌고 있다. 혁신시장의 성과와 효율성을 중시하는 소극적인 정부 지원 역할에서 벗어나 국가 경제안보와 기술패권에 대응해 정부의 적극적인 역할을 강조하는 정부와 민간의 공동대응전략으로 정책 패러다임이 전환되고 있다. 선진국들의 혁신정책 패러다임이 바뀌고 있는 상황에서 우리나라 혁신정책의 전략적 방향을 모색한다.

 ## 신산업정책의 부활

산업지원에 대한 정부개입을 최소화 해온 미국이 강력한 산업정책을 재추진하기 시작했다. 대 중국 견제와 그동안 중국과 주변국들에게 빼앗

긴 제조업 경쟁력 부활을 목표로 신산업정책을 추진하기 시작했다. 미국이 주도하는 글로벌 제조업 공급망 개편과 첨단기술제품의 수출 규제로 글로벌 산업 지형이 심하게 흔들리고 있다. 우리나라의 산업정책도 전략적 방향을 새롭게 모색해야 한다.

미국 산업정책의 흐름

시장 경쟁이 중요한가 아니면 정부의 개입이 중요한가는 정부정책을 연구하는 전문가들의 오래된 논쟁적 질문이다. 역사적으로는 정부의 적극적인 역할을 강조하는 정부개입주의와 시장자유주의가 번갈아가며 나타났다. 미국의 경우 세계 제2차 대전과 같은 국가적 혼란 시기에는 국가가 목표로 하는 생산증대와 비용절감, 기술 발전을 위한 정부의 개입 및 산업 정책이 강화되었다. 그러나 2차 세계대전 후 미국이 세계 선도국으로 위치하자 미국은 세계 시장을 선도하는 경쟁력을 바탕으로 자유시장주의 체제로 전환하였다. 이후 세계 무역질서도 1995년 세계무역기구WTO :World Trade Organization 출범과 함께 신자유주의와 세계화의 물결이 공고화되었다.

이러한 국제 질서의 흐름은 중국이 세계 경제 2인자로 부상하면서 변화를 맞이하고 있다. 즉, 중국이 경제굴기를 내세워 글로벌 제조업 중심지로서 부상하고 세계 2위의 경제국가로 그 규모가 커지자 미국이 국가 차원의 대응을 하면서 변화하게 된다. 미국은 중국을 미국의 선도적 위치를 위협하는 존재로 인식하고 중국을 견제하기 위한 국가적 조치를 취하게 된 것이다.

오바마 정권에서는 미국의 취약한 제조업 경쟁력을 개선하기 위한 조치로서 정책들이 추진되었다. 이후 트럼프 정권에서는 견제 대상을 중국으로 명확히 하고 무역관세 등 구체적인 견제 조치들이 취해졌다. 바이든 정부는 중국과의 전략경쟁을 선포하고 핵심전략분야에 대한 소재, 부품 등의 공급망 확보와 첨단 기술 보호를 위한 새로운 동맹 질서를 구축하고 있다. 그리고 그 핵심에는 신산업정책의 부활이 있다.

미국 신산업정책 부활 배경과 의미

미국에서 산업정책의 부활은 미국의 정부정책 기조의 전환이라는 측면에서 중요한 의미를 갖는다. 미국의 자유주의 시장경제체제 하에서 경제 전문가들은 시장은 효율적이어서 산업발전을 위한 정부개입보다 시장이 경쟁을 통해 스스로 발전하여 성장을 하도록 하는 것이 효과적이라는 믿음이 있다. 그래서 미국의 정책전문가들에게 정부가 주도하는 산업정책은 비효율적이고 지나친 시장 개입이라는 컨센서스가 있어 왔다. 따라서 미국의 정부와 의회에서는 정부의 산업시장 개입은 시장실패와 같은 정부 개입의 당위성이 확보된 분야에만 제한적으로 이루어져 한다는 기본 원칙이 적용되어 왔다. 대표적으로 스타트업분야, 기초연구분야와 같이 민간에만 의존할 경우 실패가 발생할 수 있는 분야들이 주로 정부정책의 대상이었다. 그래서 일반 산업 분야, 특히 기업들이 주로 활동하고 있는 분야에 대해서는 정부의 육성 지원 및 기술개발 지원과 같은 산업정책을 지양해 왔다.

물론 그동안 미국은 국방분야와 같은 국가전략분야에 대규모로 정부 지원을 해 왔다. 세계를 지배하는 선도국가로서의 위치를 공고히 하기 위해 군사전략적 힘을 확보하는데 필요한 첨단기술에 대한 연구개발 지원과 국방산업에 대한 지원이 대규모로 지속적으로 이루어지고 있다. 그 결과 국방산업분야는 미국이 첨단기술을 기반으로 초강대국으로 자리 매김하는데 중요한 역할을 하고 있다.

미국에서 신산업정책이 부활한 배경에는 일자리 증가와 중국을 견제하기 위한 공급망 확보가 있다. 미국은 1990년대에는 세계 제조업 비중의 30% 이상을 차지했으나 2010년대에 18%로 크게 감소하였다. 단순히 제조업 비중이 줄어든 것이 아니라 제조업 일자리도 크게 감소하였다[20]. 바이든 정부는 인프라 투자 및 일자리법Infrastructure Investment and Jobs Act. (일명 인프라법), 반도체 칩과 과학법CHIPS and Science Act, 인플레이션감축법IRA:Inflation Reduction등을 통해 과학기술분야에 대한 투자 확대, 국내 기업의 리쇼어링 및 해외 기업의 투자 유치를 추진하고 있다. 특히 투자유치 분야는 주로 첨단기술이 적용되는 반도체, 자동차와 같은 분야가 중심이 되고 있어 전략기술분야의 안전한 공급망 확보와 고소득의 양질의 일자리 확대를 연계하고 있다.

이런 정책 변화는 미국의 국가 위기시 정부개입과 산업정책을 강화했던 기존의 접근을 다시 적용하고 있는 것으로 볼 수 있다. 세계 경제 및 첨단기술 일인자로서의 위치가 확고해 질 때까지 미국 정부의 강력한 정부개입은 지속될 것이다.

산업정책과 기업혁신 전략의 관계

산업정책을 통한 제조업 경쟁력의 확보는 단순히 일자리 창출을 넘어 국가혁신역량 확보 측면에서도 중요하다. 한동안 미국의 기업들은 글로벌 기업들의 핵심적인 혁신전략으로 역할을 해온 글로벌 아웃소싱 전략을 적극 활용하였다. 즉, 미국의 기업들은 연구개발과 설계와 같은 지식 집약적 기능은 미국 내에서 수행하고, 비교적 단순한 생산 제조는 비용이 싼 해외에서 하는 전략을 추진하였다. 이러한 전략은 기술적 우위에 있는 혁신기업들의 전형으로 적용되었다.

그러나 최근 미국 정부는 국내 제조업 부활을 위해 리쇼어링 정책을 펴고 있다. 또한 주요 산업의 공급망 확보 차원에서 해외 기업들의 유치에도 열을 올리고 있다. 주원인은 Covid-19 사태를 겪으면서 봉쇄조치로 생명 및 안보와 관련된 제품과 부품, 소재의 확보가 중단될 수 있음을 알게된 것이다. 또 하나는 중국의 제조업 굴기로 미래 첨단 제품에 필요한 원료, 부품, 소재의 확보에 장애가 발생될 수 있음을 인식한 것이다. 즉, 첨단 제조기술의 확보와 안전한 제조업 공급망 확보의 중요성을 깨닫게 되면서 미국 정부는 기업들의 아웃소싱 전략을 다시 인소싱화 하기 위한 정책을 전개하고 있다.

한편, 산업혁신의 관점에서는 미국 기업의 아웃소싱 전략이 제조업 경쟁력 하락의 원인으로 제기되고 있다[21]. 이것은 산업 간의 연관관계나 기술 간의 지식의 상호연관성, 지식기반제품의 연구개발과 생산의 높은 연관성을 고려할 때 상당한 설득력이 있다. 또한 혁신의 관점에서 혁신 주체들 간의 긴밀한 상호작용의 중요성 측면에서도 멀리 해외에서 생산하는 아웃소싱 전략은 혁신의 원활한 활동을 저해할 수 있다. 그리고 기술의 역할 측면에서 기초과학 연구뿐만 아니라 제품 생산단계에서도 기반기술이 필요하고 관련 분야에서 범용적으로 활용되는 범용기술의 역할과 중요성을 고려할 때 기반기술과 범용기술이 개발되고 적용되는 혁신의 장을 활성화시키는 것이 필요하다.

이러한 점을 고려하면 산업정책에는 단순히 제조분야의 기업을 재유치하는 것 뿐만 아니라 여러 제조분야 및 산업에 적용되는 기반기술과 범용기술의 토대를 강화하는 연구개발정책이 필요하다. 또한 주요 산업의 가치사슬에서 핵심 역할을 하는 소재나 부품의 확보를 위한 기술개발도 중요하다.

이처럼 산업간, 기술 간의 높아진 연관성을 고려하면 제조업 경쟁력 하락은 제조 분야 기술이 적용되는 산업 전반에 걸쳐 경쟁력을 하락시킬 수 있다. 특히 최고의 첨단기술과 부품 소재가 사용되는 국방산업분야에도 부정적 영향을 미칠 수 있어 군사적 안보와도 연결된다. 이것은 국가산업정책에서 제조업이 강조되어야 하는 중요한 또 하나의 이유이기도 하다.

주요국들의 산업정책 방향에 대한 예상

미국의 제조업 부활과 공급망 확보는 미국의 대중국 견제를 위한 전략으로 추진되고 있다. 미국이 제조업이 위기를 맞이한 주요 원인에는 중국에 대한 무역장벽을 대폭 완화한 것 때문이라는 것이 미국 내 많은 주장들이다. 미국 정부가 중국의 제조업이 성장할 수 있는 길을 열어 주었고 중국은 미국이 제공해 준 기회를 적극 활용해 세계 제조국가로 발돋음 했다는 것이다.

최근 중국은 양적 성장하는 제조대국에서 질적 성장하는 제조강국으로 도약하기 위해 "제조 2025 전략"을 국가목표로 내세우고 첨단기술의 확보와 제조선진국으로의 도약을 적극적으로 추진하고 있다. 중국의 제조역량의 도약은 첨단 제조 기술력에 바탕을 두고 있으며 특히 제4차 산업혁명에 의해 형성되는 신산업분야에서 미국의 강력한 경쟁자로 등장하고 있다. 앞에서 살펴보았듯이 여러 기술분야에서 중국이 이미 미국에 앞서고 있다는 정보도 나오고 있다. 중국의 굴기에 위협을 느낀 미국은 세계 주도국가로서의 위치를 확고히 하기 위해 대중국 견제 전략을 강력하게 추진하고 있다. AI, 자율자동차, 에너지 전환 등 거대한 신시장을 선도하고 국방안보분야와도 밀접히 연계된 첨단기술분야에서 주도권을 놓치지 않으려는 전략적 접근을 추진하고 있다.

미국에서 산업정책의 재추진을 주장하는 사람들은 미국의 시장경제 체제의 유지와 기업의 경쟁적 행동을 존중하지만 중국 정부가 자국 기업들에 대규모의 지원을 하고 있어 미국 기업이 중국 기업과의 경쟁에서 이기기가 쉽지 않다는 점을 지적한다. 미국 기업과 시장을 지원하기 위한 산업정책은 중국을 견제하고 미국의 공급망을 보호하기 위해 필요하다는 것이다.

그러나 한편에서는 시장 경쟁에 의한 효율성보다 정부가 일정 부분 자원을 집중해 투입하는 산업정책이 과연 효율적인가에 대한 의문은 계속되고 있다. 특히 기술 트렌드의 변화를 예측하기 어려워 정부의 정책이 몇 년 후에는 잘못된 결정이 될 수 있으며, 과거 산업정책을 통해 추진했던 비효율적인 예산 낭비 사례들이 있음을 제기하고 있다[22].

그렇지만 미국에서는 대체로 중국이라는 거대한 경쟁자에 대응하기 위해 산업정책의 부활에 힘이 실리는 모습이다. 미국의 안보분야 한 싱크탱크는 변화하는 상황에 맞게 정부가 적극적인 역할을 해야 함을 주장한다. 그리고 그런 역할을 할 수 있도록 거버넌스 체계 및 관련 직책의 신설을 제안하였다. 즉, 미국내 다양한 산업정책의 조정을 위해 기술분야의 국가안보보좌관 신설을 제안하였으며, 그 자리는 정부의 산업 및 기술정책의 수석 전략가로서의 역할을 하는 것이다[23].

유럽은 미국과 중국 간의 패권 경쟁 속에서 자신들의 시장과 산업 경쟁력을 확보하기 위한 규제전략을 강하게 추진하고 있다. 일본은 미국과의 끈끈한 동맹관계를 활용해 반도체 및 부품 소재 분야의 중요 공급망으로서의 역할을 강조하고 다시 일본 제조업을 부활시키고자 노력하고 있다.

우리나라 신산업정책의 전략적 방향 제언

주요국들이 추진하는 산업정책은 단순히 자국 산업지원을 위한 정책을 넘어 패권경쟁에서 승리하기 위한 핵심적인 수단이다. 그래서 산업정책을 바라는 시각과 관점도 과거와는 다르게 전략적인 시각과 접근이 요구된다.

미중간 패권경쟁과 주변국들이 동맹관계를 형성하여 대응하는 패권화된 국제질서는 단기간에 종료될 사건이 아니라 앞으로 글로벌 관계를 규율하는 새로운 국제질서이다. 따라서 정부의 신산업정책은 새로운 글로벌 규범체제에 적응하고 글로벌 전략경쟁에 참여해 우리의 위상과 이익을 확보하기 위한 핵심수단으로 역할을 할 수 있는 전략적 산업정책으로 전환해야 한다. 즉, 미래 핵심산업의 글로벌 가치사슬 형성과 기존의 글로벌 공급망 개편 속에서 우리의 위치와 위상을 확고히 하기 위한 전략경쟁의 핵심수단으로 고려되어야 한다.

최근의 패권경쟁은 4차 산업혁명의 혁명적 기술 패러다임 전환과정 속에서 이루어지고 있다. 미래전략기술의 주도권을 누가 확보하느냐가 패권경쟁의 승자를 결정하게 된다. 그래서 AI, 바이오와 같은 신흥기술의 경쟁력있는 기술력을 기반으로 미래 신산업을 창출해 새로운 산업성장의 기회를 확보해야 한다. 나아가 신기술 기반의 자율차 및 전기차, 의약품, 에너지 등 신성장산업에 사용되는 소재, 부품장비와 같은 공급망의 기술력과 안전한 공급네트워크 구축이 기업의 생존 및 산업발전에 중요하다. 따라서 신산업정책은 미중간 기술패권 경쟁에 따른 글로벌 공급망 변화에 대응해 불확실성을 줄이고 새로운 기회를 확보해야 하는 경제안보전략으로 그 역할을 전환해야 한다.

최근 세계 강국들은 모두 동일한 미래 전략기술분야의 첨단기술 확보와 관련 신시장 확보를 목표로 유사한 전략들을 전개하고 있다. 반도체, 이차전지, AI, 양자, 수소 등 앞으로 4차 산업혁명시대에 성장동력으로 창출될 핵심기술분야에 대해 국제사회가 동일한 전망을 하고 있기 때문이다. 또 하나의 동일 현상은 국가의 연구개발전략이 신흥기술 및 첨단기술의 연구개발을 통한 기술확보 만을 목표로 하는 것이 아니라 개발된 기술이 사업화 및 혁신과정을 거쳐 새로운 제품과 서비스를 통해 신시장을 창출하는데 목표를 두고 있는 것이다.

이러한 맥락에서 새로운 변혁적 기술개발을 통해 새로운 혁신아이디어를 실제적인 제품과 서비스로 구현해 혁신가치를 창출하는 미국 국방성의 DARPA방식이 미국 국내는 물론 주요 선진국영국, 독일, 일본 등에 확산되어 추진되고 있다.

또한 선진국들은 주요 전략기술분야에서 획기적인 기술개발을 통한 신산업 성장과 함께 안정적인 공급망 확보를 강조한다. 나아가 핵심 전략기술분야에서 연구개발을 통해 창출된 개발기술이 신산업을 창출하고 기존 산업의 혁신적 변화를 통한 신산업구조로의 전환을 추진한다. 즉, 산업정책이 일부 유망산업에 대한 지원 정책에 머무는 것이 아니라 제조업 부활 등 국가 경제안보전략 차원에서 이루어지고 있다. 따라서 신산업정책은 전략기술분야에서 새로운 신흥기술의 원천 지식확보에서부터 기술의 실용화를 통한 신산업 창출, 그리고 기술혁신을 통한 기존 산업의 구조 전환 및 공급망 확보까지 연계한 포괄적인 패키지 정책으로 추진되고 있다. 다시 말해 최근의 선진국들의 신산업정책은 신기술개발을 위한 연구개발정책에서부터 신기업 지원 그리고 신시장창출 지원까지 폭넓게 연계되어 있다. 국내 산업정책에도 이러한 변화의 흐름을 반영하는 것이 중요하다.

또한 그동안의 산업정책이 주요 산업의 전방, 후방분야에 대한 전반적인 지원 중심이었다면 이제는 보다 전략적 핵심가치사슬 부문에 타켓화된 정책의 병행이 필요하다. 즉, 글로벌 공급망의 개편 상황 속에서 가치사슬의 보다 전략적인 핵심부문을 차지하는 접근으로 산업과 기업에 대한 지원전략의 변화가 필요하다.

신산업정책의 성공을 위해서는 기술개발과 기술혁신이외에도 새로운 신흥기술개발에 참여할 전문 인력의 확보, 첨단지식 확보를 위한 산학연 협력, 국제공동연구 추진을 위한 국제협력 강화, 국가 전략기술분야 혁신 인프라 확보 등 신산업정책 관련 정책들의 종합조정을 위한 정책 거버넌스 구축 및 추진시스템 개편이 필요하다. 그동안 각각 추진되었던 파편화된 조각난 정책들이 공동의 목표(임무)와 전략시스템 속에서 서로 연계되고 조정될 필요가 있다.

최근의 선진국 정책 흐름은 과학기술혁신정책과 산업정책 간의 구분이 불분명하고 연계가 강하게 이루어지고 있다. 우리나라의 경우, 이러한 흐름을 반영한다면 기술분야 지원정책, 산업지원정책, 기업지원정책들이 서로 연계되어 추진될 필요가 있다. 사업 추진의 효율성을 고려한다면 관련 정책들 간의 연계와 조정을 위한 정책거버넌스 개편이 필요하다. 그리고 거버넌스에 의한 효율적 조정이 이루어지려면 실무적으로 신산업정책의 영역을 과학기술혁신정책에서 중점적으로 다룰 것인지 아니면 산업혁신정책에서 다룰 것인지를 전략적으로 결정해야 한다. 그리고 이 정책 간의 연계를 어느 수준에서 추진하고 조정할 것인지에 대한 조정범위와 조정체계 구체화를 위한 전략적 결정이 필요하다.

혁신은 시장에서 이루어지며 시장의 가장 중요한 주체는 기업이다. 기업이 핵심 전략분야에서 혁신경쟁력을 확보할 때 국내 산업경쟁력과 국가경쟁력이 제고된다. 그리고 그 결과로 경제안보가 확보된다. 일부 전문가들은 산업정책의 강화가 정부의 민간주도 경제라는 정부 정책 방향에 어긋날 수 있다는 주장을 하기도 한다. 그러나 지금과 같이 모든 선진

국가가 자국 산업과 기업의 경쟁력 제고를 위해 총력지원하는 체제에서 민간기업의 경쟁력은 정부의 도움이 없다면 확보하는데 많은 시간과 노력이 들어가며 확보에 실패할 수도 있다.

그래서 선진국들 모두 기업의 혁신 경쟁력 지원을 위해 정부 주도의 산학연관 연구개발과 실용화 지원, 신생기업지원 등 다양한 기업지원을 강화하고 있다. 전략적이고 강력한 산업정책은 민간기업이 보다 높은 혁신 역량과 경쟁력을 확보하는 것을 목표로 해야 한다. 그리고 산업정책의 기능이 선순환한다면 민간기업의 글로벌 경쟁력이 제고되고 민간이 주도하는 경제체제가 강화되며 나아가 국가 경제안보의 힘도 강화될 것이다.

② 임무중심 혁신정책의 추진

유럽에서 지속적으로 강조해 온 과학기술혁신을 통한 사회문제해결 정책이 임무중심 혁신정책이라는 보다 강한 추진체계로 등장하였다. 미국의 DARPA에서 개발한 혁신적인 기술이 세상을 변화시킨 것처럼 임무중심 혁신정책을 통해 사회문제를 해결하고 세상을 변화시키자는 접근이다. 유럽식의 임무중심 혁신정책은 성공할 것인지, 다른 국가들은 어떻게 추진하고 있는지를 살펴보고 우리나라의 효율적인 임무중심 혁신정책 방향을 모색한다.

임무중심 혁신정책이란?

임무중심 혁신정책은 유럽 국가들을 중심으로 사회문제해결을 위한 혁신정책의 적극적인 역할을 강조하는 혁신정책 패러다임이다. 2000년대 이후 유럽의 주요 국가들은 사회문제해결을 과학기술혁신의 중요한 연구테마로 설정하고 사회문제해결에 시민과 민간기업을 포함한 다양한 이해관계자가 참여하는 통합적인 혁신정책을 강조해 왔다. 임무중심의 혁신정책은 사회적 문제해결의 실질적인 성과창출을 위해 임무, 기간과 목표를 더욱 구체화하고 이를 추진하는데 필요한 거버넌스 및 시스템도 더욱 정교하게 관리하는 기법이다. 즉, 임무중심 혁신정책은 정의된 기간 내에 잘 정의된 사회적 목표를 달성하기 위해 혁신이 작동하도록 특별히 맞춤화된 정책 및 규제 조치의 조정된 패키지를 말한다[24].

임무중심 혁신정책은 영국의 Mazzucato교수가 이론적 기반을 제공하였다. 미국 국방성의 DARPA가 임무지향적 프로젝트를 통해 탁월한 성과를 창출한 것처럼 도전적인 사회문제해결을 DARPA 방식으로 접근하면 효과적으로 혁신성과를 창출할 수 있다고 본다. 사회문제를 미국의 아폴로 계획처럼 집중해서 계획을 수립하고 실행한다면 해결가능하다는 것이다. 그리고 정부는 사회문제해결을 위한 임무를 설정하고 이를 구체적인 임무로 세분화하여 추진하고 관련 혁신 분야의 시장창출까지 해야 한다고 주장한다[25]. 즉, 정부가 사회문제의 임무중심 혁신정책 추진에 관련된 모든 것을 주도적으로 관리하고 해당 부분의 시장창출까지 해야 한다는 것이다.

임무중심 혁신정책 이론에 대한 논란

임무중심 혁신정책은 거대한 사회적 문제해결을 사회 혁신목표로 설정하고 이를 세분화된 목표로 재구성하며 세분화된 목표들을 달성하기 위한 R&D 프로젝트, 규제 등의 정책패키지를 통해 관련 산업의 발전뿐만 아니라 사회문제까지 해결한다는 것이다. 그러나 이러한 접근은 사회적 문제를 해결하기 위한 이상적 접근으로 거대한 목표의 실행과 관리가 실현가능한지에 대해서는 여전히 논란이 있다.

거대한 목표를 다루는 정책들을 종합적으로 하나의 패키지화하는 것이 가능한가, 이를 위한 거버넌스 구축과 운영이 가능한가, 정부가 혁신과 관련한 모든 것을 다 할 수 있는가. 그렇게 하는 것이 적절한가에 대한 답은 여전히 미지수이다.

사회문제 해결에 대한 통합적 접근의 주장은 개별적인 정책들의 파편화된 추진으로는 다양한 요소들이 관련된 복잡한 사회문제 해결이 어렵기 때문이다. 그러나 범위의 경제의 효율성 차원에서 어느 수준에서 다루어야 하는 지는 아직 답을 찾지 못하고 있다. 다만 사회적 문제 해결이 중요하다는 사회적 인식이 높아지고 사회문제 해결을 위한 통합적 정책의 필요성이 확대되고 있어 일부 통합적 접근을 위한 정책 확대가 시도되고 있다.

유럽 임무중심 혁신정책과 미국 DARPA의 차이

동일한 개념의 정책을 설계하고 추진하는 방식은 개별 국가의 과학기술혁신정책의 역사와 환경, 시스템 차이에 따라 달라진다. 임무지향 혁신정책도 국가마다 접근에 차이가 있다.

유럽은 오래 전부터 사회문제해결에 집중해 왔으며 사회문제해결을 위한 혁신의 역할을 강조하고 있다. 따라서 연구개발정책도 과학 지식을 탐구하고 첨단기술을 개발하는 연구개발이 사회문제해결에 기여해야 함을 강조한다. 나아가 사회문제해결에 중요한 경제, 사회의 다양한 제도 혁신을 포함하는 포괄적 혁신에 집중하고 있다. 그래서 과학기술정책이라는 용어는 정책체계에서 거의 사라지고 혁신정책이라는 용어 사용이 일반적이다. 유럽의 임무중심 혁신정책은 그동안 유럽에서 추진해 온 사회문제해결을 보다 실질적이고 효과적으로 해결하기 위한 정책 방식이다. 사회문제해결이라는 임무를 구체적으로 설정하고 임무해결에 필요한 연구개발뿐만 아니라 관련 정책과 제도, 규제혁신까지 포괄하는 패키지화된 혁신정책으로 추진한다.

반면 미국은 유럽과는 다른 접근을 하고 있으며 정책적 특성도 차이가 있다. 한마디로 과제는 구체적이고 문제해결은 실용적으로 접근한다. 사회문제해결을 위한 포괄적인 혁신정책 추진보다 DARPA 방식처럼 여전히 시장의 새로운 수요 관점에서 접근한다. 최근에는 기후변화와 같은 글로벌 사회문제에 대응하기 위한 정책적 접근이 이루어지고 있으나 기후변화 위기 대응 그 자체보다 글로벌 시장 및 산업에 요구하는 탈탄소화에 대응하기 위한 기술개발 전략이 중심이다.

유럽의 임무중심 혁신정책의 기본 모태는 DARPA의 임무중심 추진 방식이다. 그런데 DARPA 방식의 성공에는 임무중심 추진방식 뿐만 아니라 여러 가지 요인이 있다.

미국의 DARPA는 해결해야 할 문제를 제시하고 이를 가장 창의적으로 해결해 성과를 낼 수 있는 전문가를 책임자로 선정하고 책임자에게 연구활동의 자율성과 책임을 부여한다. 이것이 일반적으로 알려진 DARPA 방식의 특징이다. 그런데 여기에는 과정상 드러나지 않은 중요한 점들이 있다. 임무중심 과제해결이 효과적으로 기능하기 위해서는 무엇보다도 임무와 책임을 부여하는 사람이 전문성과 통찰력을 보유해야 하고 임무를 위임받은 사람도 전문성과 책임성을 모두 갖추어야 한다. 그리고 이 두 사람이 각자의 역할을 충실히 이행해야 한다. 그런데 여기서 임무 부여자에게 요구되는 전문성과 통찰력은 눈에 보이는 기준이 아니라 눈에 보이지 않는 안목과 판단력을 의미한다[26]. 이러한 깊고 포괄적인 정성적인 역량들이 통찰력을 가진 프로그램 관리자를 선정하고 다시 역량있는 과제책임자를 선정하는 과정 및 사업 수행 전과정에 발휘된다. 즉, 잘 보이지 않는 실질적인 전문성이 연구개발체계 전반에 작동되어 탁월한 성과창출로 이어지는 것이다.

이러한 접근은 우리가 적용하는 방식인 단시간에 여러 사람들이 모여 가시적인 선정평가 기준을 적용해 책임자를 선정하는 방식과는 질적으로 전혀 다른 접근이다. 또한 DARPA 방식은 획기적이고 도전적 접근을 추진하기에 적합한 관리방식이기도 하다. 일반적인 가시적인 관리기준에 따라 프로젝트를 관리하는 방식으로는 도전적 성과를 창출하기 어렵기 때문이다.

DARPA 방식의 또 하나의 중요한 특징은 다양한 수요아이디어 포함가 임무 형태로 제시되고 이를 창의적인 기술적 문제해결로 접근하는 방식이라는 점이다. 사회적으로 민감한 규제개선, 사회제도 변혁과 같은 복잡한 사회적 요소들을 고려한 혁신을 상정하면서 추진되지 않는다. 즉, DARPA의 임무중심연구개발은 획기적인 수요 아이디어를 수용하기 위한 기술적 창의성을 강조하는 접근방식이다. 반면 유럽의 임무중심혁신은 사회문제해결에 요구되는 기술개발과 관련 사회적 요소들을 통합적으로 고려하는 접근방식이다. DARPA방식과 유럽의 임무중심혁신은 동일한 임무중심접근이지만 그 속성이 크게 다르다.

DARPA가 임무중심 기술개발을 통해 획기적인 기술을 창출하고 민간에 파급해 새로운 혁신적 변화를 일으킨 것은 쉽게 모방하기 어렵다. 미국에서도 DARPA의 성공을 벤치마킹해 에너지 분야의 ARPA-E, 미국 국립보건원NIH의 ARPA-H 등이 추진되고 있다. 그러나 오바마 정부부터 추진된 ARPA-E는 DARPA와 같은 획기적인 성과를 창출하지 못하고 있다[27].

유럽 국가들은 DARPA와 유사한 방식으로 일부 세부사업을 추진하고 있으며 DARPA의 임무중심 접근을 적용해 사회문제를 적극적으로 해결하기 위한 임무중심형 혁신정책을 추진하고 있다. 그러나 유럽의 사회문제해결을 위한 임무중심혁신정책과 미국의 DARPA 방식은 임무중심으로 추진한다는 것만 같을 뿐 범위와 과제의 특성이 다르다는 것을 고려해야 한다

일본 임무중심 과학기술혁신정책에 대한 접근

일본은 유럽의 혁신정책 흐름을 빠르게 흡수하여 일본식으로 적용하고 있다. 임무중심 과학기술혁신정책도 유럽의 정책을 흡수하여 유사하게 접근하고 있다.

일본은 오래전부터 전략적 과학기술혁신정책에 관심을 가지고 추진해 왔다. 70년대 후반 VLSIVery Large Scale Integrated circuit,(반도체 고집적회로)와 같은 초대형 통합 컨소시움으로 추진된 타갯형 산업정책은 1980년대 말에 쇠퇴하였지만 1990년대 중반부터 임무중심연구개발정책으로 전환

되었무.

연구개발을 통한 전략기술의 확보와 혁신적인 성과창출을 목표로 한 대표적인 대형사업으로 2014년에 범부처 프로그램으로 추진된 전략적 혁신프로그램SIP : Cross-ministerial Strategic Innovation Promotion Program이 있다. 이 프로그램은 핵심기술분야에 대해 기초연구에서 실용화까지 포괄하며 부처와 기술분야의 경계를 넘어선 중장기 대형 프로그램이다. 이후 2020년에는 문샷Moonshot 프로그램이 시작되었다. 이 프로그램은 파괴적인 혁신을 촉진하고 이상적인 미래사회를 향한 사회문제해결을 목표로 하고 있다. 지구온난화와 같은 글로벌 문제뿐만 아니라 일본의 초고령화 사회 문제 등 사회적 과제에 대해 야심찬 목표를 세워 도전적인 연구를 추진한다.

문샷 프로그램은 유럽과 같이 사회문제해결을 목표로 설정하고 제시된 임무해결을 강조한다. 그리고 미국의 DARPA와 같이 도전적인 접근을 지향한다. 그래서 유럽 프로그램과 유사해 보인다. 그러나 일본은 사회문제에 대한 접근에서 차이가 있다. 단순히 사회문제해결을 강조한 것이 아니라 일본의 미래사회 발전 모습(일명 Society 5.0)의 구현을 강조하고 이를 연구개발 목표로 설정하고 있다. 그리고 실행방식은 미국의 DARPA 방식처럼 기술적 접근을 적용한다. 즉, 일본의 임무중심정책은 미래사회 모습을 사회적 언어로 표현한 사회문제해결목표를 제시하고 이를 연구개발의 기술적 목표 달성을 통해 해결하고자 한다. 그래서 사회구현목표와 기술적 해결목표 사이에는 개념과 실행범위에서 차이가 있다. 기술적 목표가 사회적 목표를 잘 구현해 낼 수 있을지는 아직 미지수이다.

일본은 미래사회 모습인 Society 5.0 구현을 위해 정부 역할을 강화하고 전략적 수행을 위한 노력을 지속적으로 하고 있다. 기존의 정책체계는 미래사회 구현에 필요한 문제를 해결하기에는 정책간 장벽이 높아 정책조정을 강화하기 위한 혁신정책 거버넌스의 개편을 지속적으로 추진하고 있다. 법적 기반 마련을 위해 과학기술기본법에 혁신을 포함시키고 이를 정책적으로 실행하기 위한 과학기술혁신기본계획을 세우고 있다. 또한 국가전략분야에서 과학기술정책과 관련 부처 행정의 연계 조정을 위해 총리실 차원의 상위조정기구의 확대 개편 및 역할 조정을 지속적으로 추진하고 있다.

우리나라 임무중심 연구개발정책에 대한 접근 현황

정부는 문제해결 중심의 과학기술정책 추진의 일환으로 임무중심 연구개발혁신체계를 제시하였다. 임무중심 연구개발혁신체계는 국가가 당면한 도전과제를 해결하기 위한 임무를 정하고 정해진 임무를 명확한 시간 내에 달성하기 위한 R&D와 이를 위한 혁신체계로 정의한다[28]. 도전과제Challenge 설정, 임무Mission 정의, 관련 산업 분야 검토 연계, 연구개발로 이어지는 문제해결 지향적 체계이다. 그래서 국가 차원의 사회적 임무 및 달성 시한이 명확한 임무목표 제시를 강조한다.

현재 임무중심 연구개발에는 전략기술 12개 분야[29], 탄소중립분야가 우선 선정되어 추진되고 있다. 앞으로 사회문제 관련 분야의 주제를 선정하여 임무중심 연구개발을 추진할 예정이지만 접근방법에서 아직은 다소 명확하지 못한 부분이 있다.

현재 임무중심 연구개발로 추진되고 있는 전략기술분야와 탄소중립분야는 사회문제해결과 연결이 되어 있지만 경제적 산업적 수요가 큰 기술분야 중심으로 추진되고 있다. 이러한 접근은 유럽과 일본처럼 사회문제해결을 직접적이고 포괄적으로 다루기보다는 기술적 접근을 중심으로 한다는 특징이 있다. 또한 이러한 접근은 현재 과학기술정책 거버넌스의 정책 범위와도 연계되어 있다. 현재의 과학기술정책 거버넌스 체계 하에서는 사회적 문제를 적극적으로 다루기에는 한계가 있기 때문이다.

그런데 사회문제해결이 반드시 정책적으로 사회문제를 직접적으로 다루어야만 해결가능한 것은 아니다. 미국처럼 사회적 변화가 요구되는 분야에서 획기적인 기술개발과 성과 확산을 통해 산업, 시장 및 사회에 중요한 영향을 미치는 방법도 있다. 미국은 기후변화 문제에서 기후변화를 직접 다루기보다는 탄소중립이라는 구체적인 시장 기준을 설정하고 이를 달성하기 위한 기술전략을 집중적으로 추진하고 있다. 또한 미국은 첨단 기술력에 의한 글로벌 시장 선도력을 내세워 미래 사회전환을 위해 요구되는 시장전환을 선점하고 주도하는데 집중하고 있다. 그리고 이에 필요한 제조업의 부활을 중점적으로 추진하고 있다. 제조업 부활정책이 우선적으로 중국에 대한 미국의 제조업 경쟁력 강화를 위한 것이지만 미래 시장 선점과도 연결되어 있다. 제조업 부활에 미션이라는 단어를 사용하지는 않지만 전략, 목표를 제시하고 국가가 달성해야 할 중요한 임무로 인식하고 정책을 추진하고 있다.

미국은 최근 경제안보와 관련해 국가 핵심 및 신흥기술 확보전략 National Strategy for Critical and Emerging Technologies, 2020을 수립해 추진하고

있다[30]. 산학연 네트워크, 규제완화, 글로벌 기술표준 주도, 동맹국 협력 등 국가안보 기반 강화 내용과 20개 핵심 신흥기술에 대한 기술유출 방지 등을 관리하고 있다. 20개 핵심 신흥기술에는 첨단컴퓨팅 및 첨단센서, AI, 반도체, 에너지, 우주기술 등이 포함된다[31].

이러한 핵심 신흥기술은 우리나라 12개 전략기술과 거의 유사하다. 유럽, 일본, 중국 등 주요 국가들이 설정한 전략기술 분야도 유사하다. 4차 산업혁명을 주도할 새로운 유망기술 분야에 대해 선진국들이 거의 동일한 예측을 하고 있기 때문이다. 주요 전략기술에는 글로벌 사회변화와 관련된 시장 수요를 반영한 기술분야들이 많이 포함되어 있어 사회문제해결에도 적용가능하다. 전략기술 중심의 연구개발 추진이 사회적 문제해결과 직접적으로 연계된 것은 아니지만 사회문제해결에 필요한 기술적 수요를 상당부분 반영하고 있다.

앞으로의 정책 대응 방향 : 고려해야 할 요소들

우리나라가 임무중심 연구개발정책 대상으로 전략기술분야와 탄소중립을 우선적으로 선정한 것은 국가 경제안보 및 경쟁력 확보 등 생존과 미래 경쟁력 확보에 필요한 요소를 강조한 것이다. 기술 주도권 확보의 중대성을 고려할 때 국가전략기술 확보를 중심으로 임무중심 연구개발을 추진하는 것은 적절한 접근이다.

그런데 전략기술의 경우 단순히 기술개발에 머물러서는 안된다. 앞으로 빠른 시간 내에 전략기술에 기반한 글로벌 신시장 확보 경쟁이 치열해

질 것이기 때문에 관련 신산업 창출 및 산업적 성과로 연결되어야 한다.

우리나라의 경우 그동안 정부부처 기능에 따라 과학기술정책과 산업정책이 구분되어 추진되었다. 과학기술정책부처는 기초응용연구를 추진하고 산업정책부처는 개발연구 및 사업화, 기업지원 역할로 기능을 구분하였다. 이러한 정책체계 하에서는 연구개발에서 산업화까지 일관되고 통합된 추진이 어렵다. 그동안 부처간 정책종합조정이 추진되고 부처간 이어달리기사업도 추진되었으나 성과가 그다지 좋지 않았다. 임무중심 연구개발정책이 성공을 하기 위해서는 기존의 정부정책 및 사업추진체계의 문제들을 개선해야 한다. 특히 정책들이 조정되고 통합화된 방식으로 연계 추진될 수 있도록 해야 한다.

임무중심형 사업은 구체적인 추진방식의 문제도 개선해야 한다. 그동안 정부사업 추진시 적용된 PM 중심의 사업단 운영방식을 재검토할 필요가 있다. 정부가 발표2022년 10월한 임무중심 R&D 혁신체계 구축전략에는 프로젝트별 PM을 선정해 사업단을 운영하는 것으로 되어 있다. 그동안 우리나라 정부에서 추진한 대형 연구개발사업은 대체로 PM 중심 사업단 운영방식을 적용하였다. 기존의 PM 중심 사업단체제의 운영방식의 문제점 검토를 통해 임무중심 연구개발체계에서 예상되는 PM 중심 사업단 운영방식의 한계와 문제점을 미리 살펴볼 필요가 있다[32].

첫째, 임무 중심의 전략기술은 기존의 전략기술과는 정책적 접근이 달라야 한다. 경제안보라는 국가 전략적 관점에서 추진하는 포괄적 기술분야를 프로젝트별 PM체제로 소화하기에는 무리가 있다. 그동안 국가의 대형연구개발사업은 대부분 사업단 형태로 추진되었다. 이런 대형사업들은 달성해야 할 목표가 명확하고 사업단이 연구목표 달성을 중심으로

운영된다는 점에서 임무중심형 사업과 유사하다. 그런데 기존 대형사업들을 보면 당초 임무목표와 사업단 연구범위와는 상당한 괴리가 있었다. 임무중심형 연구개발체계에서 다루어야 할 임무는 그동안의 대형사업에 비해 임무의 범위와 내용이 더 크고 포괄적이다. 프로젝트별 PM 체제로는 그 임무를 포괄하기가 어렵다[33].

둘째, 전략기술분야에 대한 기획방식도 변화해야 한다. 기술분야별 수요 기술 로드맵 수준을 넘어 기술과 산업의 가치사슬에서 전략적 경쟁력 확보 부분을 도출해야 한다. 즉, 특정 기술분야에서 포괄적 연구개발과 전략적 부분에 대한 집중적 기술개발 사이의 균형에 대한 전략적 결정이 이루어져야 한다. 또한 임무중심형 추진체계에 대한 전략과 기획방식에 대한 검토시 추진방식을 PM체제로 할지 아니면 다른 방식이 더 적절한지에 대한 검토가 필요하다. 일시적으로 별도의 전문가들로 구성된 기획방식이 효율적인 것인지에 대한 검토도 필요하다.

셋째, PM 중심의 사업단 운영방식은 연구지식의 축적 효과를 창출하기 어렵다. 사업단 방식은 사업이 종료된 후 연구에 참여한 연구팀과 연구원들이 각각 흩어져 조직 단위의 연구지식의 축적 효과를 창출하기 어렵다. 이를 고려해 사업기간을 장기 10년으로 하기도 하지만 사업종료 후 연구진이 함께 관련 분야 연구를 지속하기는 어렵다. 연구개발은 사업추진을 통한 당장의 성과창출도 중요하지만 큰 혁신이 발생하려면 연구자들의 지속적인 지식축적을 통해 지식수준이 일정 임계점에 이르러야 한다. 그래야 고도의 전문성을 토대로 획기적인 혁신지식을 창출할 수 있다. 즉, 상당한 수준의 지식이 쌓여 임계수준에 이르러야 통찰적 전문성이 발휘된다. 이것은 장기간의 한 사업만으로는 구축되는 것이 아니라 여러 관련된 분야의 전문적 지식축적과정을 거쳐 이루어진다.

지금까지 PM 중심의 사업단 체제로 추진된 많은 분야들에서 지속적으로 성과가 창출되지 못하는 것은 사업이 종료되면 모든 연구자들이 흩어져 각자의 길을 가기 때문이다. 그래서 지식의 축적효과를 창출하려면 PM 방식이외에 안정적인 조직 단위로 지원하는 방식을 고려해야 한다. 물론 PM 방식이 해당 사업을 추진하는데 가장 우수한 연구자들을 중심으로 사업단을 구성하여 추진한다는 점에서 우수한 성과를 기대할 수 있다. 그런데 더 긴 시간으로 보면 PM 중심의 사업단 방식이 그다지 효과적이지 않을 수 있다. 특히 PM의 역량이 부족할 경우에는 연구개발 투자가 실패할 수 있다.

그래서 산학연의 다양한 연구주체들의 협력을 통해 빠른 시간 내에 기술적, 기반적 목표를 달성해야 하는 분야는 PM 중심 사업단 체제로 추진가능 하지만, 오랜 시간 동안 기반연구가 필요하고 연구인프라 구축이 중요한 분야는 정부출연연구기관(출연연)과 같은 공공연구조직을 활용하는 것이 더 효과적이다[34]. 또한 공공연구기관이 특정 분야에 전문적인 역량을 보유하고 있는 경우에도 해당 분야는 공공연구조직을 적극 활용하는 것이 효과적이다. 물론 공공연구기관 중심으로 사업을 추진한다고 해도 다른 공공연구기관, 대학 및 기업에 대한 개방성을 대폭 확대해야 한다. 안정적 조직 단위의 연구 추진은 축적효과에 의한 연구 및 혁신성과 창출을 기대할 수 있으며 체계적인 사업조직관리가 용이하다는 장점도 있다.

넷째, 기술분야별 특성과 범위, 성숙 수준에 따라 추진방식을 차별적으로 설계해야 한다. 12개의 전략기술분야는 이미 상당기간 기초연구 및 응용연구가 이루어진 분야가 있고, 어떤 분야는 신흥기술분야라 새롭게 연구를 시작해야 하는 분야가 있다. 해당 분야의 기술적 성숙도가 높은 분야는 이미 산업혁신 기반도 갖추어져 있을 가능성이 높기 때문에 기술과 산업을 연계한 정책 추진이 필요하다. 국내에 기반이 취약한 신흥기술이라면 공공연구기관에 집중적인 역할을 부여해 기반을 갖추는 방식도 적절하다. 또한 기술의 시스템적 특성이 높은 분야라면 체계적 접근이 용이한 공공연구기관을 중심으로 추진하는 것이 적절하다.

이런 점들을 고려할 때, 정부의 임무중심형 연구개발체계의 추진과 운영방식에 대한 새로운 접근과 방법을 모색하는 것이 필요하다. 임무중심 연구개발정책에서 다루는 12개의 전략기술분야는 그 성공여부가 국가의 미래를 좌우한다. 더구나 전략기술개발의 성공은 경제안보와 연결된다. 기존에 정부에서 전략기술이라는 이름으로 추진하던 사업들과는 그 배경과 부여된 임무의 무게가 다르다. 따라서 하나의 접근이 아닌 기술분야의 특성과 범위, 연구주체들의 역량과 특성을 고려한 접근 변화를 통해 보다 성공적인 성과창출 방식을 모색해야 한다. 예를 들면 분야의 범위가 넓고 이미 산업이 성장하고 있는 기술분야는 분야별 혁신컨트롤타워체계를 구축해서 종합적으로 추진관리하고, 신규분야 또는 공공성이 높은 분야는 출연연구기관을 통해 추진하는 것이 필요하다[35].

이외에도 임무중심형 연구개발체계의 성공적 추진을 위해서는 몇가지 중요한 정책적 변화가 필요하다.

첫째, 출연연 운영체계를 임무중심체계로 전환해야 한다. 임무중심형 연구개발체계의 성공에는 상위 정책 수준에서 임무의 설정과 전략 설정이 중요하지만 실제 성공이 이루어지려면 연구수행주체의 적극적인 역할 수행이 이루어져야 한다. 정부출연연구기관이 정부의 임무중심 연구개발체계에서 적극적인 역할을 하도록 지금의 출연연의 운영체계를 임무중심체계로 전환해야 한다.

정부가 제시한 임무중심 연구개발체계는 상위 정책수준에서 목표달성을 넘어 임무달성을 강조하는 방향으로 목표와 전략을 설정한다는 점에서 중요한 의미가 있다. 그러나 연구수행주체들의 역할은 기존과 유사하다. 성공적인 성과창출을 기대하기 위해서는 연구수행주체들의 역할을 보다 적극적으로 전환하는 것이 필요하다. 단순히 정해진 성과목표와 지표를 달성하는 것이 아니라 실질적인 문제해결을 향해 적극적으로 움직이고 협력하는 연구수행주체들의 역할 변화가 중요하다. 연구성과의 창출은 결국 연구수행주체들의 역할과 행동에 달려있다. 그런 차원에서 정부출연연구기관의 운영방식을 임무 중심으로 전환하는 것이 필요하다. 즉, 정부출연연구기관에 국가적 임무를 부여하고 이를 달성하는데 적극적으로 매진하도록 운영시스템을 개선하는 것이 필요하다.

정부출연구기관 운영에 경쟁을 통한 효율성을 강조하는 PBS체제에서는 많은 연구과제를 수행하지만 한사람이 다수의 과제를 수행하기 때문에 의미있는 중요한 연구성과 창출이 어렵다. 그동안 연구비 규모가 큰 과제를 수행하거나 다수의 연구과제 수행으로 양적 성과가 증가하는 양적 효율성은 달성했으나 질적 효율성은 개선되지 않고 있다. 임무중심 연구개발체계의 성공적 달성을 위해서는 출연연의 운영체제를 PBS체제에서 벗어나 국가 임무를 성실히 수행하는 임무중심체제로 전환해야 한다. 나아가 정부출연연구기관이 강점이 있는 전략기술분야의 경우 기획과 추진의 임무를 출연연에 부여하는 것도 필요하다.

둘째, 사회문제해결 임무중심형 혁신정책 추진을 위한 정책실험이 필요하다. 임무중심형 혁신정책은 국가마다 접근 방식이 다르다. 우리나라와 미국은 시장 중심 성과창출을 위한 기술적 접근을 강조한다. 유럽과 일본도 실제로는 시장을 겨냥한 기술적 접근이 이루어지지만 사회문제해결 및 사회변화를 위한 기술의 역할을 내세운다.

기술과 사회의 융합화가 가속화되면서 많은 사회문제들이 발생하고 있고, 이를 해결하기 위한 글로벌 시장의 새로운 규범 적용과 기술개발이 추진되고 있다. 정부가 선정한 12개의 전략기술은 이러한 글로벌 시장 및 사회의 변화를 고려한 관련 기술들이다. 그러나 탄소중립과 같은 글로벌 사회문제에 기반한 새로운 시장 규범이 앞으로도 지속적으로 나타날 수 있어 선제적인 접근이 필요하다.

즉, 사회문제해결과 같은 글로벌 혁신 패러다임의 흐름이 새로운 글로벌 혁신시장의 선점으로 이어질 가능성에 대비해 글로벌 사회뿐만 아니라 국내에서도 중요하게 고려되는 사회문제를 선정해 포괄적인 임무중심 혁신체계를 구축하는 것이 필요하다. 그리고 이를 구현하기 위한 정책체계의 변화를 추진하는 것도 필요하다. 특히 포괄적인 사회문제해결을 위한 정책 거버넌스의 구축을 실험적으로 시도해 볼 필요가 있다. 즉, 경제, 사회, 산업에 모두 영향을 미칠 수 있는 사회적 문제를 선정해 다양한 정책적, 제도적 접근과 기술적 접근을 결합해 문제해결을 추진하는 것이다. 향후 글로벌 경제 및 사회에서 우리의 혁신 경쟁력을 확보할 수 있도록 새로운 혁신정책 실험을 시도해 보는 것이 필요하다.

3 문제해결과 속도있는 혁신을 위한 산학연 협력

산학연 협력은 기초연구에서 창출된 연구성과가 시장의 혁신성과로 이어지기 위한 핵심수단이다. 해결해야 할 과학적, 기술적, 사회적 문제가 복잡해질수록 연구자 간의 협력이 중요하다. 사회문제가 복잡해지고 지식창출에서 시장까지 거리와 시간이 짧아지면서 산학연 협력은 새롭고 속도있는 혁신을 위한 핵심적인 수단으로 다시 주목받고 있다. 더 나은 산학연 협력성과를 창출하기 위한 산학연 협력정책의 방향을 모색한다.

산학연 협력은 왜 중요한가?

개인의 발명 시대를 넘어 여러 지식의 응용을 통해 기술혁신이 이루어지기 시작하면서 연구개발에서 협력은 필수적인 요소로 등장하였다. 연구개발을 통한 지식의 발전으로 창출된 지식의 규모 확대와 질적 수준이 고도화되면서 한사람의 연구자 또는 하나의 조직 수준에서 다루는 지식으로는 새롭고 창의적이며 탁월한 지적성과를 창출하기가 어렵다. 특히 경쟁기업과의 전쟁에서 승리해야 하는 기업은 경쟁력있는 기술확보가 기업의 성쇠를 결정하기 때문에 새로운 지식과 기술적 응용을 위한 전략에 집중하고 있다.

그동안 미국, 일본 등 선진국 기업들은 기업 내에서 응용 개발연구만 수행하는 것이 아니라 일정부분 기초연구를 수행해 왔다. 그 결과 기업의 연구자가 노벨상을 타는 사례도 있었다[36]. 그런데 학습해야 할 지식의 양이 크게 증가하고 다루어야 할 학문 및 기술분야가 넓고 다양해져 기업에서 필요한 관련 지식을 독자적으로 다루기 어렵게 되었다. 이제는 글로벌 기업들이 대학 및 연구소 또는 기술벤처기업들의 보유 지식을 지속적으로 탐색해 확보가능한 지식을 찾는 것이 일반화되었다.

기업이 지식과 기술을 확보하는 방법은 보상을 통해 다른 기관이 보유한 지재권을 확보하거나 산학연 공동연구를 통해 지식창출 과정에 직접 참여해 지식과 기술을 확보하는 방법이 있다. 기업이 산학연 공동연구에 참여하게 되면 연구성과의 사용과 필요한 기술확보가 가능할 뿐만 아니라 연구개발 과정에서 지식학습이 가능하다. 따라서 기업으로서는 필요한 기술확보뿐만 아니라 기업 자체의 연구역량과 지식역량도 제고할 수 있다. 또한 국가적으로는 산학연 협력을 통해 대학과 정부연구기관의 연구개발 성과가 참여 기업을 통해 사업화되어 시장의 혁신가치 창출가능성을 높일 수 있다. 그래서 산학연 협력은 기업과 시장의 수요를 고려한 연구개발을 가능하게 하고 사업화의 가능성을 높인 생산적인 연구개발생태계를 구축할 수 있다.

이러한 산학연 협력의 중요성과 장점을 살리기 위해 주요 선진국들 모두 산학연 협력을 국가 연구개발정책의 주요 수단으로 추진하고 있다. 대부분의 국가연구개발사업은 산학연 협력이 기본적인 수행방식으로 적용되고 있다. 우리나라 정부가 추진했던 특정연구개발사업, G7사업뿐만 아니라 최근 대부분의 정부연구개발사업은 산학연 협력이 기본적인 수행방식으로 적용되고 있다.

이러한 산학연 협력의 중요성을 반영해 기술혁신과정을 산학연관 주체들이 상호 호혜적으로 움직이는 3중 나선형모델Triple Helix Model이라고 부르기도 한다. 이 모델에서는 지식기반경제에서 혁신과 성장을 위해서는 대학, 기업, 정부(연) 간의 상호작용이 중요하다는 점을 강조한다[37]. 대학과 정부연구기관은 지식창출의 주도자, 기업은 생산자, 정부는 안정적인 상호작용과 거래를 보증하는 역할을 담당한다.

그런데 이러한 중요성에도 불구하고 연구현장에서는 산학연 간의 실질적인 협력이 이루어지고 있지 않은 사례들을 많이 볼 수 있다. 정부연구개발사업의 연구과제에 참여한 기업은 대학과 실질적인 연구성과 창출을 기대하기 보다는 향후 우수한 연구인력을 확보를 위한 수단으로 참여한다고 언급한다. 또는 서로 각각 필요한 연구비 확보를 위해 전략적으로 협력을 하는 경우도 있다. 때로는 협력연구임에도 서로 다른 기관의 연구팀들이 연구과제를 시작할 때 만나고 이후 연구 종료 직전에 만난다는 경우도 있다.

모든 정부의 지원제도가 긍정적인 방향으로만 작동하는 것은 아니다. 제도 운영과정에서 모럴헤저드가 발생하고 예상치 못한 부작용이 발생하기도 한다. 산학연 협력을 촉진하기 위한 정부제도도 동일한 문제가 발생할 수 있다. 그러나 산학연 협력이 실질적으로 작동하지 않는 원인에는 단순히 제도 운영과정의 문제가 아니라 제도 설계 및 추진시 협력이라는 기본 속성을 고려하지 못한다는 근본적인 문제가 있다.

산학연 협력 기본 속성과 정부 역할

모든 인간은 이기적인 유전자를 갖고 있는 이기적 존재이다. 이기적인 존재들이 협력을 하기 위해서는 개인 중심의 이익을 넘어서는 협력의 이익이 존재해야 한다. 산학연 협력을 하지 않거나 형식적으로 한다는 것은 개인 수준을 넘어서는 협력의 이익이 발생하지 않기 때문이다.

산학연에 협력에 참여하는 연구주체들은 각각의 협력 동기가 다르다. 기업은 제품이나 서비스 개발 및 혁신에 필요한 기술의 확보를 원한다. 반면 대학은 주요 성과물인 논문에 관심이 집중되어 있다. 정부연구기관도 논문, 특허 등 양적 성과가 기본적으로 중요하며 사업화에 대한 강한 책임이 부여되어 있지는 않다.

따라서 산학연 협력이 활발히 이루어지려면 협력의 풍토를 조성해야 하고 서로 다른 동기를 조율할 수 있는 시스템도 갖추어져야 한다. 그러나 우리나라의 산학연 협력 현황을 조사한 연구결과들은 우리나라의 산학연 협력 토양이 상당히 부실한 상태에 있음을 보여준다.

기업과 대학의 협력에서는 대학이 기업에서 요구하는 질적인 인력수요를 상당히 충족시키지 못하고 있다. 특히 기업은 필요한 분야의 인력의 확보가 어려운 점을 강조하고 있다. 또한 대학은 학문연구 위주로 연구개발이 이루어져 실용성을 지향하는 기업과의 괴리가 조율되지 못하고 있다. 반대로 기업들은 기술보안을 중요하게 여겨 핵심분야는 협력을 하지 않고 있다[38].

또한 우리나라의 산학연 협력이 형식적인 수준에서 이루어지고 있다는 점도 제기되고 있다[39]. 특히 산학연 협력을 위한 시스템이 갖추어져 있지 않다보니 협력의 상대자를 찾는 것이 어렵다는 것이 중요한 문제로 나타나고 있다. 또한 기관 차원이나 시스템적으로 협력이 연결되지 못하고 개인적인 네트워크에 의존하는 경향이 있다. 문화적으로도 협력을 위한 개방성이 약해 협력을 위한 기반이 취약하다.

산학연 협력은 혁신의 필수요소로서 중요성이 높지만 연구개발 협력에 대한 밀도있는 연구가 부족한 편이다. 협력을 활성화하기 위한 정책적 관리방안 연구들은 기업의 협업사례를 통해 유추적으로 도출할 수밖에 없다. 기업에서의 협업은 개인 차원의 협업에 대한 인식 장벽이 중요한 영향을 미치는 것으로 나타난다. 과도한 경쟁, 보상의 부적절성, 정보 부족, 언어적 미소통 등 협업에 참여하는 개인들의 인식 환경에 의해 중요한 영향을 받는다.

따라서 이러한 점들은 연구개발분야의 산학연 협력에서도 동일하게 작용할 수 있어 적절히 관리되어야 한다. 특히 산학연 협력에서는 산학연 연구수행주체들 간의 서로 다른 이해관계와 협력 동기로 인한 갈등을 조정해야 한다. 또한 협력의 저해 요소인 지나친 경쟁환경, 평가와 보상제도의 부적합성, 관련 정보의 부재 등은 정책적으로 중요하게 고려해야 할 요소들이다. 이외에도 협력에 필요한 상호 공동의 목표설정, 지식재산권 권리체계, 협력을 고려한 평가 및 보상체계 정비 등이 필요하다.

개방형 혁신과 산학연 협력의 재부상

최근 모든 혁신활동에는 개방과 협력이 필수적인 전략으로 인식되고 있다. 특히 글로벌 시장에서 기업들의 혁신경쟁이 치열해지면서 혁신에 필요한 내외부 지식을 획득하기 위한 개방형 혁신전략들이 중요하게 등장하고 있다.

개방형 혁신전략open innovation strategy은 2000년대 초반에 본격적으로 시작되어 이제는 혁신 현장에서 널리 적용되는 일반적인 현상이 되었다[40]. 최근에는 개방형 혁신이 단순히 개방과 협력을 통한 지식성과창출을 넘어 기업의 생산성 제고로 이어지는 실질적인 성과창출을 강조하는 방향으로 전개되고 있다[41]. 이것은 기업의 혁신전략이 기업의 생산성을 개선할 수 있어야 기업의 실질 경쟁력을 높일 수 있기 때문이다.

이렇듯 기업성과로 이어지는 실질적인 혁신성과 창출이 강조되는 것은 기업이 활동하는 글로벌시장의 혁신환경이 빠르게 급변하고 있으며 경쟁이 치열하기 때문이다. 우선 4차 산업혁명으로 기술적 대변화가 진행되면서 신흥기술에 기반한 새로운 글로벌 시장 선점을 위한 국가간, 기업간 경쟁이 치열해 지고 있다. 단순히 새로운 기술개발 수준을 넘어 신시장에서 새로운 제품이나 서비스 개발, 신산업분야 가치사슬의 핵심부문에 대한 기술확보 등을 통한 빠른 시장 점유력이 중요해 지고 있다.

또 하나는 디지털화에 따른 혁신의 속도이다. 모든 것이 빠르게 변화하고 변화의 폭과 넓이도 크게 확대되고 있어 속도감있는 혁신성과창출이 중요해지고 있다. 이제는 개별기업이 단독으로 혁신적 성과를 창출하는 데는 한계가 있을 뿐만 아니라 점점 더 어려워지고 있다. 기업의 혁신활동에는 새롭고 다양한 지식원천이 필요하며 간헐적인 지식활용이 아닌 지속적이고 전략적인 지식활용이 필요하다. 따라서 산학연 협력은 지식의 창출과 융합 그리고 혁신가치 창출이 어우러지는 필수적이며 중요한 혁신활동이 되고 있다.

전통적으로 산학연 협력에는 서로 다른 주체들을 이어주는 정부의 역할이 강조되고 정부의 사업 및 다양한 제도를 통해 산학연 협력이 지원되고 있다. 그래서 정부가 주도하는 연구개발사업들은 대부분 산학연 협력 방식으로 추진되고 있다. 또한 정부가 추진하는 공급자 관점의 사업성과들을 기업에 이전하기 위한 기술이전 수단으로 산학연 협력이 적용되고 있다. 그런데 공급자 주도로 추진되는 연구개발사업은 기업의 수요와 시장수요를 충분히 반영하는데 한계가 있으며 혁신의 속도에서도 상당한 시간이 걸린다. 이러한 문제를 해결하고 좀 더 확실하고 빠른 혁신성과 창출을 위해 최근에는 새로운 시장의 기술수요와 변화에 빠르게 대응하고 과학기술지식과 산업지식이 동시에 함께 상호작용하는 과학 산업지식의 공동창출방식Co-creation이 주목받고 있다.

선진국들의 산학연 협력정책 방향

국제 관계에서 국가간 전략경쟁이 치열해 질수록 전략기술 확보를 위한 국가간 경쟁도 치열해 진다. 단순히 기술확보를 넘어 핵심 부품 및 장비 확보를 위한 기술전쟁으로 이어진다. 최근 기술패권의 핵심기술인 반도체 분야에서 벌어지는 글로벌 전략경쟁은 1970~80년대 미국과 일본의 반도체 경쟁사례와 유사하다.

당시 반도체 분야의 국가전략기술의 확보를 위한 미일 간의 기술경쟁에서는 산학연관이 모두 협력해 대응하는 국가 총체적 대응방식이 적용되었다. 일본은 1970년대 후반 일본 제조업 경쟁력을 높이기 위한 반도체 기술력 확보를 위해 정부가 지원하는 반도체조합 결성을 통해 VLSI Very Large Scale Integrated circuit(고집적회로) 프로젝트를 성공적으로 추진하였다. 이를 기반으로 일본의 반도체 경쟁력이 높아지자 반도체 세계시장을 빼앗긴 미국도 유사한 방식의 지원을 통해 반도체 시장을 되찾았다[42]. 즉, 반도체 분야에서는 산학연관이 모두 참여해 상호공동협력하는 방식의 국가간 전략기술 확보경쟁이 이미 추진되었다.

최근 글로벌 기술패권 경쟁에서 나타나는 반도체를 비롯한 국가간 전략기술 확보경쟁도 산학연관이 모두 참여하는 총체적 대결방식으로 나아가고 있다. 글로벌 혁신정책의 주요 흐름인 임무중심 혁신정책은 복잡한 사회문제 해결을 위한 산학연 협력이 기본적인 접근이다. 전략기술 확보를 주요 목표로 하여 추진되는 우리나라 임무중심 연구개발정책도 그 성공 여부는 산학연 협력성과에 달려있다. 임무중심 혁신정책이 국가간 전략기술 경쟁에서 승리하기 위한 전략수준의 변화이지만 실제 혁신성과 창출을 통한 전략경쟁은 연구수행주체들의 역량과 협력에 달려있다.

산업기술이든, 공공기술이든, 전략기술이든 기술이 경쟁력의 실체로 역할을 하려면 반드시 기업의 제품이나 서비스에 구현되어야 한다. 전략기술은 국가적 중요도가 높아 정부가 적합한 기술분야를 선정해서 집중적인 연구개발 투자 지원을 통해 기술경쟁력과 혁신생태계를 육성하게 된다. 그 과정에서 연구주체들 각각의 역량 개발과 이들 간의 협업에 의한 지식결합 및 융합이 촉진된다. 그렇지만 정부의 투자 지원과 연구 성과의 결실은 결국 해당 분야 기업의 기술력 확보로 이어져야 성공하게 된다. 즉, 전략기술의 경쟁력은 해당 분야 제품과 서비스를 창출하는 기업의 기술력 구현에 의해 이루어진다. 전략기술에 대한 산학연관의 협력은 경쟁력있는 전략기술 창출을 넘어 해당 분야 기업의 기술경쟁력 제고로 이어져야 한다.

선진국의 경우 산학연 협력의 중요성을 법적, 제도적 기반 확충을 통해 활성화시키고 있다. 혁신의 선도국인 미국은 대학과 기업을 이어주는 제도 특히 법적인 기반 제공을 통해 산학연 협력 기반을 구축하였다. 대학에 연방정부 성과물에 대한 지재권 행사를 허용하는 베이돌법Bayh-Dole Act 1980, 산학연이 경쟁전 공동연구개발에 참여할 수 있도록 허용하는 공동연구법Cooperative Research Act of 1984, 기술이전을 촉진하는 관련 법률인 스티븐슨-와이들러 기술혁신법Stevenson-Wydler Technology Innovation Act, 1980, 연방기술이전법Federal Technology Transfer Act, 1986 등이 대표적이다. 또한 정부부처의 다양한 프로그램을 통해서 기업수요 충족 및 인력양성 지원 등의 정책을 추진한다. 오바바 정부에서는 연방정부기관의 연구개발성과 사업화를 촉진하기 위한 Lab to Market 정책을 추진하였다.

유럽은 산학연 협력을 일반적인 혁신과정으로 인식하고 있다. 그래서 최근의 정책들은 산학연 협력에 대한 직접적인 정책보다는 협력 촉진 관련 정책들을 추진한다. 즉, EU는 개방성 확대 및 신시장 창출과 경쟁 우위 확보를 강조하고 있다[43]. 또한 기초연구에 강점을 가진 유럽이 시장에서 보다 나은 혁신적 성과창출을 위해 혁신innovation 을 강조하는 정책을 추진하고 있다[44]. 이를 통해 고위험 신생기업에 투자를 확대하고 있다. 그리고 대학 연구의 사업화 촉진을 강조하고 있다. 또한 디지털 시대에는 혁신의 속도가 급격히 빨라지고 있어 혁신의 속도가 느리면 시장에서 혁신경쟁력이 뒤쳐지기 때문에 속도있는 혁신을 강조한다.

최근 산학연 협력정책을 집중적으로 추진하고 있는 나라는 일본이다. 2016년에 '혁신촉진 산학관 협력회의'를 설치하고 이를 통해 '산학관 협력을 통한 공동연구 강화 가이드라인'을 발표했다. 그리고 2022년에는 산학연 공동연구 강화지침을 발표해 산학연 공동연구 활성화를 위한 구체적인 가이드라인을 제시하였다. 일본이 최근 산학연 협력정책을 강화하는 데에는 4차 산업혁명시대의 변화에 적극 대응하기 위해서는 산학연 협력이 중요하다는 점을 인식했기 때문이다. 4차 산업혁명시대의 산업구조와 가치창출 변화에 대응하기 위해 기업들이 혁신가치 창출을 가속화해야 하며 이에 필요한 지식 확보를 위해 지식의 거점인 대학과 국립연구기관과의 협력이 중요함을 강조하고 있다. 특히 그동안 개인의 네트워크에 의존한 협력을 기관단위로 발전시키고자 하고 있다. 이를 위해 일본은 국가 차원에서 경직적인 산학연 협력체계의 개방성 확대를 위한 제도적 발전을 추진하고 있다.

앞으로의 정책 대응 방향

4차 산업혁명시대의 기술과 혁신의 거대한 변화에 대응하고 임무중심 혁신정책이라는 정책 패러다임에 대응하기 위해서는 새로운 분야, 새로운 시장에서 경쟁력있는 신기술의 확보가 필수이다. 기업은 확보된 신기술을 기반으로 글로벌 시장에서 경쟁력있는 시장을 확보해야 한다. 기술혁명에 의해 기존 기술시스템이 무너지고 새로운 기술에 의한 새로운 시장이 열리고 있다. 모든 선진국들이 미래유망 분야에서 동일한 글로벌 시장과 기술개발 목표를 향해 전력질주하고 있는 상황에서 개별 기업 단일의 역량만으로는 세계 첨단시장의 장벽을 넘기 어렵다. 지식을 창출하는 주체와 혁신을 창출하는 주체들의 상호협력과 연합은 필수불가결한 활동이 되고 있다. 특히 4차 산업혁명시대의 주력기술 분야로 국가가 전략적으로 확보해야 할 전략기술 분야에서 산학연관의 총체적인 협력이 필요하다.

산학연은 상호협력의 주체이지만 각각 활동하는 영역과 주요 관심이 다르다. 동일한 연구개발활동을 하지만 대학은 학술적 성과가 우선이고 공공연구기관은 학술적 성과를 포함한 지적자산 창출이 우선이다. 그러나 기업은 연구개발을 통해 쓰임새 있는 기술을 확보하고자 한다. 이처럼 산학연 간에는 달성해야 할 성과목표 즉, 이해관계가 달라 연구개발 추진에서 갈등이 발생하기 쉽다. 정부는 서로 다른 이해관계에 대한 조정과 갈등 해결을 위해 정부의 정책적 개입을 통해 조정 역할을 해야 한다.

정부는 개별 주체들 간의 이해관계 조정뿐만 아니라 국가 차원의 산학연 협력시스템 및 생태계의 질적 수준을 높이기 위한 정책적 노력을 기울여야 한다. 그리고 전략적 핵심기술개발이 개별 연구주체가 아닌 산학연 협력에 의존도가 높아가는 상황을 고려할 때 산학연 협력을 촉진하고 기반을 강화하는 정책을 국가혁신정책의 우선순위에 두어야 한다. 물론 산학연 협력이 원활히 이루어지려면 개별 주체들의 역량 제고가 기반이 되어야 한다. 그리고 산학연 협력정책을 다루는 정책 거버넌스 체계의 효율성도 점검해야 한다. 개별 부처 정책만으로 산학연 협력의 유효성이 개선될 수 없기 때문이다. 효과적인 정책 거버넌스를 통해 국가 연구생태계 전반의 제도 개선이 이루어져야 협력적 환경과 문화가 형성될 수 있다.

그동안 산학연 공동연구, 공공연구기관의 기업지원 기능은 정부연구 개발정책의 기본 요소 및 사업 추진의 기본 조건으로 기능해 왔다. 그러나 공동연구 또는 협력이라는 것이 조직적, 개인적인 이해관계가 충실히 조정되지 않는다면 형식적인 협력으로 흐를 수 밖에 없다. 새로운 발견과 혁신적인 성과는 자발적 협력을 토대로 한 연구원들의 팀워크에 의해서 이루어지는 것이 기본이지만, 자발적 협력 행동을 하도록 연구환경과 관행을 만들고 이를 제도적으로 꼼꼼히 지원하는 것은 쉽지 않다.

국가의 전략기술 확보가 중요해 질수록 과학기술혁신정책은 전략적 방향을 강조해 가야 하지만 연구개발 관리제도의 설계와 운영은 혁신환경 변화에 대응하면서 연구환경과의 적합성을 높여야 한다. 특히 연구 및 혁신행위자들의 행동에 영향을 미치는 연구관행의 변화를 유발하는 미세한 제도적 조율까지 소화해야 한다. 산학연 협력의 문제는 국가 수준의 거시적 정책 결정에서 연구현장의 미세한 제도 결정까지 종합적인 적합성 조율이 필요하다.

4 포괄적이고 강력한 혁신거버넌스 체계 구축

미중 간의 기술패권 경쟁, 기술과 혁신의 디지털화, 글로벌 혁신경쟁 심화에 대응해 선진국들은 기술과 혁신 패권을 차지하기 위한 과학기술 전략과 정책 재편에 몰두하고 있다. 이를 전략적, 효율적으로 추진하기 위해 국가 과학기술혁신 거버넌스 체계의 새판짜기가 이루어지고 있다. 연구개발 중심에서 실질적 혁신성과 창출을 강조하는 정책으로 변화하고 있으며 강력한 정책조정체계를 구축하고 있다. 선진국 사례를 통해 우리의 과학기술혁신 거버넌스 체계에서 중요하게 고려해야 하는 것들을 모색한다.

미국, 중국과의 패권경쟁 승리를 향한 과학기술 거버넌스 강화

세계를 리드하는 패권국가인 미국이 갖고 있는 힘의 원천에는 세상의 지식과 기술의 프론티어를 열어가는 과학지식과 기술적 리더십이 있다. 미국은 고도의 과학기술력을 바탕으로 국가 경제 번영과 안보 그리고 국민의 건강을 지키는 선진국가로서의 기틀을 재구축하기 위한 새로운 과학기술전략 마련에 집중하고 있다.

역사적으로 미국이 과학기술 선도국가로서의 기틀을 마련한데 크게 기여한 인물은 버네버 부시Vannevar Bush 박사이다. 1944년 프랭클린 D. 루즈벨트 대통령은 과학 고문인 버네버 부시Vannevar Bush 박사에게 편지를 보내 2차 세계대전 이후의 수십 년 동안 미국의 경제 번영 및 국가 안보, 국민 건강에 과학과 기술을 가장 잘 적용 할 수 있는 방법에 대해 질문을 했다. 버네버 부시Vannevar Bush 박사는 보고서인 'Science, The Endless Frontier'를 통해 질문에 대한 답을 제시하였다. 이 보고서는 미국과학재단의 기초를 형성하고 향후 미국의 과학 발전의 길을 설정하는데 토대가 되었다.

2021년 바이든 정부는 루즈벨트 대통령 시절에 국가 과학기술의 도약의 틀을 갖춘 것처럼 4차 산업혁명에 대응하고 중국과의 전략경쟁에서 승리하기 위한 새로운 국가과학기술전략을 과학계에 요구하였다. 국민 건강, 경제 번영, 국가 안보라는 큰 틀에서 과학기술의 새로운 역할을 강조하고, 전염병, 경제성장, 일자리, 중국과의 경쟁과 세계 리더십, 기후변화, 장기적인 과학기술생태계의 건전성 확보 등 국가 전략의 핵심 주제들에 대한 과학기술의 역할과 기여방식에 대한 답을 요청했다. 새로운 전략을 이끌어갈 추진력을 확보하기 위해 백악관 과학기술정책국OSTP 국장을 장관급으로 격상시키기도 했다.

미국의 과학기술정책은 백악관을 중심으로 추진되고 각 부처들이 담당영역에서 연구개발을 추진하는 체제이다. 백악관 과학기술정책국OSTP 국장이 정부과학기술정책 및 연구개발 추진 전략을 이끄는 정책 리더이며, 과학기술예산 집행 방향 설정 및 과학기술정책 조정 기능을 수행한다. 과학기술 예산편성은 백악관의 과학기술정책국OSTP의 정책내용 협력을 통해 예산관리국OMB에서 이루어진다. 백악관의 과학기술정책체계는 행정주체인 과학기술정책국OSTP외에 대통령과학기술자문회의PCAST와 국가과학기술위원회NSTC가 있다. 미국은 과학기술보좌관을 과학기술정책국OSTP 국장이 겸임하거나 때론 임명하지 않는다. 따라서 정책리더 및 조정자가 명확한 체계로 운영된다는 장점이 있다.

미국의 대통령과학기술자문회의와 국가과학기술위원회는 우리나라의 자문회의 및 국가과학기술심의회와 유사한 방식으로 운영되고 있다. 국가과학기술위원회NSTC는 대통령이 의장이고 과학기술정책국OSTP이 사무국 역할을 한다. 대통령과학기술자문회의PCAST의 의장은 과학기술정책국OSTP 국장과 민간의원이 공동으로 맡고 있다. 미국의 연구개발예산은 예산관리국OMB 조정을 통해 연방정부의 각 부처들이 연구개발예산을 집행하고 과학기술전문기관인 미국과학재단NSF, 미항공우주국NASA 등도 중요한 역할을 담당한다.

최근 미국의 과학기술전략은 미중 패권경쟁에 집중되어 있어 중국의 경쟁력과 기술력을 제어하는 방향과 전략에 초점이 맞추어져 있다. 그래서 4차 산업혁명과 관련된 주요 전략기술 개발을 위한 연구개발 지원뿐만 아니라 미국의 경제안보 및 군사안보에 중요한 제조업 부활을 위한 리쇼어링 정책, 중국에 대한 기술 및 무역제재 등 관련 정책들이 종합적으로 추진되고 있다. 특히 중국에 대한 미국 경쟁력 확보는 의회로부터 법률제정을 통해 지원을 받고 있어 연방정부의 정책이 확고하게 추진되고 있다[45].

미국은 정부의 연구개발정책에서도 큰 변화가 나타나고 있다. 미국 국방성의 DARPA 성공사례에 대한 재평가와 함께 타 정부부처로의 확산이 이루어지고 있다. DARPA는 임무중심형 연구개발의 전형이지만 새로운 아이디어와 사업화까지 고려한 지원을 하고 있다. 단순히 고위험 연구개발활동에서 그치는 것이 아니라 연구개발이 신산업으로 이어지는 즉, 연구개발 성과가 신산업으로 이전되어 결합되는 방식을 적용하고 있다. 이러한 점은 미국정부가 추구하는 획기적인 전략기술의 개발을 통한 글로벌 신산업 지배라는 정책방향에 크게 부합한다. 나아가 핵심산업분야인 에너지분야와 보건의료분야에서도 획기적인 기술발전과 산업발전을 위해 ARPA-E에너지, ARPA-H보건의료로 확대되고 있다.

또 하나의 주목할 만한 변화는 미국과학재단에 기술혁신협력국이 신설된 것이다. 미국과학재단NSF은 과학과 공학 분야의 새로운 지식의 탐색 및 기초연구를 지원하는 기관이다. 이런 기관에 지역혁신과 기술생태계 지원을 위한 기술혁신협력국이 설치된 것이다. 미국과학재단에 기초연구 지원중심에서 사회적으로 영향 제고를 위한 사용을 고려한 연구use-inspired research, 실험실로부터 시장 나아가 사회까지 이전되는 연구 등 새로운 기술혁신 창출을 위한 연구지원 역할을 추가한 것이다.

이러한 변화는 기초연구에 집중지원하면서 단순히 응용기술개발 지원을 추가한 것이 아니라 전략기술분야에서 미국이 중국을 견제하고 경쟁력 우위를 확보해야 한다는 국가적 전략수요가 과학재단의 기능 확대에 영향을 미친 것으로 봐야한다. 미국과학재단이 기술과 혁신지원기능을 새롭게 구축한 것은 과학과 공학의 지식탐색을 통한 기초연구 기반 발전이 여전히 중요하지만 기초연구의 연구결과들이 기술적, 산업적, 사회적 영향력으로 빠르게 이어져야 한다는 국가 전략적 수요에 부응하기 위한 것이다.

일본, 사회변화 창출을 위한 과학기술혁신 거버넌스 강화

일본의 과학기술혁신 거버넌스의 변화과정을 살펴보면 일본이 외부 혁신환경 변화에 대응하기 위한 일본만의 정책 추진과 대응 방식이 잘 드러난다. 거대한 환경변화를 분석하고 이에 대응하기 위해 한 번의 제도적인 큰 변화를 추진하는 것이 아니라 추구해야 할 혁신시스템 변화 방향을 설정하고 이를 향해 지속적인 제도 개선을 추진하고 있다.

일본의 과학기술혁신 거버넌스에서 큰 변화는 2001년에 시작되었다. 과학기술청과 교육부를 통합해 문부과학성MEXT을 신설하고 교육과 과학정책을 하나의 부처에서 관장하게 하였다. 그리고 정부부처 간 과학기술정책 조정을 위한 정책조정기구인 종합과학기술회의CSTP를 구축하였다. 이후 과학기술 발전을 넘어 과학기술에 기반한 가치창출의 중요성이 강조되면서 혁신에 대한 개념 인식의 전환과 함께 정책적 고려가 강화되었다. 즉, 과학기술정책에서 혁신의 개념이 중요한 위치를 차지하게 되고 과학기술혁신정책으로 변화하게 된다.

전통적인 혁신의 개념은 기업 단위의 상품 개발이나 생산 활동에 관련된 활동으로 간주되었으나 새로운 혁신의 개념을 경제와 사회의 큰 변화를 창출하는 활동으로 인식하기 시작한 것이다. 그래서 과학기술혁신정책도 기존의 것을 변경하는 수준이 아니라 사회가치를 형성하고 창출하는 정책으로 역할을 해야 한다는 점을 강조한다. 이를 위해 과학기술혁신정책은 과학기술분야 뿐만 아니라 인문사회과학을 포함한 종합적인 정책으로 진화하고 있다.

그 결과 2014년 종합조정기구인 종합과학기술회의CSTP : Council for Science and Technology Policy는 종합과학기술·이노베이션회의CSTI : Council for Science, Technology and Innovation[46]로 변경되었다. 회의 지원을 위한 사무국이 설치되어 있으며 사무국은 산학관 출신의 100명 규모로 운영된다. 과학기술과 혁신에 대한 기획수립, 종합조정 및 회의 운영 등의 업무를 수행한다.

일본 정부는 혁신에 대한 관심을 더 확장해 2018년에 종합이노베이션전략추진회의를 설치한다. 이는 전체 정부정책을 이노베이션 관점에서 검토하기 위한 것이다. 의장은 총리실 내각부의 관방장관이 맡으며, 종합이노베이션전략추진회의에는 종합과학기술·이노베이션회의CSTI 뿐만 아니라 정보통신전략본부, 지적재산전략본부, 건강의료전략본부, 우주개발전략본부, 종합합해양정책본부 등이 참여한다. 2021년에는 이를 지원하는 사무국이 내각부에 설치되었다.

2020년에는 과학기술기본법을 과학기술·이노베이션기본법으로 개정했다. 이에 따라 과학기술기본계획은 과학기술·이노베이션기본계획으로 변경되고 인문과학도 지원범위에 포함되었다.

일본의 과학기술혁신정책은 정책 차원에서 혁신의 중요성을 점점 더 강조하는 방향으로 나아가고 있으며 기본법 개정, 기본계획 변경 등 제도적 변화를 통해 방향성을 명확히 하고 있다. 그리고 이러한 변화를 행정적으로 원활히 추진하기 위해 행정체제에 대한 변화도 지속적으로 추진하고 있다. 컨트롤타워의 기능을 대폭 강화해 총리실 내각부가 과학기술 및 이노베이션 정책의 종합조정을 원활히 하기 위한 체제를 강화하고 있다. 좁은 범위의 기술혁신을 넘어 정부 정책 전반에 혁신 관점의 조정을 위해 내각부 내의 국가 주요 부분의 전략본부 사무국들에 대한 종합조정을 할 수 있는 체제를 갖추었다.

일본은 상위 거버넌스의 변화와 함께 수행주체인 국립연구기관의 거버넌스 체제에 대한 개편을 추진하였다. 일본은 공공기관의 효율화를 위해 2001년 공공부문에 대한 독립행정법인화를 추진하여 국립연구기관들도 독립행정법인으로 전환되었다. 그러나 연구기관들에 일반 공공기관과 같은 기준이 적용됨에 따라 연구개발 특성이 고려되지 못한다는 비판이 제기되었다. 이에 따라 2014년에는 연구개발기관은 국립연구개발법인으로 별도 구분되었다. 그 중에서도 세계적인 연구성과 창출이 기대되는 세 개의 연구기관 즉, 이화학연구소RIKEN, 산업기술종합연구소AIST, 물질재료연구기관NIMS 등은 특정연구개발법인으로 분류하여 기관 운영에 더 많은 자율성을 부여하였다.

일본의 국립연구개발법인제도는 운영방식이 우리나라 출연연제도와 유사하다. 즉, 일본의 국립연구개발법인들은 우리나라 정부출연연연구기관과 유사한 체계로 운영되고 있다. 일본의 국립연구기관 운영정책과 방식은 우리나라 정부출연연구기관 정책 개선에 좋은 참고자료가 될 수 있다.

유럽, 혁신적 성과 창출을 위한 혁신 거버넌스 강화

유럽연합EU은 2000년 리스본 아젠다Lisbon Agenda와 유럽 호라이즌 2020Europe Horizon 2020 전략을 통해 혁신을 최우선 과제로 삼았다. 그에 따라 유럽의회는 유럽연합EU GDP의 3%를 R&D에 투자하는 목표를 설정하고, 다양한 혁신 정책을 통해 미국과 유럽의 기술적 격차를 좁히고자 하였다. 그리고 '더 많고 더 좋은 일자리와 더 큰 사회적 결속력으로 지속 가능한 경제 성장이 가능한 세계에서 가장 경쟁력 있고 역동적인 지식 기반 경제'가 될 것임을 천명하였다[47]. 그러나 연구개발투자가 계획대로 이루어지지 못했고 미국과의 기술적 격차도 좁혀지지 않았다.

유럽의 학자들은 전반적으로 유럽연합이 기술 혁신을 창출하는데 있어 미국에 뒤처져 있다고 인식한다. 유럽연합이 미국에 견줄 수 있는 최상위 수준의 과학적 산출물을 창출하고 있지만 EU는 이러한 과학적 산출물을 혁신으로 전환하지 못한다는 것이다. 일명 '유러피언 패러독스'는 유럽연합의 혁신기업들이 과학적 결과물을 성공적인 기술혁신으로 전환하는 능력이 낮다는 것을 일컫는다[48].

이러한 점을 반영해 유럽연합의 혁신 거버넌스에도 변화가 나타났다[49]. 기초과학의 역사가 긴 유럽은 EU를 통해 유럽의 우수한 과학연구 지원을 위해 2007년 유럽연구회의ERC:European Research Council를 설립하였다. ERC는 보조금 지원을 통해 과학연구의 아이디어와 연구결과의 혁신잠재력을 탐색할 수 있도록 우수 연구자들을 지원한다. 이후 시장에서 혁신가치 창출이 강조되면서 유럽혁신회의EIC: European Innovation Council가 신설되었다[50].

유럽혁신회의EIC는 자금 지원, 조언 및 네트워킹 기회 제공을 통해 성장가능성이 높은 혁신가, 기업가, 소기업 및 과학자를 지원하는 것을 목표로 하고 있다. 민간에서 투자하기 어려운 위험한 혁신을 지원하고 시장창출을 위한 스케일업 등에 지원을 확대해 실질적인 혁신 효과를 제고하는 것을 목표로 삼고 있다. 이처럼 최근 유럽의 혁신 거버넌스는 전통적인 기초연구 강국으로서의 역할 강화를 위한 우수연구자 지원 강화에서부터 부족한 혁신 기능을 강화하기 위한 연구결과의 사업화와 혁신적인 신생기업 창출까지 연구와 혁신을 모두 강화하는 방향으로 나아가고 있다.

유럽의 주요 국가들의 정책 방향도 거의 유사하다. 영국의 경우 그동안 혁신 관련 부처들의 통폐합이 단기간에 계속 이루어져 왔으며 그 방향은 전통적인 기초연구 강국에서 혁신국가로 나아가기 위해 혁신 촉진 강화를 위한 것이다. 최근에 눈에 띄는 변화는 연구혁신청UKRI: UK Research and Innovation, 2018을 신설해 운영하는 것이다. 영국혁신청은 공공기관형태로 기존의 7개의 연구회와 기술전략위원회, Research England 등 9개 기관을 통합한 기관이다. 매년 60억 파운드(약 8조 6천억)규모의 R&D자금을 집행하는 역할을 한다. 기술전략위원회는 연구개발 상용화에 필요한 기금을 운영한다[51].

주요국 혁신 거버넌스 변화가 시사하는 것들

최근 주요국들의 혁신거버넌스 체계 변화가 제시해 주는 주요 시사점은 다음과 같다.

첫째, 혁신 거버넌스 변화의 목표는 디지털화, AI 등 새로운 기술혁명에 대응하기 위한 국가전략기능의 강화에 있다. 상위 거버넌스의 역할은 미국, 일본, 유럽 모두 새로운 전략기술의 경쟁력 강화를 위한 국가 전략 차원의 정책결정과 조정에 집중하고 있다. 주요국들의 정책 거버넌스 체계의 구체적인 형태는 차이가 있으나 국가 전략 차원에서 정책 결정의 강화 및 정책 조정을 위한 기능을 강화하고 있다는 공통점이 있다.

둘째, 상위 거버넌스의 조정 기능이 과학기술과 기술혁신 분야에 한정된 것이 아니라 혁신의 관점에서 전체 정책들을 들여다보고 조정하기 위한 시도로 확대되고 있다. 유럽은 과학기술 대신 혁신이라는 용어를 사용하고 있는 만큼 혁신의 관점 접근이 일반화되고 있다. 포괄적인 혁신정책 조정을 위한 조정기구의 권한 강화, 혁신정책들을 종합적으로 평가하는 시스템 평가의 도입 등이 추진되고 있다. 일본은 총리실의 정책 종합조정의 역할을 강화하기 위해 기능 수행을 위한 구체적인 제도 및 조직 혁신을 추진하고 있다. 국가 전략분야에서 과학기술뿐만 아니라 해당 분야 정책들을 포함하여 보다 넓은 범위의 정책조정을 시도하고 있다.

셋째, 선진국들은 연구개발에 대한 집중 지원을 넘어 혁신에 집중하는 정책을 강화하고 있다. 최근 눈에 띄는 것은 혁신을 촉진하기 위한 정책과 기구들이 많아지고 있다는 것이다. 연구개발 투자의 지속적인 확대가 이루어지고 한편에서는 연구결과의 혁신가치 창출을 위한 사업화 및 기업혁신 지원이 강화되고 있다. 즉, 연구를 통한 새로운 지식의 발견과 축적을 넘어 발견된 지식이 시장으로 이전되어 새로운 혁신가치 창출로 빠르게 전환하는데 정책적 관심이 높다. 최근의 정책적 흐름은 다분히 속도있는 혁신이다.

넷째, 정책적으로 혁신 촉진을 확대하면서 산학연 협력의 중요성이 강조되고 있다. 특히 유럽과 일본을 중심으로 산학연 협력정책에 대한 높은 관심과 제도 개선이 이루어지고 있다. 개별부처나 기관차원이 아닌 국가전략 차원에서 산학연 협력을 중점적으로 다루고 있다. 산학연 협력의 질적 수준이 혁신성과의 창출에 결정적으로 작용하기 때문이다. 4차 산업혁명의 성공도 다양한 전문 지식의 결합과 경험이 축적되어 상호작용하는 산학연 협력에 의해 좌우될 수 있다. 산학연 협력이 적절히 이루어진다면 현재 선도국의 기술을 좀 더 빠르게 추월할 수 있다.

선진국 거버넌스 체계 변화에서 나타나는 키워드는 통합혁신전략, 정책조정, 거버넌스, 임무, 혁신, 협력 등이다. 새로운 기술패권 환경에 대응하고 사회문제해결과 전략기술개발의 임무 완성을 위해서 통합적 혁신전략을 설정하고 다양한 관련 정책들을 종합조정한다. 이를 위해 종합조정 기능을 강화하는 거버넌스로 정책체계를 개편한다. 국가적으로 필요한 사회문제해결과 전략기술 확보를 위해 임무지향적 정책을 추진하며 성공적인 임무 달성을 위해 산학연 협력을 강조한다. 이를 통해 획기적이고 빠른 혁신성과를 창출하고자 한다.

2부

국가혁신시스템과 정책 패러다임의 전환

글로벌 기술패권 경쟁에서 글로벌 시장을 주도하기 위해서는 어느 한 혁신주체가 아니라 국가혁신시스템 전체의 총체적인 발전이 필요하다. 한국의 혁신시스템은 우수한 강점을 다수 보유하고 있지만 구조화된 약점도 있다. 국가혁신시스템이 혁신경쟁력을 발휘하기 위해서는 구조적인 약점을 개선해야 한다. 국가연구개발시스템의 구조적인 문제인 한국 R&D 패러독스 현상을 살펴보고 문제해결을 위한 정부연구개발정책의 패러다임 전환 방향을 제시한다.

3장

혁신시스템과 시스템 실패

혁신은 개인 발명 수준이 아닌 연구주체와 다양한 제도들의 복잡한 시스템적 활동을 통해 창출된다. 시스템적 활동에는 다양한 요소들 간의 상호작용이 필수적이다. 필요한 요소를 갖추지 못하거나 요소들 간의 상호작용이 이루어지지 않으면 시스템 실패가 나타난다. 정부는 다양한 정책을 통해 시스템 실패를 보완하다. 글로벌 혁신환경 위험이 커지면 정부는 적극적으로 전략을 수립해 혁신시스템을 이끌어가야 한다.

 ## 혁신시스템 개념과 유형

혁신은 시스템적 활동의 결과이다. 혁신시스템은 다양한 범위로 구성되며 국가, 지역 ,산업, 기술과 같은 단위로 구분한다. 이들 시스템은 각기 개별적이면서 상호 연계되어 있다. 이 중 가장 대표적인 것이 국가혁신시스템NIS이다. 국가혁신시스템 개념은 많은 국가에서 국가혁신정책의 기반 이론으로 활용되고 있다. 활용 수준은 국가마다 차이가 있지만 우리나라는 국가혁신시스템 개념의 정책적 활용이 낮은 국가에 해당한다.

혁신시스템 : 혁신은 시스템적 활동의 결과이다.

혁신이 경제성장의 핵심요인으로 고려되기 시작한 것은 국가혁신시스템 개념이 등장해 국가정책에 기본 개념으로 적용되면서 부터이다. 국가혁신시스템 개념은 80년대 경제대국으로 성장한 일본의 성장과 발전의 원인을 찾는 과정에서 한 나라의 경제성장과 발전을 이끄는 차이가 무엇인가에 대한 연구를 통해 알려졌다[1]. 이 개념은 경제성장과 경제발전에 전통 경제학 요소들이 아닌 혁신과 학습의 역동적인 프로세스가 중요하다는 점을 강조한다. 1990년대 지식기반경제가 등장하면서 지식에 기반한 혁신이 경제성장의 중요한 요소로 등장하고 지식과 혁신은 국가발전 및 경제성장의 핵심요소로 떠올랐다.

혁신은 초기에는 기술혁신이라는 좁은 의미로 사용되었으나 1990년대 중반부터는 기업에서 이루어지는 모든 혁신적이고 파괴적인 변화 행위들도 혁신의 범주에 포함되었다. 최근에는 사회분야에서의 혁신적인 변화를 사회혁신이라고 부르고 있어 혁신의 범주는 경제사회의 모든 분야로 확대되었다.

혁신활동은 새로운 제품과 서비스 생산활동이 이루어지는 기업에서 가장 중요한 활동이다. 그런데 혁신활동은 기업의 일반적인 경영활동과는 다른 특징이 있다. 기업에서 창출된 신제품이나 신서비스는 관련된 지식의 생산과 확산, 변환의 과정을 거쳐 가치를 추가하거나 전혀 새로운 가치를 창출한다. 여기에는 지식생산자의 새로운 지식창출, 지식의 생산행위를 촉진하는 제도, 생산된 지식의 수용과 피드백 학습과정, 혁신행위를 독려하는 조직문화 등 여러 변수들이 관련되어 상호작용하게 된다. 즉, 새로운 지식이 새로운 제품과 서비스로 창출되는 혁신활동에는 관련 변수들이 상호작용을 통해 학습과 피드백을 하게 된다. 이러한 과정은 새로운 혁신을 향해 혁신주체를 중심으로 관련 제도와의 상호작용 및 반복적인 피드백 학습 등이 이루어지는 시스템적 활동으로 이루어진다.

혁신을 위한 동태적인 학습과정이 기업의 경계를 넘어 새로운 지식을 확보한 대학 및 공공연구기관 등 다양한 연구주체들과 상호작용을 통해 이루어지면 더 나은 혁신지식이 창출되고 더 높은 혁신성과를 창출하게 된다. 국가 단위에서 창출되는 혁신성과는 국가의 핵심적인 혁신주체들인 대학, 기업, 공공연구기관의 연구주체들과 관련 혁신기관 및 제도들 간의 복잡한 상호작용을 통해 창출된다. 이때 혁신활동 속에서 이루어지는 다양한 지식교류, 이전, 확산, 학습, 조정 등의 복잡한 상호작용이 혁신가치 창출이라는 목표를 향해 피드백되고 조정되는 시스템적 특성을 갖는다.

혁신을 시스템적 관점으로 정리하면, 혁신시스템은 핵심 주체들과 이들에게 영향을 미치는 관련 제도들로 구성되며 혁신목표를 향한 이들 간의 복잡한 상호작용을 통해 혁신가치를 창출하게 된다.

혁신시스템은 적용범위 및 대상에 따라 국가혁신시스템National Innovation System : NIS, 지역혁신시스템Regional Innovation System: RIS, 산업분야별 혁신시스템Sectoral Innovation System: SIS, 기술혁신시스템Technological System: TS으로 구분된다. RIS는 지역이라는 공간적 특성을 강조한 혁신시스템이고 SIS는 산업 분야들의 혁신생태계 차이를 강조한 혁신시스템이다. 혁신시스템의 유형이 다르더라도 기본적인 특성인 혁신주체들의 역할의 중요성, 주체 및 제도 간의 밀접한 상호작용과 복잡성, 지식의 교류와 상호학습의 중요성 등 혁신시스템의 기본적인 특징은 동일하다[2].

국가혁신시스템이란?

국가혁신시스템은 국가 단위에서 형성된 혁신시스템을 말한다. 국가혁신시스템은 국가마다 특성과 차이가 있으며 국가혁신시스템의 역량과 질적 수준에 의해서 한 국가에서 창출되는 혁신가치들의 수준에 차이가 있다. 이는 곧 국가혁신성장의 성과로 이어진다. 따라서 국가혁신시스템은 한 국가의 혁신성장과 발전을 이끄는 시스템이다.

국가혁신시스템에서 혁신의 원천은 지식의 창출과 확산, 활용이며 이러한 지식의 창출 및 변환과정을 거쳐 새로운 혁신가치가 창출된다. 지식이 혁신가치로 전환되는 데에는 지식을 창출하는 주체인 대학 및 공공연구기관과 새로운 지식을 기반으로 시장에서 혁신가치를 창출하는 기업이 핵심주체이다. 따라서 지식의 창출이 확산, 활용으로 이어지려면 산학연 혁신주체들 간의 유연한 상호작용이 이루어져야 한다. 이들 간의 유연한 지식흐름을 촉진하기 위해서는 관련 제도 및 지원기관들의 역할과 지원이 필요하다. 즉, 산학연 혁신주체들과 관련 제도 및 지원기관들이 모두 함께 협력하고 상호작용하는 시스템이 작동되어야 혁신성과 창출이 가능하다. 그러나 현실 세계에서 국가혁신시스템은 여러 실패 부분이 발생한다.

혁신주체 간에는 각기 다른 이해관계로 상호 목표조화가 어렵고, 창출된 지식은 생존이 어려운 죽음의 계곡을 지나야 시장에 도달할 수 있다. 이처럼 혁신의 과정은 복잡하고 난해하며 그로 인해 실패가 발생한다. 정부는 실패가 발생하는 부분들에 대해 세부적인 보완 역할을 한다. 나아가 국가혁신시스템 전체를 포괄하는 시스템의 방향과 목표설정 및 전략 제시 등의 역할을 해야 한다. 시스템적 관점으로 접근하면 정부가 국가혁신시스템 전체를 조율하고 개선해 나가는 역할을 효과적으로 수행하므로써 국가혁신시스템이 효율적으로 작동할 수 있기 때문이다.

국가혁신시스템의 구성과 작동체계는 혁신주체들 간의 상호작용을 통해 혁신가치 창출이 이루어지며 이러한 상호작용은 다양한 제도들에 의해 영향을 받는다. 국가혁신시스템의 혁신주체들은 지식을 창출, 확산, 활용하는 산학연의 연구주체들이며 산학연으로 구성되는 연구시스템이 국가혁신시스템의 중심부분에 위치하는 핵심부문이다.

따라서 국가혁신시스템이 효과적으로 기능하기 위해서는 지식창출과 활용을 직접 수행하는 연구주체들의 역량과 협력이 중요하다. 혁신주체들의 협력적 상호작용에는 대학 및 공공연구기관의 역량과 태도뿐만 아니라 기업의 학습능력 및 혁신 흡수 능력이 중요하다. 기업의 혁신에 대한 태도가 적극적이지 않거나 흡수 능력이 떨어진다면 산학연 간의 협력적 상호작용은 작동되기 어렵다.

또한 혁신주체들의 활동에 영향을 미치는 시장과 관련제도들이 혁신활동에 적합하게 작용해야 한다. 정부는 혁신활동 지원을 위해 연구개발 주체들의 연구활동 지원뿐만 아니라 교육훈련, 시장 규제와 같은 제도들을 정책적으로 추진하고 있다. 따라서 정부가 추진하는 정책과 제도의 혁신적합성이 중요하다.

혁신의 성과는 산학연 혁신주체들의 활동에 의해 창출되므로 정부가 지원하는 제도 및 정책은 규제분야를 제외하면 대부분 혁신주체들 간의 상호작용을 지원하기 위한 환경조성과 관련된다. 그래서 정부가 조성하는 제도적 환경의 적합성이 낮거나 혁신활동에 부적합할 경우 혁신시스템은 제대로 작동하지 못하고 실패할 수 있다.

국가마다 혁신시스템을 구성하는 혁신주체들의 역량과 혁신자원의 수준, 시장의 흡수능력이 다르다. 그래서 한 국가에서 성공한 제도가 다른 국가에서도 성공하기는 어렵다. 그러나 혁신시스템의 기본적인 요건과 작동방식은 유사하므로 제도의 방향과 기본 특성을 고려하면서 국가혁신시스템의 특성과 자원의 수준을 고려한 제도의 적용이 필요하다.

국가혁신시스템은 국가 단위에서 하나의 커다란 혁신시스템을 다루는 접근법이다. 그런데 실제로 한 국가 안에는 특정 지역 중심의 지역혁신시스템 이나 특정 산업별 혁신클러스터가 형성되어 있고 글로벌 혁신네트워크도 존재하고 있다. 그래서 정부가 정책을 추진할 때는 이러한 다른 시스템들의 특성과 상황을 고려해야 한다. 특히 지역별, 산업분야별 혁신시스템은 그 하나 하나가 별개의 독립적인 시스템 세상을 구축하고 있다. 따라서 국가혁신시스템을 다루는 정책과 제도는 혁신시스템의 다원성과 혁신시스템별로 개별적이면서 서로 상호작용하는 시스템적 속성을 적극적으로 고려해야 한다.

지역혁신시스템이란?

지역혁신시스템은 실리콘밸리와 같은 특정 지역이 타 지역보다 크게 발전하며 혁신성장하는 이유를 설명하는 접근이다. 지역혁신시스템은 공간적 단위가 특정 지역에 집중되며 혁신이 창출되는 특정 지역을 대상으로 한다. 그래서 지역혁신시스템에서는 혁신이 이루어지는 상호작용에 혁신주체들 간의 공간적 거리가 중요하다는 것을 강조한다. 명시적으로 표현되기 어려운 암묵적 지식의 교류와 이전에는 같은 공간에서의 혁신활동이 중요하다는 것이다. 그래서 지역혁신시스템은 지역차원에서 이루어지는 연구 및 혁신활동을 강조한다. 이러한 지역혁신시스템 접근은 지역혁신정책 추진의 기반적 개념이 되고 있다. 지역혁신정책은 지역혁신시스템을 구성하는 지역의 혁신주체들 간의 상호작용을 통한 지식의 창출과 교류를 촉진하고자 한다. 그리고 이를 지원하기 위한 다양한 기관들을 설립하여 운영한다. 지역의 혁신을 주도할 전략산업을 정책적으로 선정해 추진하기도 한다. 그런데 실제로 이러한 접근의 결과는 그다지 성공적이지 않다.

지역은 지역의 경제, 사회문화적, 환경적 특성이 다르다. 또한 혁신성장을 창출할 수 있는 산학연 지식생태계의 특성과 역량도 다르다. 따라서 지역의 혁신시스템은 한 국가내에서도 각 지역마다 그 특성이 다르다. 지역혁신스템을 지원하기 위한 정부의 정책수단과 접근 방식도 지역 특성에 맞추어 조정되어야 하나 지역마다 적합성 수준을 확보하기가 어렵다. 그러나 지역혁신시스템이 갖추어야 할 기본 조건들은 동일하다. 혁신시스템에서 갖추어야 할 조건들인 역량있는 혁신주체의 확보, 혁신주체들 간의 원활한 상호작용, 혁신활동에 필요한 관련 제도들의 구축 등이다. 대부분의 지역혁신시스템은 혁신을 통한 지역의 경제발전을 목표로 설정하고 관련 정책이 추진된다[3].

일정한 특정 지역공간을 대상으로 한 지역혁신시스템 구축은 여러 나라의 많은 지역에서 추진되고 있다. 그러나 성공 사례를 찾기가 쉽지 않다. 그 이유는 혁신의 성과는 결국 지역기업으로부터 창출되는데 지역에 있는 기업이 관련 분야 글로벌 시장을 선도하지 못하거나, 신산업분야의 시장을 선도할 경쟁력을 확보하지 못하고 특정 산업의 글로벌 밸류체인에서 독자적 경쟁력을 확보하지 못한다면 생존과 발전이 어렵기 때문이다.

특정 지역 내에 지식창출을 견인하는 최고 수준의 대학과 세계 시장을 선도하는 기업이 존재하지 않는다면 실리콘벨리, 보스턴 바이오클러스터와 같은 글로벌 경쟁력을 확보한 지역혁신시스템을 구축하기 어렵다.

그동안 지역경제 발전을 위해 많은 지역정책이 지역혁신시스템 개념을 토대로 추진되었다. 정부는 지역혁신시스템 구성과 운영에 필요한 조직 지원을 위해 테크노파크 등 다수의 지역혁신 지원기관들을 설립하고 여러 지역혁신사업들을 추진해 왔다. 그러나 정부가 주도한 지역혁신시스템의 성공사례를 찾기가 쉽지 않다.

그런데 이런 결과는 지역혁신시스템 구축 역사가 긴 유럽 국가들에서도 마찬가지이다. 미국의 실리콘벨리와 같은 지역혁신시스템 발전을 기대하지만 글로벌 경쟁력을 갖춘 지역혁신시스템 구축 사례는 많지 않다. 대부분 중앙정부 및 지방정부에 의해서 주도되고 지역혁신시스템 운영과 관리에 공공부문이 중심이 되고 있기 때문이다. 즉, 지역의 혁신성장은 혁신기업이 중심이 되어야 하나 공공부문이 주된 역할을 하는 경우가 많은 것이다. 이에 대한 반성으로 EU에서는 스마트 전문화smart specialization를 새로운 접근으로 추진하고 있다. 지역별 전문화를 강조하고 각 전문분야를 기업가적 접근을 통해 선정하는 지역발전 전략을 강조한다. 공공부문 관점의 접근이 아니라 지역의 특성을 고려하고 산업과 시장을 잘 아는 전문가들에 의한 기업가적 접근을 강조하고 있다.

산업분야별 혁신시스템과 기술시스템

분야별 혁신시스템SIS은 산업분야(섹터)별로 혁신주기와 행태가 달라 특정 산업분야별 혁신시스템의 특성과 차이를 이해하고 접근해야 함을 강조한다[4]. 그래서 정부가 정책을 통해 특정 산업분야 혁신시스템에 개입하려면 분야별 차이를 이해하는 것이 중요하다.

산업분야별 혁신시스템은 혁신에 소요되는 지식과 기술의 속성이 다르고 지식의 교류방식도 다르다. 또한 혁신 네트워크의 구성과 혁신주체들의 역할에서도 차이가 있다. 지식기반 산업의 경우에는 기초지식의 확보가 중요해 대학의 역할이 상대적으로 중요하게 된다.

지식과 기술이 빠르게 변화하고 혁신이 빠르게 일어나는 분야에서는 분야간 경계가 고정되어 있지 않아 새로운 분야들이 빠르게 창출된다.

또한 혁신주체들 간의 혁신지식의 생산 및 교류를 통해 사업화까지 가는 과정도 분야별로 차이가 있다. 산업별로 지식기반과 기초기술의 역할이 다르며 혁신주체간 학습과정과 상호연계성도 다르다. 즉, 산업별로 기반하고 있는 지식의 생산과 활용을 포함한 혁신 방식에 차이가 있다.

시장규제와 같은 제도도 산업별 혁신생태계에 미치는 영향이 다르다. 생명과 관련된 의료분야에서 관련 규제는 혁신주체들이 반드시 넘어야 할 혁신동인이지만 정보통신 및 융합분야에서의 강한 규제는 오히려 혁신의 동력을 꺾는 장애요인이 될 수 있다. 그래서 정부의 규제정책은 일괄적인 추진보다는 산업별 특성을 고려해서 추진하는 것이 필요하다.

기술시스템TS은 특정기술분야에서 형성되는 시스템이다. 특정기술은 한 분야에만 사용되는 것이 아니라 여러 분야에 걸쳐서 사용되며 시스템적 특성은 산업분야별 혁신시스템과 대체로 유사하다.

산업분야별 혁신시스템과 기술시스템은 시스템적 특성이 유사하지만 정책적 접근에서는 차이가 있다. 산업분야별 혁신시스템은 해당 산업분야의 혁신시스템 측면에서 접근하지만 기술시스템은 기술분야의 기술개발을 중심으로 한다. 문제는 특정기술이 여러 분야에 걸쳐 있는 경우이거나 특정기술이 발전해 큰 산업을 형성하는 경우이다.

전자의 경우 하나의 기술이 여러 분야에 걸쳐 있게 되면 하나의 기술그룹으로 관리되지 못하고 해당 분야별로 관리된다. 바이오 기술과 같이 여러 분야에 펼쳐져 있어 여러 부처에서 연구개발정책을 추진할 경우 기술정책에 대한 종합적인 전략과 관리가 이루어지기 어렵다. 후자는 IT 기술과 같이 특정 기술이 크게 발전해 특정 산업을 형성하고 있는 경우이다.

따라서 실무적으로 산업분야 혁신시스템을 강조할 것인가. 아니면 기술시스템을 중심으로 볼 것인가를 결정해야 한다. 이것은 산업정책과 기술정책이 중복될 수 있어 이를 조정하는 차원에서도 중요하다. 바이오기술과 IT기술은 오래전 부터 성장한 분야이므로 미래 기초기술은 기술분야 정책에서 다루고 나머지는 산업혁신정책 틀 속에서 다루는 것이 혁신성과 창출 관리에 유리해 보인다.

혁신시스템은 국가 단위, 지역 단위, 산업 단위, 기술 단위 등 등 다양한 차원에서 혁신시스템 범주가 구분되고 있다. 혁신시스템의 범주별로 각 시스템의 범위가 달라지고 혁신 주체들의 구성과 제도들의 적용 범위도 달라진다. 그러나 시스템의 범주가 다르다고 해도 혁신시스템이 작동하는 연구 및 혁신주체 간의 상호작용, 관련 기관 및 제도들과의 상호작용, 상호작용을 통한 상호학습 등과 같은 시스템 작동원리는 동일하게 작용한다.

문제는 정책적으로 다양한 범주의 혁신시스템을 잘 다룰 수 있는가이다. 일반 시스템이론에서 제시하는 것처럼 하나의 시스템은 하위시스템의 총합이 아니다. 즉, 한 국가의 지역혁신시스템의 총합이 국가혁신시스템은 아니다. 시스템은 각 차원에서 각각 고유한 시스템 생태계를 형성하고 있다는 것이다. 이것은 각 차원의 혁신시스템이 적절히 작동하려면 각 차원의 시스템에 적합한 요소와 기제들이 작동되어야 한다는 것을 의미한다. 그래서 각 범주의 혁신시스템의 중복 부문을 어떻게 조정하고 연계해 관리하느냐가 중요하다.

산업혁신시스템은 국가혁신시스템과 지역혁신시스템, 기술시스템에 모두 관련되어 있다. 그러나 국가 단위에서 산업을 다룰 경우와 지역 단위에서 산업을 다룰 경우는 동일 산업이라도 규모나 역할에 차이가 있을 수 있다. 이것은 국가정책과 지역정책 간의 조정과 연계를 위한 작업이 수반되어야 함을 의미한다. 즉, 조정과 연계를 위한 작업도 시스템적 사고와 접근이 필요하다.

한국이 국가혁신시스템의 정책적 활용이 부족한 이유

국가혁신시스템 개념과 이론은 관련 전문가들뿐만 아니라 많은 국가의 정책입안자들에게 널리 사용되고 있다. 미국, 일본, 유럽, 중국 등 전 세계 경제대국뿐만 아니라 작은 나라들까지 국가혁신시스템을 정책개념에 활용하고 있다. 또한 OECD, EU 등 경제협력을 위한 국제기구에서도 활발히 활용하고 있다.

국가혁신시스템은 한 국가의 혁신 성과는 국가의 다양한 혁신주체 및 제도들 간의 복잡한 상호작용이 이루어지는 혁신시스템을 통해 구현된다는 것이다. 국가마다 혁신활동이 구현되는 시스템의 운영방식과 질적 수준에는 차이가 있다. 혁신시스템을 구성하는 주체의 역량, 제도, 작동방식에 차이가 있기 때문이다. 이러한 시스템의 역량과 기능 차이가 국가의 혁신역량과 혁신성과를 좌우한다. 정부는 정부정책을 통해 부족한 부분을 개선하고 보완하는 역할을 하게 된다.

우리나라의 경우 아직 혁신정책이라는 개념이 모호하며 전통적인 경제정책에서 혁신을 다루는 것도 취약하다. 그동안 경제부처에서 국가혁신시스템에 대한 개념을 정의하고 일부 정책화하는 시도가 있었으나 제 역할을 하지 못했다. 과학기술정책 영역에서는 국가혁신시스템 용어가 사용되고 있으나 단순히 용어 수준의 사용이지 국가정책 설계를 위한 기본 개념으로서의 역할을 하지 못하고 있다. 그 이유로는 몇 가지를 들 수 있다.

첫째는 국가혁신시스템이 갖고 있는 개념 자체의 모호성이다. 혁신과 시스템이라는 모호한 용어의 결합이 국가혁신시스템 용어의 모호성을 가중시킨다. 최근 혁신 개념은 기술혁신을 넘어선 광의의 혁신 개념으로 학습되어 수용되고 있다. 시스템 개념은 연구자간 이해 차이가 여전히 지속되고 있다.

즉, 시스템을 단지 상호작용하는 네트워크 수준으로 이해하거나 또는 일반시스템 이론에서 제시하는 시스템의 특성을 적극적으로 고려한 개념으로 해석하기도 한다. 전자의 경우 국가혁신시스템 개념이 등장한 초기단계에 주로 적용되었다. 최근에는 일반적인 시스템 개념이 널리 사용되는 추세이다. 최근 선진국들의 정책은 역동적인 시스템 개념을 적극적으로 적용하는 방향으로 나아가고 있다. 특히 임무중심형 혁신정책은 혁신시스템에 강한 시스템 관점을 적용해 정부가 적극적인 역할을 통해 혁신시스템을 발전시키는 접근이다.

둘째, 우리나라는 여전히 전통적인 과학기술정책 중심 정책체계가 추진되고 있다. 국가혁신시스템 개념이 국가정책에 적극적으로 적용되려면 과학기술기술정책을 넘어 통합적 혁신정책으로 정책 범위가 확대되어야 하나 그렇지 못하다. 통합적 혁신정책으로 확대하기 위해서는 정책 거버넌스 체계의 큰 변화와 함께 오랜 시간 지속적인 구축 노력이 필요하다. 우리나라와 같은 단기간의 권력 구조 체계에서는 큰 폭의 정책체계 변화를 소화하는데 한계가 있다.

셋째, 경제발전정책이 혁신 중심의 접근보다는 여전히 전통적인 경제요소(토지, 노동, 자본) 중심으로 추진된다. 과학기술정책과 경제정책 간의 연계가 높지 않으며 혁신과 관련된 부분도 과학기술정책, 산업정책, 기업정책 등으로 구분되어 추진되고 있다. 과학기술정책과 경제정책 간의 연계가 높아지면 경제정책에 과학기술정책이 종속될 수 있다는 일부 우려도 있다. 그러나 과학기술분야의 특성을 적절히 고려한 정책 연계가 필요하다. 과학기술과 혁신 관련 정책들의 연계도 필요하며 이를 원활히 조정하기 위한 조정체계가 필요하다.

국가혁신시스템에서는 지식을 창출하고 확산, 활용하는 산학연 주체들이 시스템의 중심에서 핵심적인 역할을 담당하나 과학기술정책은 산학연 협력정책을 주도적으로 다루지 않고 있다. 과학기술 발전이 국가경제사회 발전의 기반이 되고 있으나 과학기술정책과 산업정책, 기업정책, 경제정책, 사회정책 간의 연계가 부족하다. 이런 이유로 과학기술정책이 갈라파고스 섬과 같다는 비판이 제기되기도 한다. 그런데 반대로 기존의 경제와 사회정책들이 과학기술정책과 연계되지 않은 채 추진되는 것은 기술과 혁신 중심의 시대적 변화 흐름을 적절히 반영하지 못하고 있는 것으로 볼 수 있다.

미래 국가경제사회 발전 및 국가 안보에서 과학기술의 중요성은 더욱 커지고 있어 과학기술정책과 다른 분야 정책들과의 연계성 부족은 개선이 필요하다. 정책의 연계성을 높이기 위한 정책 거버넌스 체계의 변화도 필요하다. 이러한 변화가 실현되기 위해서는 국가과학기술정책 또는 국가혁신정책의 개념과 역할의 모호성을 해소하고 과학기술을 중심에 둔 혁신정책의 위상과 역할 강화 등 정책체계 정립이 먼저 이루어져야 한다.

2 시스템 실패와 정부 개입의 논거

정부가 연구개발시장에 개입하는 근거로서 제시되는 것이 시장 실패론과 시스템 실패론이다. 연구개발은 시장에 맡겨놓으면 투자 부족으로 인해 시장실패의 가능성이 높다. 시스템 실패는 시장실패에 비해 다양한 세부 정책적 접근에 대한 근거를 제공한다

R&D 성과는 복잡한 혁신과정을 통해 시장의 혁신성과로 전환된다. 국가마다 혁신시스템의 특성과 역량수준이 다르며 혁신성과도 차이가 있다. 유럽은 미국에 비해 과학지식의 혁신 전환 역량이 떨어지는 문제가 있다. 이를 유러피언 패러독스라고 한다.

시장 실패와 시스템 실패

국가경제 발전을 위한 정부 개입과 역할이 중요하듯이 혁신성장과 발전에서도 정부의 개입과 역할이 중요하다. 이때 정부개입은 전통 경제학의 시장 실패론과 혁신시스템 이론의 시스템 실패론을 토대로 하고 있다.

일반적으로 시장실패는 외부효과가 발생하거나 정보의 불균형이 있는 경우, 공공재와 같은 성격이 있는 경우 발생한다. 그냥 시장에 맡겨놓

을 경우 시장실패가 발생하는 대표영역이 연구개발분야이다.

연구개발 시장은 지식생산의 외부효과가 있고 투자 불확실성이 높아 시장에만 의존해서는 국가에서 필요로 하는 수준에 미치지 못하는 투자 부족이 발생하게 된다. 즉, 기업은 연구개발에 투자한 결과로 얻어진 연구개발 성과(지식, 기술 등)를 모두 전유하기가 어려울 경우 투자를 꺼리게 된다. 또한 투자의 위험성과 불확실성이 높거나 투자규모가 부담이 될 경우에도 기업은 투자를 하지않게 된다. 대표적인 것이 기초연구, 대형 연구시설장비 투자이다. 그러나 국가적으로는 연구개발을 통한 지식 창출이 사회발전에 중요하므로 적절한 연구개발 투자가 이루어지는 것이 바람직하다. 그래서 정부는 직접 연구개발 투자를 하거나 연구개발 투자의 비전유성, 불확실성을 줄이기 위해 기술개발 및 투자 위험을 줄이기 위한 지원활동을 하게 된다.

그런데 최근의 연구개발 및 혁신에 대한 정부의 개입에는 투자뿐만 아니라 여러 다양한 개입 수단이 적용되고 있다. 시장실패론은 정부가 기술개발과 지식확산 과정에 적용하는 여러 정책수단에 대한 개입의 정당성을 설명하는데 한계가 있다. 이를 보완하는 개념으로 시스템 실패 개념이 도입되고 있다.

혁신시스템 접근에서 말하는 혁신은 다양한 혁신주체들이 관련제도 및 기관들과 복잡한 상호작용을 하면서 이루어진다. 여기에는 혁신창출에 필요한 다양한 구성요소 및 구성요소들의 역할 그리고 요소 간의 원활한 상호작용이 모두 적절히 이루어져야 한다. 그러나 실제로는 혁신에 참여하는 주체들의 역량 부족에서부터 지원기관의 역량과 역할 부족, 이들 간의 상호작용이 적절히 이루어지지 않아 혁신시스템에 문제가 발생하게 된다. 이때 시스템 실패가 발생하는 여러 부문에 정부가 개입을 하게 된다.

시장실패론은 역사가 오래되었고 정부의 투자가 주로 이루어지는 기초연구나 대형시설에 대한 투자의 당위성을 제공해 주고 있다. 그러나 혁신시스템 접근이 일반화되고 다양한 정책수단들의 적용에 대한 설명이 가능해 지면서 기술혁신분야에 대한 정부개입을 설명하는 이론으로서의 역할은 상대적으로 줄어들었다. 그렇지만 시장실패 관점은 여전히 정부가 연구개발 시장에 개입해야 하는 기본적인 당위성을 설명해주고 있다. 다만 최근 혁신의 중요성과 함께 정부의 정책적 개입이 확대되면서 다양한 세부 정책들이 추진되고 있어 시스템 실패론이 정부개입의 근거에 대한 설명력을 높이고 있다. 그에 따라 정부개입 근거이론으로서의 위상도 높아지고 있다.

혁신시스템적 접근에 의하면, 혁신은 산학연의 여러 혁신주체들 간의 상호작용을 통해 이루어지는데 이때 다양한 제도적 요소들과도 상호작용이 이루어진다. 이러한 혁신시스템 작동시 발생하는 시스템 실패를 정부가 정책개입을 통해 보완을 하게 된다. 혁신주체들의 역량 부족과 상호연계성 부족, 혁신인프라 미비, 제도 기능 미비 등 다양한 혁신시스템 실패부분들에 대한 정책을 추진하게 된다.

국가별 혁신생태계의 특징과 정책 차이

혁신과정은 지식의 창출에서 시작해 지식이전과 사용을 통해 혁신가치 창출로 이어진다. 이 과정에는 관련된 다양한 기관과 제도가 영향을 미친다. 특히 지식이 시장으로 이전되는 상업화 과정에는 죽음의 계곡 Valley of Death이 있어 대부분의 지식이 생존하지 못하고 시장에 도달하지 못한다.

정부정책은 혁신시스템 실패 영역에 대한 보완과 개선을 통해 국가혁신시스템의 기능과 역할을 강화한다. 국가혁신시스템의 성과를 크게 좌우하는 것은 사업화, 시장화 성공 여부이다. 혁신의 과정에서 가장 실패가 큰 부분이 죽음의 계곡을 통과하는 것이다. 죽음의 계곡을 성공적으로 통과할수록 시장화의 성공가능성이 열린다.

따라서 혁신시스템의 성과 제고를 위해서는 혁신이 이루어지는 과정을 혁신생태계를 통해 이해하고 접근하는 것이 필요하다. 혁신생태계는 생태적 관점을 적용해 혁신 환경과 혁신 시장의 작동 메카니즘을 강조한 개념이다.

지식생태계와 시장생태계는 작동방식이 다르다.

혁신생태계는 혁신이 창출되고 활성화되는 생태계를 의미하며 연구활동을 통해 지식이 창출되고 확산되는 지식(연구)생태계와 지식이 활용되어 시장에서 사업화되는 시장생태계로 구성된다.

지식생태계에서는 연구주체들 간의 협력과 상호작용이 일어나고 연구주체들이 활동하는데 필요한 환경과 요소, 제도들이 상호작용하게 된다. 이러한 과정을 통해 새로운 지식들이 창출된다. 반면 시장생태계는 지식의 사업화 가능성, 시장성 여부와 같은 시장 메커니즘이 중요하다. 그래서 불확실성이 높거나 위험성이 있는 지식과 기술에 대한 수용을 꺼린다.

이러한 특성을 가진 지식생태계와 시장생태계는 그 작동방식이 전혀 다르다. 이러한 작동 방식의 차이로 인해 두 생태계 간의 소통과 교류에는 상당한 어려움이 있다.

지식생태계는 지식정보 창출을 위한 활동이 이루어지는 곳이며 지식활동의 결과로 창출되는 성과의 결과물이 보이지 않는 무형의 자산들로 창출되어 교류된다. 데이터, 논문, 특허 등 대체로 보이지 않는 무형의 성과들이다. 특허의 경우 실물시장에서 기술이전을 통해 거래가 가능하지만 지적자산의 경우 일반 제품 거래와는 많은 차이가 있다.

지식생태계의 특성은 다수의 일반인이 아닌 특정 분야의 전문가들에 의해서 구성되고 작동한다는 것이다. 지식생태계에서는 지식활동 성과물이 새롭고 창의적인 지식정보를 창출할수록 높은 가치를 인정받는다. 따라서 가치있는 성과물을 창출하고 성과물의 가치를 파악할 수 있는 높은 전문성을 보유한 전문가의 역할이 중요하다. 지식생태계에서 신규성, 전문성에 대한 가치 평가가 적절히 이루어질수록 지식생태계에서의 지식창출은 활성화되고 발전하게 된다.

이처럼 지식생태계는 비전문가와 전문가 간의 지식정보 비대칭이 높으며 지식정보를 보유하지 않은 비전문가는 성과물의 가치를 파악하기 어렵다. 또한 전문가라 할지라도 분야가 다르면 성과가치를 파악하기 어렵다. 그래서 지식생태계를 작동시키는 중요한 가치는 높은 전문성이며, 이것이 지식전문가들이 활동하는 지식생태계를 지배하는 힘이다. 즉, 건강한 지식생태계는 정치적 권위가 아니라 높은 전문성을 가진 전문가가 지식에 기반한 영향력을 발휘할 수 있어야 한다. 흔히 알려진 정치력이나, 네트워크 영향력이 아니라 전문성에 기반한 거버넌스가 작동해야 지식생태계가 발전할 수 있다.

시장생태계는 지식생태계의 질적인 전문성 가치와 달리 경제성 가치, 효율성 가치에 의해서 작동한다. 지식생태계에서 온 지식정보가 기술지식 정보로 전환되고 전환된 기술의 경제성이 높을수록 더 많은 가치를 창출한다. 기술의 지식정보가 단지 얼마나 질적으로 우수한가가 아니라 새로운 기술의 지식정보가 얼마나 높은 시장가치를 창출할 수 있느냐가 중요하다.

이처럼 지식생태계와 시장생태계는 서로 다른 차원의 생태계이며 다른 가치에 의해서 작동한다. 따라서 시장생태계의 기준을 지식생태계에 적용하면 지식생태계는 작동하지 못할 뿐만 아니라 무너질 수 있다. 반대로 지식생태계 기준을 시장생태계에 적용하면 시장생태계는 작동하지 않는다.

지식생태계와 시장생태계는 그 속성이 반대이며 작동 메커니즘이 달라 교류와 소통이 기본적으로 어렵다. 혁신생태계가 효율적으로 작동하려면 서로 다른 속성을 가진 지식(연구)생태계와 시장생태계 간의 연계와 상호작용이 중요하다. 이를 위해서는 우선 전혀 다른 지식생태계와 시장생태계 간의 소통이 원활해야 한다. 두 생태계 간의 소통을 위해서는 각 생태계 참여자들이 다른 생태계의 특성을 먼저 이해하고 상호 연계과정에 활발히 참여해야 한다. 정책관리자는 각각의 생태계의 특성을 보호하면서 상호 간의 이해와 소통을 높이는 활동을 적극 지원해야 한다. 즉, 각각의 특성에 대한 이해와 고려가 우선적으로 필요하며 이를 토대로 두 생태계 간의 연계를 강화해야 한다.

지식이 죽음의 계곡을 통과해
시장에서 살아남는 혁신성과 창출이 중요하다.

지식생태계와 시장생태계 사이에는 죽음의 계곡이 존재한다. 지식생태계에서 창출된 지식정보는 또 다른 지식창출을 위해 지식생태계에 머물기도 하지만 새로운 혁신가치창출을 위해 시장을 향해서 가야 한다. 그런데 지식성과물이 실물시장에 다다르려면 반드시 죽음의 계곡을 통과해야 한다. 지식생태계에서 창출된 지식과 기술이 시장성 기준과 만나는 곳이 죽음의 계곡이다.

창출된 지식정보가 죽음의 계곡을 통과하려면 개인 또는 소수의 전문가만이 알고 있는 전문적인 지식정보를 시장생태계의 사람들이 알 수 있는 기술지식정보로 전환해야 한다. 또는 해당 지식정보가 어디에 활용될 수 있는지를 시장생태계 사람들에게 설명할 수 있어야 한다. 그렇지 않으면 죽음의 계곡에 진입하기조차 어렵다. 만일 새로운 지식정보를 사업화나 시장의 용어로 전환할 수 있다면 죽음의 계곡 통과가 훨씬 용이할 수 있다. 즉, 시장생태계와 가까운 시장지식정보로 전환할 수 있어야 어려운 죽음의 계곡 통과가능성이 높아진다.

죽음의 계곡의 생존율은 지식생태계의 질적 수준 뿐만 아니라 시장생태계의 적극성에 의해서도 좌우된다. 시장의 혁신에 대한 태도가 적극적이면 보다 많은 신지식들이 시장으로 나갈 수 있다. 그러나 시장의 혁신에 대한 태도가 보수적이거나 위험회피적 성향이 강할 경우에는 새로운 지식성과물이 시장에 진출하기가 어렵다.

죽음의 계곡은 혁신생태계의 난관이 가장 두드러지게 나타나는 부분이다. 그래서 정부는 정책개입을 통해 새로운 지식성과물을 소개하고, 시장의 위험을 줄이기 위한 펀드를 제공하며, 시장의 결정에 도움이 될 수 있는 신뢰성 있는 정보를 제공하고자 한다. 이를 위해 정부는 대학 및 공공연구기관에 기술이전지원기관TLO 설치를 지원하고 사업화 펀드 지원 및 시험인증기관 설치 등 다양한 사업화 지원 조치를 취한다. 그러나 사업화를 위한 다양한 정부지원에도 불구하고 사업화 성과는 기대만큼 높지 않다. 사업화 성공에 의한 혁신의 창출에는 단순히 사업화 기능 차원이 아닌 혁신생태계의 구조적 특성과 정부 제도들의 복합적 영향을 받기 때문이다.

그림 2-1 혁신 생태계의 구성과 관계 (빙산모형 II)

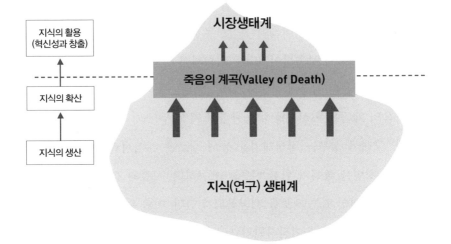

국가별 혁신생태계의 구조적 특징

　정부가 국가혁신시스템 구축 방향을 설정하고 시스템 실패 부분에 대한 개입 수준을 결정할 때 고려해야 할 중요한 것이 국가 혁신생태계의 구조적 특징이다. 정부정책을 통한 인위적인 혁신시스템 설계가 실패하지 않으려면 국가 혁신생태계의 기본적인 특징과 수준을 고려해서 결정해야 한다. 즉, 혁신 현장의 환경과 작동 메카니즘을 나타내는 혁신생태계의 특징과 수준을 파악해 고려하는 것이 정책실패의 가능성을 줄인다.

　국가별 혁신생태계의 구조적 특징은 다음의 세가지 요소로 구분해 살펴볼 수 있다. 즉, 혁신생태계는 지식의 생산, 확산, 활용의 각 단계별로 구분해 볼 수 있다. 그리고 각 단계별로 갖추어야 할 핵심요소가 있다. 구체적으로 (1) 지식생태계의 지식의 양과 질적 수준, (2) 지식생태계와 시장생태계의 상호작용 수준 (3) 시장생태계의 혁신지식의 수용성, 혁신위험의 수용성 수준 등이다.

이러한 세가지 기준을 주요 선진국(미국,유럽, 일본)들의 혁신생태계에 적용해 보면 포괄적인 수준에서 각 국가의 혁신생태계의 특징을 구분할 수 있다.

우선 미국은 주요 학문분야의 지식 수준 및 첨단 기술분야의 지식의 양과 질적 수준이 모두 뛰어난 국가이다. 즉, 지식생태계의 지식의 양적 규모와 질적 수준이 모두 우수하다. 또한 시장의 혁신에 대한 수용성 및 위험 고려도 상당히 높은 수준이다. 그리고 공공연구개발의 사업화 비율이 높은 것에 비추어 볼 때 지식생태계와 시장생태계의 상호작용도 잘 이루어지고 있다.

따라서 미국의 경우는 지식생태계가 우수하고 시장생태계의 역할과 메커니즘이 잘 작동하고 있기 때문에 정부정책은 지식생태계의 기초연구 지원을 통한 질 높은 새로운 지식의 공급을 강조한다. 그리고 획기적이고 창의적인 지식창출을 지원해 높은 혁신을 도출하기 위한 고위험 고수익 연구를 장려한다. 일례로 높은 혁신적 성과를 창출하는 국방성의 DARPA 추진과 에너지분야 적용 및 보건의료분야로의 확대 적용 추진은 획기적인 연구성과 창출과 시장의 높은 혁신수용성을 연계하기 위한 정책이다. 또한 혁신중소기업지원 프로그램인 SBIR, STTR 등은 시장에서 높은 위험의 기술혁신을 적극 수용하도록 촉진하고 지원하는 정책이다. 이처럼 미국의 주요 정책들은 미국의 혁신생태계의 구조적 특징을 적절히 고려해 추진되고 있음을 알 수 있다.

유럽의 경우는 기초연구 수준이 높지만 시장에서 혁신지식의 적극적인 수용성이 상대적으로 높지 않다. 즉, 지식생태계의 기초지식의 질적 수준은 높지만 지식생태계와 시장생태계의 상호작용 수준과 시장생태계의 혁신지식의 수용성, 혁신위험의 수용성 수준은 높지 않다.

유럽은 자주 기초연구 수준과 산업경쟁력 수준을 연계해서 미국과 비교한다. 즉, 미국처럼 기초연구 수준은 우수한데 산업 경쟁력은 미국에 미치지 못하고 있는 점을 항상 지적한다. 이를 유러피언 패러독스라고 표현한다. 이를 반영해 유럽연합을 비롯한 영국 등 주요국들은 정부 정책 추진시 사업화와 혁신을 강조하고 있다. 영국은 정부조직 개편에서부터 대학평가에 이르기까지 사업화 촉진을 위한 정책수단을 폭넓게 동원하고 있다. 유럽연합 차원에서도 기초연구 수준을 지속적으로 유지하기 위해 연구자들의 연구지원을 위한 유럽연구회의ERC 설치 외에 최근 혁신지원을 위한 유럽혁신회의EIC를 설치하였다.

일본은 기초연구 수준이 높으며 오랜 시간 경험과 기술의 축적이 요구되는 부품이나 소재분야의 기술력이 높다. 그러나 IT 기술의 빠른 변화 대응 등 시장 및 사회에서 새로운 혁신변화의 수용은 비교적 낮다. 즉, 지식생태계의 지식의 양과 질적 수준은 비교적 양호하나 지식생태계와 시장생태계의 상호작용 수준과 시장생태계의 혁신지식의 수용성, 혁신위험의 수용성 수준 등은 높지 않다.

최근 일본 정부의 정책 방향은 혁신성과 창출을 높이는 것에 집중하고 있다. 기초연구 수준을 유지하면서 산학연 간의 상호작용을 확대하기 위해 대학과 국립연구기관, 기업 간의 산학연 협력을 강조하고 있다. 또한 정부연구개발 관리에서 사업화 성과창출을 강조하고 있다. 사회문제

해결 정부연구개발사업에서도 중간 결과물들의 사업화 성공을 강조하는 정책이 추진되고 있다.

우리나라의 경우, 혁신생태계의 세가지 요소가 모두 미흡하다. 지식생태계에서 지식의 양은 증가하고 있지만 질적 수준이 개선되지 않고 있다. 연구개발사업의 사업화 성공 수준은 조금씩 개선되고 있으나 혁신국가인 미국에 비해서는 여전히 저조하다. 지식생태계와 시장생태계의 상호작용 수준도 상당히 미흡하다. 또한 시장생태계의 혁신의 수용성은 여전히 미흡하며 개선이 되지 않고 있다. 시장의 규제 수준이 높고 기업의 혁신에 대한 수용 수준도 높지 않다.

그동안 기초연구에 대한 투자 확대를 통해 지식생태계의 지식의 생산량은 증가하였으나 질적 수준은 개선되지 않고 있다. 사업화 강화를 위해 많은 TLO 조직과 사업이 추진되었으나 실질적인 사업화 혁신성과 창출은 미흡하다. 특히 산학연 주체들 간의 협력과 상호작용의 수준이 부족하다. 시장에서 혁신의 적극적인 수용을 위한 규제개선이 추진되고 있으나 큰 규제에 대한 개선 부족과 신기술 및 신기업의 활성화를 위한 제도적 환경이 미흡하다.

표 2-1 국가별 혁신생태계의 구조적 특징

지식 기능	역할 평가기준	미국 혁신생태계	유럽 혁신생태계	일본 혁신생태계	한국 혁신생태계
지식의 활용	시장생태계의 혁신수용성 수준	우수	미흡	미흡	미흡*
지식의 확산	지식생태계와 시장생태계의 상호작용 수준	우수	미흡	미흡	미흡
지식의 생산	지식생태계의 지식의 양과 질적 수준	우수	우수	우수	미흡

* 한국은 시장의 혁신수용성이 높지 않으나
캐치 업 관련 지식의 활용수준이 높은 특징이 있다.

많은 국가들에서 정부 정책의 목표는 높은 혁신성과를 창출하는 것이다. 그래서 혁신 선도국인 미국의 사업과 제도를 모방해서 정책을 추진하는 사례가 많다. 고위험 고수익 사업, 사업화 관련 제도, 중소기업 혁신지원제도 등 많은 제도들을 모방하거나 벤치마킹하고 있다. 최근에는 여러 나라에서 미국의 대표적인 고위험 고수익사업인 DARPA사업을 경쟁적으로 모방하여 적용하고 있다. 그러면 다른 나라에서도 미국의 DARPA를 모방한 사업들이 성공할 수 있을까?

미국은 지식생태계의 질적 수준이 최상위이고 시장생태계의 혁신 위험 수용성이 높은 국가이다. 미국의 정책과 제도는 이러한 혁신생태계 환경에서 적용되고 있다. 따라서 시장생태계의 혁신 위험 수용성이 낮고 정책의 권한체계가 다른 국가에서 DARPA와 유사한 사업을 추진한다

면 성공하기 어렵다. 고위험 고수익사업이 성공하려면 해당 국가의 혁신
생태계의 구조적 특징을 우선적으로 감안한 후 해당 국가의 혁신생태계
에서 수용할 수 있는 고위험 고수익연구 방식을 찾아야 한다. 즉, 정책적
으로 단순 모방이 아니라 국가혁신생태계의 구조적 특성을 고려한 맥락
적 접근이 이루어져야 한다.

유러피언 패러독스

1990년대 정보기술의 발달에 의한 지식기반경제가 부상하면서 국가
경제 및 산업발전에서 지식과 기술의 창출 및 활용이 중요한 동력으로
인식되었다. 따라서 국가 차원에서도 지식의 창출과 활용에 기반해 혁신
가치를 창출하는 국가혁신시스템의 역량과 수준이 지식기반경제를 주
도하는 국가경쟁력의 핵심이라는 인식이 높아졌다. 이에 국가혁신시스
템에 대한 진단과 구조적 문제를 평가하는 작업들이 추진되었다.

특히 국가혁신시스템 개념과 모델 적용에 적극적이었던 유럽 국가들
을 중심으로 국가혁신시스템에 대한 평가가 이루어졌으며, 그 결과로서
등장한 용어가 유러피언 패러독스European Paradox이다.

유럽은 지식강국이면서 경제강국인 미국과의 비교를 통해 유럽의 국
가 혁신시스템의 문제를 진단하였다. 유럽에서 바라보는 시각은 유럽이
미국에 비해 기초과학 역량과 성과는 뒤처지지 않는데 산업경쟁력이 떨
어지고 있다는 점에 주목한다. 즉, 유럽은 미국과 비교해서 기초과학 성
과가 낮지 않은데 주요 산업의 경쟁력은 상대적으로 미국에 비해 떨어

지는 문제가 있다는 것이다. 그 원인은 유럽 국가들이 과학적 성과를 통해 얻은 지식을 시장의 혁신가치 창출로 전환하는데 실패하는 것에 있다고 본다. 이러한 현상을 유러피언 패러독스European Paradox라고 부르고 있다[5].

이처럼 유럽과 미국의 과학기술지식 수준이 비슷하지만 미국은 산업경쟁력을 토대로 세계시장을 선도하고 있다. 이에 반해 유럽은 미국에 비해 산업경쟁력이 많이 뒤쳐지는 혁신시스템의 문제를 안고 있다[6]. 그 원인은 창출된 과학기술지식을 시장의 혁신적 가치로 전환하는 능력의 부족함에 있다. 즉, 세계 시장을 선도하는 미국과 추격하는 유럽의 차이는 여러가지 원인이 있지만 유럽의 과학적 지식의 혁신 전환능력의 부족 문제가 중요한 원인이다. 지식기반경제에서는 연구개발을 통해 창출한 과학기술 지식을 시장의 혁신가치로 전환하는 능력이 떨어지면 산업 및 경제의 경쟁력을 확보하기가 어렵기 때문이다.

그래서 유럽은 이러한 문제 해결을 위해 과학과 산업의 연계를 강조하고 있다. 대학연구의 사업화를 강조할 뿐만 아니라 혁신창출을 지원하는 조직과 지원활동을 강화하고 있다. 최근에는 EU정책에서도 이러한 방향으로 정책이 설정되고 있다. EU는 우수한 기초연구성과 창출을 위한 연구자 지원 기구인 유럽연구회의ERC를 먼저 출범시켰으나 뒤이어 혁신창출 지원을 위한 기구인 유럽혁신회의EIC를 2021년에 출범시켰다.

대체로 유러피언 패러독스는 유럽국가들에게 유럽의 기초과학이 발전하고 성과도 높지만 산업경쟁력이 미국에 비해 떨어지는 현상을 일컫는 용어로 받아들여지고 있다. 영국과 스웨덴에서도 유사한 문제가 지적되었다. 양국 모두 기초과학에 대한 투자가 높지만 그에 비해 산업경쟁력이 낮은 현상을 UK 패러독스, 스웨덴 패러독스라고 지칭하고 있다[7]. 즉, 연구개발투자 특히 기초연구에 대한 투자가 상당한 규모로 이루어짐에도 산업경쟁력 제고로 이어지지 못하는 현상을 일컫고 있다.

3 국가혁신시스템과 혁신정책의 진화

국가혁신시스템이 정책에 널리 적용되면서 우수한 지식창출에서 획기적인 혁신성과 창출로 정책의 중심이 이동하였다. 전통적인 과학기술정책, 연구개발정책에서 혁신시장까지 포괄하는 혁신정책으로 정책의 범위가 확장되었다. 최근 혁신정책은 기술문제 뿐만 아니라 경제사회문제, 국가경제안보문제 해결을 포괄하는 통합정책으로 진화 중이다.

연구개발정책에서 혁신정책으로 전환

국가혁신시스템 개념이 정책영역에서 활성화되면서 국가혁신시스템을 온전히 다루기 위한 정책적 변화가 진행되고 있다. 연구개발만을 강조하는 연구개발정책에서 혁신시스템의 포괄성을 다루기 위한 혁신정책으로 변화하고 있다. 이러한 혁신정책으로의 전환에는 기술발전에 의한 지식생산과 혁신의 거리 축소, 과학과 사회의 상호작용 확대 및 혁신환경의 변화가 중요한 영향을 미치고 있다.

먼저 지식생산과 혁신의 거리가 짧아지면서 연구개발과 혁신의 통합화가 가속화되고 있다. 전통적인 혁신방식은 기초과학에서 응용, 개발로 이어지고 다시 상용화 단계로 넘어가는 선형적 관계로서 이해되었다. 그러나 과학지식의 유통이 활성화되고 관련 지식들이 발전하면서 시장으로 직접 이전되는 기초지식들이 크게 증가하고 있다. 여기에는 디지털 전환에 의한 데이터와 지식의 폭발적인 증가 및 유통의 가속화가 기폭제 역할을 하고 있다. 이처럼 연구개발과 혁신의 거리가 짧아지면서 연구개발과 혁신의 경계를 구분짓는 장벽들이 완화되고 연구개발과 혁신을 함께 다루고 관리하는 포괄적 혁신 관점이 정책에 적용되고 있다.

두번째는 과학기술이 경제성장 기여를 넘어 사회와의 상호작용이 크게 확대되고 있다. 과학기술의 발전이 경제성장의 원천으로서의 역할 뿐만 아니라 사회변화 및 혁신의 원천으로서 영향력이 거대해 지고 있다. 그런데 과학기술이 발전하면서 사회가 빠르게 발전하고 있지만 인구 고령화 문제, 기후변화 문제 등 새로운 사회문제들이 나타나고 있다. 따라서 이러한 사회문제들을 과학기술을 통해 해결하고자 하는 사회적 수요도 커지고 있다. 사회문제해결에는 과학기술 지식뿐만 아니라 인문학 지식의 융합활용도 이루어지고 있다. 이러한 과학기술과 사회와의 상호작용 확대는 과학기술정책 영역을 확대하고 사회문제해결을 위한 혁신정책의 역할확대로 나아가고 있다.

세번째는 새로운 기술에 의한 새로운 시장이 창출되면서 신시장을 선점하기 위한 핵심기술과 산업 경쟁력을 빠르게 확보해야 하는 혁신환경이 전개되고 있다. 또한 기술패권화가 진행되면서 국가 전략기술 확보 및 안전한 공급망 확보 등 경제안보 구축을 위한 과학기술의 전략적 활용이 중요해 지고 있다. 따라서 과학기술이 다양한 국가전략분야에서 경쟁력을 확보하기 위한 접근이 이루어지고 있다.

이러한 변화로 인해 국가마다 다양한 수준에서 통합적 혁신정책이 추진되고 있다. EU는 연구와 경제사회의 통합적 관점에서 통합적 혁신정책을 다루고 있다. 일본도 4차 산업혁명 대응 과학기술개발과 사회혁신을 함께 다루고 있다. 즉, 국가마다 범위의 차이가 있지만 전반적으로 전통적인 연구개발정책 중심에서 포괄적인 혁신정책 중심으로 정책의 전환이 이루어지고 있다.

그림 2-2   과학기술과 경제사회와의 상호작용 확대

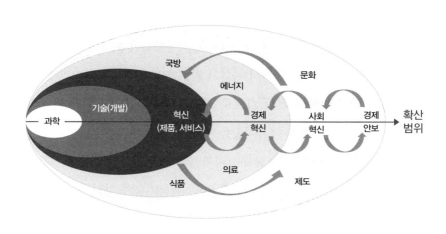

자료: 이민형(2017) 수정 [2]

그런데 혁신을 위한 국가정책이 연구개발정책에서 혁신정책으로 전환된다고 하더라도 연구개발정책의 중요성이 감소되는 것은 아니다. 연구개발은 혁신의 출발점이기 때문에 연구개발정책과 단절되었던 경제사회정책들을 상호 연계하는 방향으로 변화하고 있다. 그래서 연구개발정책과 다른 부문 정책 간의 조정을 위한 정책조정 거버넌스의 개편이 여러 국가에서 이루어지고 있다.

혁신환경 위기 대응을 위한 총체적 접근

　최근의 혁신환경은 혁명적 변화로 불릴만큼 급격하면서 여러가지 변화들이 복합적으로 다가오고 있다. 변화의 폭과 범위가 넓어 과거의 접근방식으로는 급격한 변화에 적절히 대응하기 어렵다. 급격한 환경변화로 인한 위기를 기회로 활용하기 위해서는 혁신환경 변화를 포괄하는 총체적인 대응접근이 요구된다.

　지식의 창출과 기술의 발전이 급속히 진행되면서 기술혁신은 경제성장에 기여를 넘어 사회에 미치는 영향력이 급속히 증가하였다. 정보지식의 유통과 결합이 활발해지면서 지식, 기술, 산업, 사회의 모든 경계가 무너지고 상호 융합되고 있다. 사회문제들도 더욱 복잡해지고 국가과학기술혁신정책에 대한 사회문제해결 요구도 커지고 있다.

　인구 구조의 고령화, 온난화와 같은 기후변화문제, 미세 플라스틱에 의한 환경문제 등이 지구적 문제로 등장하면서 전세계적으로 과학기술에 대한 문제해결 역할 요구가 급격히 증가하고 있다. 그런데 이러한 문제해결에는 기술적 해결이외에 규제 개선, 생활양식 변화 등 사회제도의 혁신이 동반되어야 한다. 코로나와 같은 신종 감염병 문제도 과학지식과 연구개발 역량, 보건의료 시스템 등 여러 부문의 긴밀한 협력이 요구된다. 과학기술과 사회정책 및 제도 간의 협력과 조정이 필요해진 것이다.

　한편에서는 4차 산업혁명으로 대표되는 디지털 전환, 빅데이터, AI 등 새로운 신흥기술이 등장하면서 이러한 기술들이 창출하는 거대한 혁신 가치이외에 사회적 부작용에 대한 우려도 커지고 있다. 따라서 정부의 역할도 신흥기술 연구개발 지원을 통한 경제성장 뿐만 아니라 사회제도 변화 및 사회혁신을 모두 포괄하는 접근이 요구되고 있다.

그런데 최근의 혁신 환경은 국가 경제안보 차원에서 급격한 변화가 나타나고 있다. 미중 간의 무역 갈등이 기술패권으로 확대되고 글로벌 공급가치사슬의 개편과 같은 국제 정세의 변화로 경제안보가 중요한 상황이 되었다. 탄소중립과 같은 새로운 글로벌 시장질서가 형성되고 신기술에 기반한 산업구조의 개편도 일어나고 있다. 선진국 간에 신시장 확보경쟁이 치열하며 국가의 경제안보를 좌우하는 전략기술을 확보하기 위한 국가간 경쟁도 심화되고 있다. 이러한 기술패권 경쟁에서 생존하려면 과거의 경로에서 벗어나 새로운 혁신전략을 추진해야 한다.

혁신환경의 복잡성, 중대성, 시급성에 대응해 경쟁력있는 기술역량과 혁신성과를 창출하려면 국가혁신시스템의 역량과 성과를 한 단계 끌어올리는 혁신적 변화가 필요하다. 특히 기존의 혁신주체들의 개별 대응방식으로는 격변하는 글로벌 시장에서 경쟁력 확보가 어렵기 때문에 협력체계를 강화하고 더욱 전략적으로 접근해야 한다.

나아가 혁신주체들이 모두 협력해 국가과제 해결에 적극적으로 참여해 실질적인 성과를 창출하는 총체적 협력체계로 전환해야 한다. 국내 내부의 작은 경쟁에 의한 효율성이 아니라 글로벌 경쟁에 대응하는 협력적 효율성을 창출해야 한다. 또한 국가혁신시스템의 성장을 억누르고 있는 구조적 문제도 해결해야 한다. 과감한 제도 혁신을 통해 오랫동안 누적된 구조화된 문제들을 해결해야 한다. 정부는 국가혁신시스템 전반을 지휘하는 리더십을 발휘해야 하며 전략적 능력 향상을 통해 전략적 접근을 강화해야 한다. 앞으로 정부 정책은 개별정책 중심에서 국가혁신시스템을 종합적으로 다루는 총체적인 정책으로 방향을 전환해야 한다.

아래 그림은 정부에 요구되는 국가혁신시스템에 대한 총체적 접근과 리더십 역할을 제시하고 있다. 정부는 글로벌 환경변화와 국내 혁신시스템의 역량과 특성에 대한 종합적인 진단과 분석을 통해 적확한 정책정보를 확보해야 한다. 그리고 이에 기반해 전략과 정책을 결정해야 한다. 이러한 전략적 결정은 혁신시스템의 성장과 발전을 이끄는 방향으로 리더십을 발휘하면서 추진되어야 한다.

그림 2-3   정부에 요구되는 국가혁신시스템 총체적 접근과 리더십 역할

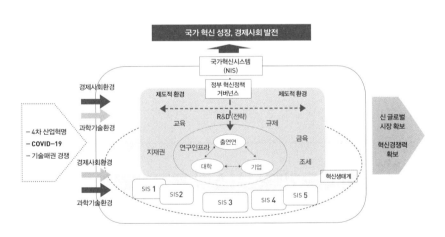

자료: 이민형(2023) [3]

4장

국가혁신시스템과 R&D 패러독스

한국 국가혁신시스템의 차별적인 특징들이 시스템 작동의 강점과 약점으로 작용하고 있다. 그러나 중요한 약점요소들이 개선되지 않고 고착화되고 있다. 일명 '한국의 R&D 패러독스' 현상이 지속되고 있지만 그 원인 파악과 대응이 파편화되어 있다. 혁신생태계 전반을 포괄하는 지식가치 사슬구조 개념을 통해 한국의 R&D 패러독스 현상과 원인을 살펴본다. 그리고 국가혁신시스템의 중심에 위치한 정부연구개발시스템의 관리체계와 구조적 문제들을 살펴본다.

 한국 국가혁신시스템 특징과 평가

한국 국가혁신시스템의 구조적 특징과 문제들을 살펴본다. 한국 혁신시스템은 연구개발투자 비중으로 보면 민간의 연구개발투자 비중이 높아 민간이 주도하는 혁신시스템이다. 그러나 민간 투자가 주로 소수의 대기업을 중심으로 이루어지고 있어 실제 역할과 영향 측면에서는 정부의 비중이 높은 특징을 가지고 있다. 따라서 정부연구개발시스템의 역량과 수준이 국가혁신시스템의 역량과 질적 수준 제고에 중요하다.

저성장과 혁신시스템의 구조 고착화

2022년 한국의 1인당 국민총소득(GNI)은 32,661달러이다. 1인당 국민소득(GNI)은 2018년에 처음 3만 달러를 넘어선 이후 매년 약간의 변동은 있지만 3만 달러 수준에 머물고 있다. 원화기준으로는 1인당 국민소득(GNI)이 증가 추세이기는 하나 선진국들이 빠른 시간 안에(미국 7년, 일본 3년, 프랑스 4년) 3만 달러에서 4만 달러로 성장한 것에 비추어 다소 지체되고 있는 상황이다. 경제성장율은 이미 선진국형 저성장 단계로 접어들어 성장이 더디게 이루어지고 있다. 경제 성장률을 높이려면 지속적인 혁신으로 생산성을 개선하고 새로운 성장동력을 확충해 가야 한다.

그림 2-4   한국 1인당 국민총소득GNI) 추이

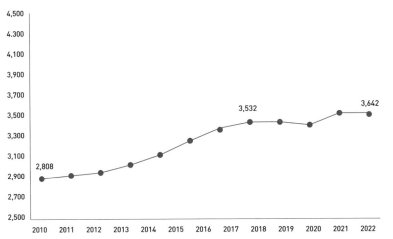

(단위: 만원)

* 자료 : 한국은행, 「국민계정」 각 연도, 통계청, 「장래인구추계(2020년 기준)」
* 주석 :   1) 1인당 실질(명목) 국민총소득= 실질(명목) 국민총소득 ÷ 총인구.
           2) 명목 국민총소득은 명목 GDP에 명목 국외순수취요소소득을 더하여 산출함.
           3) 2015년 기준년 개편 국민계정 자료임.
           4) 2022년은 잠정치임.
* 출처 : 국가지표체계 https://www.index.go.kr/(검색일 2023.10.06.)

　　한국의 혁신성장 구조 및 혁신시스템은 고유한 특성을 가지고 있다. 한국은 빠른 경제성장과 혁신역량 제고로 많은 국가들의 주목을 받았으며 한국의 경제 및 혁신시스템의 특성에 관한 분석도 많이 이루어졌다. 그로 인해 한국의 혁신시스템이 갖고 있는 구조적인 특성이 널리 알려져 있다. 본 고에서는 한국의 혁신시스템의 특징을 산업구조 및 기업구조, 기업의 혁신전략, 혁신주체, 정부개입, 혁신경로 구조 등의 측면에서

간략히 정리해 본다.

먼저 한국의 산업구조 및 기업구조의 주요 특징으로는 한국은 제조업 중심 국가라는 것이다. 한국은 GDP 대비 제조업 비중이 약 25%(21년)로 선진국 중에서 가장 제조업 비중이 높은 국가이다[8]. 그리고 높은 비중만큼 제조업 경쟁력 수준도 높다. 반도체, 가전 등 몇몇 산업 분야는 세계 선두권에 위치해 있다. 반면 서비스업은 그 비중이 다른 선진국에 비해서 낮고 생산성이 낮아 경쟁력이 높지 않다. 서비스 생산성 혁신을 위한 서비스 R&D 확대 등 다양한 정책적 조치가 이루어지고 있으나 시장에서의 실질적인 개선효과가 나타나지 않고 있다. 주력산업 측면에서 보면 한국은 세계적인 ICT 선도국가이다. 국내 산업에서 ICT산업이 차지하는 비중이 크며 GDP내 ICT산업의 비중은 11.4%에 이른다[9].

한국의 ICT산업분야는 기술경쟁력 및 제품 경쟁력에서도 세계 최고 수준으로 인정받고 있다. 이렇게 발전된 ICT산업이 한국 제조업의 경쟁력 수준을 선도해 가고 있기도 하다. 그러나 ICT산업과 비ICT산업 간의 경쟁력 차이가 크고 이것이 다양한 산업발전을 통한 성장동력 확충의 구조적인 문제로 지적되고 있다. 바이오산업 등 새로운 산업들이 성장하고 있으나 ICT 산업만큼 경제성장을 이끄는 주력산업분야로는 등장하지 못하고 있다.

또 하나의 중요한 특징은 한국의 대기업과 중소기업 간의 연구개발과 혁신역량의 격차가 크다는 점이다. 전체 기업 수의 1% 수준의 소수의 대기업이 주력산업의 발전을 이끌고 있으며 민간 부문의 연구개발과 혁신을 주도하고 있다. 2021년 우리나라 총연구개발비는 102조원 규모로 처음으로 100조원을 넘어섰다. 이중 민간 부문이 약 78조원 규모의 투자를 시행하였다. 그 중에서 대기업이 61%, 중견기업 14%, 중소기업 10.5%, 벤처기업 14.4% 수준을 차지하고 있다[10]. 즉, 대기업과 중소기업 간의 기업연구개발활동 차이가 크다. 또한 중소기업에서 대기업으로의 성장도 부진하다. 여기에는 중소기업의 혁신역량 부족과 함께 대기업에 대한 강한 규제가 성장의 의욕을 꺾고 있음이 자주 제기된다.

한국기업의 성장을 이끈 혁신전략으로는 패스트 팔로워Fast Follower 또는 캐치 업Catch up 전략이 부각된다. 앞서가는 선도자를 빠르게 따라가서 기술 및 성능측면에서 유사한 제품과 서비스를 창출해 글로벌 시장을 점유하는 것이다. 대개는 선도자보다 가격경쟁력의 우위를 내세운다. 그래서 보다 많은 혁신의 과실을 얻기 위해서는 후발자로서 선도자를 따라가는 패스트 팔로워Fast Follower에서 벗어나 선도자인 퍼스트 무버First Mover가 되어야 한다고 많은 전문가들이 한국기업들에게 조언한다. 그러다 보니 퍼스트 무버First Mover 전략은 모든 한국기업들이 추진해야 하는 혁신전략 슬로건이 되었다. 그런데 퍼스트 무버 전략의 중요성이 강조되다 보니 마치 퍼스트 무버 전략은 우수한 전략이고 패스트 팔로워 전략은 열등한 전략처럼 인식되기도 한다.

그러나 혁신전략을 이분법적으로 우열을 구분해서는 안된다. 혁신전략은 산업의 특성에 따라 효율적인 전략이 다를 수 있다. 기술적으로 기초지식에 기반하지 않거나 혁신주기가 빠른 산업 분야는 캐치 업 전략이 더 효율적일 수 있다. 문제는 중국이 우리나라 기업들과 유사한 캐치 업 전략을 활용하고 있는 것이다. 중국의 기업들이 캐치 업 전략을 통해 기술개발과 시장을 확대해 가면서 글로벌 시장의 여러 산업분야에서 우리나라 기업들이 중국 기업들에 밀리고 있다[11].

우리나라 기업들이 캐치 업 전략에 성공하려면 과거의 방식보다 더 빠르게 혁신할 수 있어야 한다. 가장 중요한 것은 중국에 비해 기술력이 한단계 높아야 한다. 또한 선도자인 퍼스트 무버 전략을 선택하려면 선도자가 겪는 위험과 불확실성, 시행착오를 줄일 수 있는 분야를 중심으로 추진해야 한다. 선도자가 겪는 위험을 줄일 수 있어야 혁신성과를 거둘 수 있기 때문이다. 또한 퍼스트 무버 전략으로 나아가려면 기술력 이외에 전략적 역량 등 다른 시장적 요소들을 함께 혁신할 수 있는 혁신역량이 필요하다.

우리나라 혁신시스템의 혁신주체들은 대학의 기초연구 역량이 낮고 산학연 연계가 취약하다는 문제가 있다. 기초연구의 역량 개선을 위한 정부의 투자 확대가 이루어지면서 창출되는 논문 수가 증가하고 양적인 성과 개선이 이루어지고 있다. 그러나 글로벌 최상위 논문 비중은 양적인 성과만큼 개선되지 못하고 있다. 그런데 대학에서의 과학 연구활동의 수준 제고는 단순히 연구개발 지원 확대만으로는 해결될 수 있는 것이 아니라 대학의 연구시스템 및 교육, 평가 등 운영시스템과도 연계되어 있다. 그래서 대학의 연구개발과 교육정책의 통합조정된 접근이 이루어져야 하나 실제로는 그렇지 못하다. 또한 대학이 창출하는 지식의 탁월함 부족과 캐치업 전략을 구사하는 기업들의 혁신행태로 인해 산학 간의 지식흐름이 원활하지 못하다. 산학 간의 협력 부족은 대학만의 문제가 아니라 우리나라 기업들의 혁신행태와도 연관되어 있다. 최근 대학 및 공공연구기관의 기술료 수입 증가 등 사업화 성과가 다소 개선되고 있지만 구조적인 변화는 나타나지 않고 있다.

한국의 혁신시스템이 다른 선진국과 차별화되는 중요한 특징 중의 하나가 국가혁신시스템에서 정부의 개입과 역할이 크다는 것이다. 연구개발 투자 규모에서는 정부의 비중(21년 23.6%)이 다른 선진국에 비해 상대적으로 높지 않다[12]. 그러나 민간의 연구개발비가 상당부분 대기업들의 자체 연구비 사용으로 이루어지고 있어 대학, 공공연구기관 및 중소기업의 연구개발에 대한 정부지원과 역할이 크다. 즉, 연구개발시장에서 정부의 역할은 투자비중보다 훨씬 크게 작동하고 있다. 또한 한국은 다른 선진국들에 비해 혁신에 대한 정부의 시장 규제가 강한 것으로 평가되고 있다. 최근 기업투자 관련 규제는 많이 완화되고 있으나 혁신 관련 규제는 이해관계의 복잡성으로 인해 진전을 이루지 못하고 있다.

이처럼 한국의 혁신시스템은 고유한 특성과 다수의 장점 및 약점을 가지고 있다. 연구개발과 인력양성에 대한 정부의 강한 지원 의지와 높은 제조업 경쟁력, 기업들의 빠른 혁신역량, ICT 인프라 확보 등이 혁신시스템에 주요 강점으로 작용하고 있다. 그러나 서비스 분야의 낮은 생산성, 중소기업의 혁신역량 부족, 대학의 지식창출 역량 부족과 산학연의 협력 부족 등이 혁신시스템에 취약한 부분들로 작용하고 있다. 그런데 중요한 것은 이러한 문제들이 개선되지 못하고 고착화된 경로로 나아가고 있다는 것이다. 강점 분야들은 외부 환경으로부터 위협을 받고 있으며 약점부분은 약간의 개선의 신호는 있으나 구조적인 변화를 보이지 않고 있다[13].

특히 국가혁신시스템에 강한 영향을 미치는 정부의 연구개발정책과 시장에 대한 혁신규제정책에서 중요한 변화가 보이지 않고 있다.

한국 R&D 패러독스
: 지식가치사슬구조의 부실화가 원인이다.

우리나라는 연구개발에 대한 투자 규모가 커지면서 연구 성과 및 혁신성과 창출의 생산성에 대한 관심과 논의가 증가하였다.

2010년 이후 연구개발투자 규모가 급격히 증가하기 시작하면서 우수한 연구성과 및 혁신성과 창출에 대한 기대가 높아진다. 그런데 기대만큼 우수한 연구성과와 혁신성과 창출이 이루어지지 못하면서 이에 대한 비판으로 한국 R&D 패러독스라는 용어가 사용되기 시작하였다. 즉, R&D 패러독스 용어는 정부의 연구개발투자가 확대되면서 생산성 관점에서 등장하였다.

우리나라 연구개발 부문의 투자와 성과의 관계를 보면 연구개발 투자 규모의 증가가 양적인 연구성과로 이어지지만 시장의 혁신성과로는 이어지지 못하고 있다. 연구개발 투자 규모는 상당한 수준에 이르렀지만 시장에서 혁신적인 성과 창출로 연계되지 못하는 구조적 현상이 있다. 이를 '코리언 R&D 패러독스'라 한다.

유러피언 패러독스는 유럽이 우수한 과학기술지식을 시장혁신으로 전환하는 역량이 부족한 것을 지적하고 있지만, 코리언 R&D 패러독스는 세계 상위 수준의 연구개발 투자가 시장의 혁신적 성과로 이어지지 못하고 있다는 점이 부각되고 있다.

우리나라의 낮은 연구개발 생산성 문제가 비교적 명확히 드러나는 부분이 공공부문이다. 공공부문의 연구개발 생산성 문제는 모든 국가의 관심 사안이지만 우리나라의 경우에는 더욱 강조되고 있다. 우리나라는 정부의 GDP 대비 투자 비중이 세계 2위('20년)에 이를 만큼 적극적인 투자가 이루어지고 있기 때문이다.

공공부문 R&D 생산성 문제는 공공연구개발 투자 규모에 비해 기술사업화 성과가 부족하다는 측면에서 제기되고 있다. 정부의 조사자료에 의하면 공공부문의 기술이전 수입이 지속적으로 증가하고 있다[14]. 그러나 최근 5년간 증가율이 2.3%로 높지 않다. 대학 및 출연연구기관 등의 공공연구기관의 기술이전 수입도 증가하고 있다. 그러나 역시 증가율이 높지 않다.

우리나라 공공연구기관을 대표하는 국가과학기술연구회 산하 출연연의 경우에도 비슷한 결과들이 나타나고 있다. 최근 정부출연연구기관의 기술이전 수입이 증가하고 있다. 기술이전 건수가 이전에 비해 감소하고 있음에도 수입은 증가하고 있다. 그런데 대부분의 기술이전 수입이 정보통신분야 한 연구기관에 집중되어 있다[15]. 대체로 공공부문의 기술이전 수입이 조금씩 개선되고 있지만 큰 변화를 보이지는 않고 있다.

그동안 정부는 연구개발 투자의 효율성 제고를 위해 많은 정책과 제도 변화를 추진하였다. 시장에서는 규제 완화. 신기술창업 지원, 벤처 펀드의 지원 등이 이루어졌다. 공공부문에서도 공공연구개발부문의 사업화 기능정립, 중소기업지원제도 적용, 연구비 관리제도 효율화 등 여러 제도적 변화들이 이루어졌다. 그러나 아직 R&D 패러독스 구조는 개선되지 않고 있다. R&D 패러독스 문제를 개선하기 위해서는 낮은 투자생산성의 원인을 파악해야 하지만 아직까지 낮은 투자생산성의 원인이 명확히 파악되지 않고 있다.

R&D를 통해 창출된 지식가치는 시장에 접근해 혁신가치로 전환되어 새로운 가치를 창출한다. 이것은 지식창출에서 혁신가치창출까지의 지식가치사슬구조로 연결되어 있다. 즉, 혁신은 지식영역에서 창출되는 수많은 지식들이 시장으로 전달되어 새로운 혁신가치로 전환되는 과정을 통해 이루어진다. 실험실에서 창출된 지식이 곧바로 시장의 혁신으로 이어지는 경우도 있지만 대부분의 지식은 여러 단계를 거쳐 시장에 진입하게 된다. 개별 지식의 확산과 활용은 그 과정이 선형적으로 이루어지기 보다는 정보와 지식의 피드백이 불규칙하게 이루어진다. 그러나 종합적인 맥락에서 보면 지식가치가 혁신가치로 전환하는 과정은 지식의 창출, 확산, 활용을 통해 혁신가치 창출로 이어지는 지식가치사슬구조로 개념화 할 수 있다.

혁신 생태계는 지식(연구)생태계와 시장생태계로 구성된다. 지식가치사슬구조는 지식생태계에서 창출된 지식이 죽음의 계곡을 넘어 시장생태계에서 새로운 혁신가치 창출로 전환되는 전 과정을 포함한다. 이러한 지식가치 사슬구조 접근은 지식창출에서 혁신가치 창출까지 전 과정의 문제를 가치사슬 관점에서 접근해 구조적 문제를 좀 더 구체적으로 파악할 수 있다.

우리나라 혁신생태계의 지식가치사슬구조의 주요 단계들을 살펴보면 R&D 패러독스 문제는 지식가치사슬구조 전반의 부실에서 비롯되고 있음을 알 수 있다[16]. 지식이 혁신가치로 전환되기 위해서는 지식의 질적 수준 확보가 중요하다. 그러나 우리나라 지식영역에서 창출되는 지식들은 질적인 우수성이 다소 낮다. 정부의 연구개발 투자확대가 양적인 연구성과의 증가로는 이어지고 있지만 질적 수준 제고로는 연결되지 못하고 있다. 연구성과의 질적인 수준 개선에는 양적인 투자확대이외에 연구자들의 연구활동에 영향을 미치는 여러 요소들이 관련되어 있다. 연구개발전략, 지원관리제도, 환경요소들이다. 연구성과의 질적 수준이 개선되지 못하고 있는 것은 연구환경 및 관리에 직접적인 영향을 미치는 정부제도의 적합성 부족에 기인할 수 있다.

새로운 지식을 수용해 새로운 혁신가치를 창출하는 시장영역에서는 중소기업들의 신지식 및 신기술 수용역량이 낮다. 벤처 자본 활성화로 혁신 스타트업 생태계가 성장하고 있으나 출구 수단이 아직 취약하다. 혁신활동이 소수 대기업에 집중되어 혁신의 기회가 다양하지 못하고 제한되어 있다. 또한 제조업 중심 산업구조와 산업간 발전수준 및 경쟁력 차이가 커서 산업분야별로 수요 지식의 수준에 차이가 크다.

새로운 지식과 시장 메커니즘이 만나는 죽음의 계곡에서는 지식창출 주체들과 시장혁신 주체들의 정보 교류와 상호작용이 활발하지 못하다. 정부가 이들을 연결하기 위한 TLO 조직과 많은 지원사업들을 추진하고 있지만 그다지 효과적이지 못하다. 지식창출(대학, 공공연구기관)의 주체와 활용주체(기업)간의 교류가 활발히 이루어지기 위해서는 TLO 조직에서의 만남과 교류 이전에 지식창출 단계에서부터 산학연 공동연구와 같은 협력방식이 활성화되어야 한다. 아직은 정부 지원금 확보를 위한 형식적인 협력이 다수이다. 공동연구는 산학연 상호 간에 각자의 니드에 대한 이해와 전문성 및 성실성에 대한 상호 신뢰의 기반위에서 추진될 수 있으나 이러한 소프트웨어의 중요성이 정책적으로 고려되지 못하고 있다. 혁신을 제약하는 강력한 시장규제도 새로운 지식의 혁신가치로의 전환을 어렵게 한다. 혁신의 불확실성과 위험을 보완해 주는 적극적인 제도적 기반이 없으면 새로운 혁신에의 도전은 어렵다. 새로운 혁신을 자극하기는커녕 의욕을 꺾는 엄격한 규제는 혁신의 확장성을 가로막는 큰 장애요인이다. 물론 혁신의 위험성이 큰 분야 특히 인권, 윤리, 안전과 관련된 것에는 엄격한 사전 예방 규제조치가 취해져야 하나 기존의 기득권을 흔드는 혁신에 대한 저항에는 유연성과 개방성을 높이는 규제 개선이 필요하다.

이처럼 혁신생태계의 지식가치사슬구조 개념을 적용하면 지식가치사슬 구조 전반이 부실한 상태임을 알 수 있다. 그런데 정부가 문제 개선을 위한 정책과 제도 혁신을 추진하고 있지만 지식가치사슬구조의 특정 부문 예를들면 연구개발투자 확대, 사업화 지원 확대 등 특정 부문 중심으로 정책과 지원을 해 왔다. 이러한 접근은 출연연구기관의 효율성 개선 정책에서도 유사하다. 정부의 연구개발 투자가 확대되면서 정부부문에서 연구개발을 담당하는 공공연구기관들의 연구생산성에 대한 관심과 논의가 활발하다. 특히 정부출연연구기관의 연구성과 및 혁신성과에 대한 정책적 관심이 높다. 그 결과 정부출연연구기관의 운영 효율성을 개선하기 위한 여러 제도적 조치들이 취해졌으나 결과는 그다지 효과적이지 않다. 정부출연연구기관의 낮은 효율성은 단순히 출연연 자체의 문제만이 아니라 우리나라 혁신시장의 구조적 특성, 정부정책과 제도의 부적합성 등이 결합된 복합된 문제이기 때문이다. 정부출연연구기관의 성과 제고를 위한 혁신적 조치를 실시하려면 정부출연연구기관을 포함한 정부정책 및 제도, 분야별 산업혁신 및 관련 기업혁신 수준 등에 대한 종합적인 검토 하에서 접근해야 한다.

즉, 코리언 R&D 패러독스를 극복하고 국가혁신시스템 가치사슬구조의 건전성을 높이려면 가치사슬 구조의 개별부문에 대한 각각의 접근이 아니라 종합적인 접근이 이루어져야 한다. 그런데 국가혁신시스템과 관련된 정부부처는 과학기술정보통신부에서부터 중소기업부, 산업부, 기획재정부 등 여러 부처들이 관련되어 있다. 혁신시스템에 대한 종합적인 접근이 이루어지려면 종합 전략 하에서 여러 부처들의 정책들을 조정하고 연계해야 한다.

그런데 우리나라 정부정책은 정부부처별로 각각의 영역에서 경쟁적으로 정책과 제도들이 설계되어 추진된다. 각 부처가 적극적으로 정책을 추진하지만 부처간 지식과 정보의 교류가 활발하지 않아 정책이 분절화되고 있다. 과거 선진국의 정책을 벤치마킹해서 정책과 제도의 구성을 갖추어가던 시기 또는 국가사회문제의 경계가 비교적 명확했던 시기에는 부처별 정책 경쟁이 정부 정책의 수준을 제고하는데 긍정적이었다. 그러나 정보와 지식의 교류가 활발해지고 경계가 무너지면서 정책적으로 다루어야할 대상이 전체 시스템이거나 복합적인 문제로 그 범위가 크게 확대되고 있다. 국가혁신시스템의 경우도 지식영역에서 시장에 이르기까지 포괄적으로 다루어야 한다.

정부는 오래 전부터 부처간 정책칸막이 문제를 해결하기 위한 정책조정체계를 구축하여 운영하고 있다. 그러나 정책 수준에서의 실질적인 조정이 이루어지지 않고 있다. 실질적 조정을 위한 국가과학기술혁신정책 거버넌스체계의 재구축과 운영이 필요하다.

그림 2-5   한국 R&D 패러독스 : 국가혁신시스템 지식가치사슬구조 부실

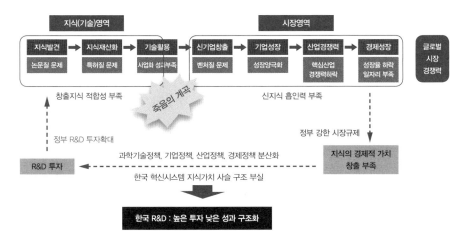

자료 : 이민형(2017) 수정[4]

한국의 지식가치사슬구조는 개선되고 있는가?

한국혁신시스템의 구조적 문제는 지식에서 시장으로 이어지는 지식가치사슬구조의 각 요소와 환경이 혁신에 적합하게 기능하지 못하고 있는 것이다. 정부는 지식가치사슬구조의 부문별 주요 문제들을 개선하기 위한 정책적 노력을 기울이고 있다.

지식영역의 문제 개선을 위해 기초연구 지원을 강화하고 질적 평가방식을 도입해 연구성과의 질적 수준 제고를 위한 제도 관리를 하고 있다. 연구개발사업 기획시에는 기업수요 반영을 강조하고 사업화 기능의 확충 노력을 기울이고 있다.

혁신 스타트업 생태계 조성을 위한 지원을 확대하고 대기업과 중소기업 간의 혁신격차 축소를 위한 중소기업 연구개발 및 혁신 지원도 확대하고 있다. 주요 산업에 대한 디지털 전환 지원도 활발히 추진하고 있다. 또한 시장혁신을 방해하는 규제완화를 위한 노력도 지속적으로 기울여 왔다.

그런데 연구성과의 질적 수준 개선은 해결되지 않은 채 구조적인 문제로 남아 있고 중소기업 혁신생산성도 그다지 개선되지 않고 있다. 서비스 혁신과 산업 발전도 기대만큼 성장하지 못하고 있다. 혁신 스타트업 생태계 성장 등 일부 개선되는 부분이 있지만 전체 가치사슬구조에서 핵심 부분들의 구조적 문제는 여전히 개선되지 않고 있다. 특히 시장의 규제혁신은 여러 이해관계로 인해 중요한 부분들이 여전히 변화하지 못하고 있다.

다만 대학과 정부출연연구기관 등 공공부문 연구기관들의 기술이전 수입이 다소 증가하는 것은 긍정적인 변화이다. 대학과 출연연의 지식이 산업계로 흐르고 있다는 신호이기 때문이다. 그러나 양적인 성과에 비해 실제 사업화되는 비중이 선진국들에 비해 여전히 저조하다는 지적이 있다[17], 산학간 지식전달정도에 대한 국제기관의 평가결과는 여전히 하위 수준이다[18]. 정부출연연구기관 및 공공연구기관의 운영은 경직적이고 개별적이어서 개방과 협력이 저조하다.

요약하면 정부가 지식가치사슬구조 전반에 대해 정책적 노력을 기울이고 있지만 구조적인 개선 효과는 나타나지 않고 있다. 부분적으로 변화의 모습들이 나타나고 있지만 구조 전반의 핵심적인 문제들을 개선하지는 못하고 있다. 특히 지식영역에서의 질적 수준 제고 문제와 시장영역에서의 규제혁신의 문제가 지속되고 있다. 또한 지식가치사슬구조 전체의 균형 발전과 조정을 고려한 정책이 이루어지지 못하고 있다. 세부부문별로 각기 다른 정부부처들이 분절화된 정책을 추진하므로써 전체 가치사슬구조의 효율성이 떨어지고 있다

한국의 혁신시스템은 정부의 역할과 개입이 혁신시스템의 제도와 환경에 크게 영향을 미치는 구조이다. 혁신시스템의 핵심 주체인 산학연 모두의 변화가 필요하지만 각각 개별적이어서 종합적인 추진주체가 필요하다. 그래서 정부가 국가혁신시스템을 종합적으로 혁신하고 이끌어가는 전략 추진이 필요하다. 즉, 정부가 직접적으로 다룰 수 있는 공공부문의 정책과 정부 과학기술혁신정책 체계의 혁신을 통해 전체 지식가치사슬구조의 개선과 변화의 동력을 확대해 가는 것이 필요하다.

2 정부연구개발 예산시스템과 관리체계

혁신가치를 창출하는 복잡한 혁신시스템의 중심에는 지식을 창출하는 연구개발시스템이 있다. 혁신시스템의 변화는 핵심에 위치한 연구개발시스템의 질적인 변화로부터 시작된다. 정부연구개발시스템의 관리체계와 구조적 문제들을 살펴본다.

정부연구개발 투자와 성과 관계

혁신의 가치창출은 새로운 지식창출로부터 시작된다. 그런데 연구개발을 통한 지식창출활동은 성과창출이 불확실해 위험이 높다. 또한 결과가 가시적이지 않고 전유성이 확보되지 않아 참여자가 그 가치를 온전히 소유하기 어렵다. 그래서 민간부문은 다양한 지식창출을 위한 연구개발투자에 대해 적극적이지 않다. 특히 기초연구투자에 아주 소극적이다. 그래서 연구개발투자를 민간에만 의존하면 사회적으로 필요한 지식을 충분히 확보하기 어렵다.

정부는 국가가 필요로 하는 충분한 수준의 지식의 창출과 확산을 위해 연구개발부문에 적극적으로 개입하여 정책을 추진한다. 모든 선진국들이 국가에 필요한 새로운 지식창출과 확산을 위해 상당한 규모의 정부예산을 투자하고 있다. 우리나라 정부는 GDP 대비 정부연구개발 투자 비중이 세계 1~2위 수준에 이를 만큼 적극적이다.

정부의 연구개발투자는 전통적으로 민간에 의한 투자가 부족한 부문에 중점적으로 이루어졌다. 기초연구분야, 대규모 자금이 소요되는 연구시설 및 장비와 같은 연구개발 인프라 구축, 혁신 지원을 위한 혁신인프라 구축 등에 많이 사용된다. 응용 및 개발연구 부문에서도 기업의 직접적인 투자가 부족하거나 빠르게 시장에 진출하도록 지원이 필요한 경우 정부의 연구개발투자 지원이 이루어진다.

정부의 연구개발예산은 일반적인 정부예산 결정 절차를 따라 이루어진다. 다만 연구개발분야는 대부분의 정부부처들이 연구개발사업을 추진하고 있고 사업의 중복문제가 부각되고 있어 이를 개선하기 위한 사전 조정절차가 이루어진다. 예산의 사전 조정은 과학기술을 담당하는 부처에서 주관해 수행한다. 즉, 과기부 과학기술혁신본부의 사업조정 기능을 거쳐 예산담당부처인 기획재정부에 의해 편성된다.

우리나라 정부연구개발예산 추이를 보면 2019년에 20조원을 넘어선 이후로 20년 24.2조원, 23년 31.07조원 규모로 최근 5년간 평균 11%씩 큰 폭으로 증가하였다.

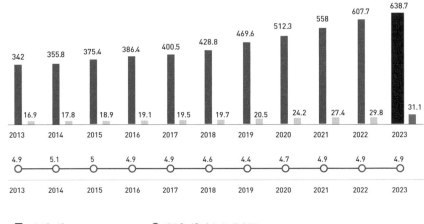

그림 2-6　정부 R&D 예산투자 규모

	2013	2014	2015	2016	2017	2018	2019	2020	2021	2022	2023
정부 총 지출	342	355.8	375.4	386.4	400.5	428.8	469.6	512.3	558	607.7	638.7
R&D 투자	16.9	17.8	18.9	19.1	19.5	19.7	20.5	24.2	27.4	29.8	31.1
정부 총 지출 대비 R&D 투자 규모	4.9	5.1	5	4.9	4.9	4.6	4.4	4.7	4.9	4.9	4.9

■ 정부 총 지출
■ R&D 투자
○ 정부 총 지출 대비 R&D 투자 규모

자료 : 과학기술정보통신부(2023), 2023년 정부연구개발사업
부처합동설명회, 2023년 정부 R&D예산의 주요 특징. p3.

　정부연구개발예산 투자를 통해 창출된 성과를 보면, 최근 5년간(16년
~20년) 연평균 증가율이 성과유형별로 차이가 있지만 국가 연구개발투
자 증가율(5.9%)을 하회하고 있다[19]. 연구개발 투자와 성과창출 간에 다
소의 시차가 있어 추후 결과를 살펴봐야 하나 2020년까지 창출된 성과
증가율은 예산투자 증가율을 따라가지 못하고 있다.

　연구성과 증가율이 정부예산투자의 증가율에 비해 낮다는 것은 정부
연구개발시스템의 성과 창출체계 및 과정에 비효율성 문제가 있음을 시
사하고 있다. 공공부문의 기술이전 수입 증가율이 낮은 것을 고려하면
정부연구개발투자 성과가 낮은 것을 일시적 현상이라기보다는 구조적

인 문제로 보는 것이 더 적합하다.

일반적으로 투자생산성을 개선하는 방법은 투자를 줄이거나 성과를 높이는 방식으로 접근할 수 있다. 정부 연구개발예산 투자와 성과의 관계도 정부 연구개발예산을 줄이는 방법을 적용할 수 있으나 보다 근본적인 문제해결을 위해서는 성과를 높이기 위한 접근이 필요하다.

연구개발(R&D) 활동은 새로운 지식의 창출과 창출된 지식을 확산하여 새로운 혁신적 성과를 창출하는 것을 궁극적으로 지향한다. 그러나 R&D에서 시작하여 연구성과의 사업화 과정을 거쳐 시장에서 혁신성과를 창출하는 단계까지 한 번에 이어지기는 어렵다. 연구개발사업은 연구활동수준에서 더 나은 혁신 또는 획기적인 혁신에 활용될 수 있는 질 높은 지식 창출을 목표로 하는 경우가 많다. 그래서 연구개발사업은 일차적으로 질적 수준이 높은 연구성과 창출을 강조한다. 그러나 연구개발활동은 궁극적으로 혁신가치 창출을 지향해야 한다[20].

연구자가 연구개발활동을 통해 특정 분야에서 질적으로 탁월한 연구성과를 창출하게 되면 해당 분야 전문가 집단에서 그 업적을 인정받는다. 그러나 그 성과는 해당분야 전문가 집단 영역을 벗어나면 인정받기 어렵다. 특정 분야 전문가와 비전문가 사이에는 지식정보의 높은 비대칭성이 존재하기 때문이다. 그래서 연구자가 일반 시민들로부터 인정을 받기는 더욱 어렵다. 일반 시민들로부터 인정을 받는 경우는 연구자가 창출한 탁월한 연구성과가 시장의 혁신가치 창출로 이어져 경제사회적으로 크게 기여했을 경우이다. 대표적인 사례가 노벨상 수상이다.

누구나 권위를 인정하고 있는 노벨상은 연구자의 연구성과가 인류의 삶에 기여한 바를 인정해 주는 공식적인 보상이자 명예이다. 이 상은 연구자의 뛰어난 업적을 국제적으로 인정해 주는 것이지만 연구자들이 수행하는 연구개발활동이 개인이 선호하는 지식창출에 머무르지 않고 획기적인 혁신가치 창출로 이어져 인류 발전 및 시민들의 삶의 질 제고에 기여하는 것이 중요함을 제시한다.

따라서 개인 연구자 수준에서는 연구활동을 통한 우수한 연구성과 창출 또는 가치있는 발견을 지향하지만 연구개발활동이 이루어지는 전체시스템은 혁신적인 성과창출로 나아갈 수 있는 환경을 지속적으로 조성해야 한다.

획기적인 혁신성과 창출에는 많은 지식창출과 새로운 지식과의 결합이 필요해 오랜 시간이 소요될 수 있다. 그래서 단순히 빠른 사업화 성과창출을 독촉하는 것이 더 나은 성과를 창출하는 것은 아니다. 그러나 수많은 새로운 지식이 매일 쏟아져 나오는 4차 산업혁명시대의 시장 흐름은 과거보다 획기적이면서도 빠른 속도있는 혁신경쟁으로 변해가고 있다.

혁신은 기본적으로 복잡한 요소들의 상호작용 속에서 창출된다. 글로벌 시장에서 경쟁은 더욱 치열하고 환경은 복잡해지고 있다. 연구개발을 통한 우수한 연구성과 창출에는 연구자 개인의 역량뿐만 아니라 여러 환경적 조건들이 갖추어져야 한다. 연구환경 조건에는 연구활동에 소요되는 재정적 지원뿐만 아니라 연구활동의 자율성, 개방성, 유연성, 평가 및 보상의 적합성 등 여러 요소들이 포함된다.

따라서 정부연구개발 투자의 생산성 제고를 위해서는 정부연구개발 시스템 및 혁신시스템의 구조와 환경을 지속적으로 개선해야 한다.

정부연구개발 예산시스템의 순환구조

　정부가 투자하는 연구개발예산 규모는 국민 세금으로 형성되는 국가 재정 규모에서 국정과제 등 정부정책의 중점 추진방향과 중점 투자분야, R&D분야의 정책적 중요성 등을 고려해 설정된다. 이렇게 설정된 연구개발 총괄예산은 각 부처의 예산확보 경쟁을 통해 다양한 사업에 배분되어 집행된다.

　부처에 배분된 연구개발예산은 사업별 예산배분 및 집행을 통해 새로운 지식가치 창출 및 산업 혁신가치를 창출하고 다시 국가 재정으로 재투자되는 순환과정을 형성한다. 그 과정에는 자원의 효율적 배분과 사용 및 우수한 성과창출을 위한 관리가 이루어진다. 효율적인 배분과 사업별 예산사용에 대한 책임이행 확인을 위해 선정 평가와 결과에 대한 성과평가가 이루어진다. 그리고 예산투자를 통한 다양한 정책지원의 효과를 파악하기 위해 프로그램평가, 정책평가가 일부 이루어지고 그 결과는 정부의 정책과정에 반영된다.

　그런데 정부의 연구개발예산시스템은 그 복잡성으로 인해 일반적인 정부예산관리보다 관리과정에 여러 정책과 제도가 적용된다. 대부분의 정부부처들이 연구개발사업을 추진함에 따라 사업의 중복 문제가 발생하고 있다. 이를 해소하기 위해 부처간 정책 및 사업에 대한 사전 종합조정을 실시한다. 정부는 체계적인 국가연구개발 종합조정을 위해 국가과학기술심의회라는 심의조정기구를 설치해 운영하고 있다. 종합조정이 정책이 아닌 사업수준에서 이루어지고 있어 종합조정의 실효성에 대한 논란이 있지만 공식적으로 종합조정을 위한 제도와 조직이 오래전부터 설치되어 운영되고 있다. 그래서 R&D 정책 및 사업을 추진하는 부처들의 주요 정책과 사업들은 종합조정이라는 과정을 거쳐 사업예산이 결정된다.

부처별로 배분된 예산은 산하의 전문관리기관을 통해 사업별로 집행되고 관리된다. 사업별 또는 과제별 예산배분은 PBSProject Based System제도라는 총원가 기준 연구비 가격 경쟁방식을 통해 예산 지원이 이루어진다. 연구과제 수주에는 산학연 연구주체들이 공동 참여하여 경쟁하는 방식이거나 각각 경쟁적으로 소규모 과제를 수주해 수행하는 방식으로 이루어진다. 그리고 추진되는 과제의 연구비 사용은 부처별 전문관리기관을 통해 관리된다

연구활동을 통해 창출된 성과는 성과확산과정을 거친다. 성과확산은 대체로 기술이전 조직을 통해 이루어지게 되는데 성과확산을 촉진해 기술이전으로 이어지도록 하기 위해 여러 사업화 지원제도들이 적용된다.

이처럼 정부연구개발사업은 정부의 적극적인 투자 지원 하에서 투자배분의 효율성을 높이기 위한 종합조정제도의 운영, 예산확보를 위한 부처별 사업 기획경쟁, PBS 경쟁방식에 의한 사업비 배분, 연구비 집행의 투명성 관리, 연구결과에 대한 평가와 피드백 등 꼼꼼한 관리과정을 거쳐 추진된다.

문제는 연구개발예산 관리단계마다 효율적 관리를 위한 제도와 관리과정이 적용되고 있는데 이러한 예산관리과정 및 제도에 대한 여러 문제들이 제기되고 있는 것이다. 문제의 원인이 다양하지만 우선 예산의 관리과정 측면에서 기본적으로 고려해야 할 문제 몇가지를 살펴보고자 한다.

첫째, 예산시스템의 순환적 개념에 대한 인식이 부족하다. 예산시스템 관리를 총체적인 순환적 과정이 아닌 배분, 집행, 결과까지의 과정으로만 인식하고 있다. 그래서 예산을 사용하는 개별사업 및 개별과제 단위 연구비 배분에서 결과창출까지 각 단계마다 관리와 평가가 꼼꼼히 이루어진다. 그러나 상대적으로 전체 예산의 효율성 및 성과에 대한 평가와 평가정보의 피드백 활용에 대한 강조는 약하다. 국민 세금사용에 대한 책임성, 전체 예산사용에 대한 책임성 이행 차원에서 고려되어야 할 사업 전체에 대한 평가, 프로그램에 대한 평가, 정책에 대한 평가 등은 상대적으로 부족하다.

둘째, 예산관리가 전체 예산관리 프로세스의 합리성 제고보다는 각 단계별 관리 시각에서 제도를 적용하고 운영하고 있다. 각 개별단계 관리 차원에서 제도의 효율성 개선 및 문제 개선에 초점이 맞추어져 있어 정책과 제도의 목표가 각각 개별적으로 설정되어 적용된다. 일례로 사업화 관리 부분에서는 사업화 성과의 부족을 성과확산과정의 문제로만 인식하고 사업화 지원을 위한 제도들을 적용한다. 그러나 연구개발을 통해 질적 가치가 높은 지식, 활용성이 높은 지식이 충분히 창출되지 않는다면 사업화 촉진을 위해 적용되는 제도들은 효과를 창출하기 어렵다.

셋째, 각 예산관리 단계별로 운영되는 제도들은 제도간 상호작용을 통해 서로 영향을 미친다. 그래서 모든 예산관리제도들은 연구 현장인 연구기관 운영과 관리에 영향을 미친다. 그러나 예산관리제도를 설계하고 운영할 때 그런 점이 고려되지 않는다. 예를들면 부처간 정책조정은 부처들만의 문제이고 PBS제도는 출연연에 적용되는 예산제도로만 인식하는 것이다. 정부가 추진하는 여러 제도들이 연구현장에서 어떻게 상호작용하는지, 각 단계에서 적용되는 여러 제도들 간 부정합성이 있는지에 대한 고려와 검토가 부족하다.

정부연구개발 예산관리시스템에는 기본적으로 예산관리의 투명성과 효율성이 중요하다. 그래서 관리과정의 각 단계마다 효율적인 연구예산 사용을 위해 경쟁방식을 도입하고 투명한 관리를 강조한다. 그런데 이러한 단계별 예산관리에 지나치게 집중하면 연구개발 관리가 경직되어 오히려 연구개발 성과 창출에 방해가 될 수 있다.

연구개발투자의 효율성을 제고하려면 정부연구개발 예산관리 과정의 투명성과 효율성이 중요하지만 전체적인 시스템 효율성이 더욱 중요하다. 시스템의 효율성이 개선되어야 연구개발예산시스템의 순환구조가 선순환구조로 발전해 나갈 수 있다. 정부연구개발 예산관리 접근에서 보다 거시적인 시스템 효율성에 대한 관심과 균형적 접근이 필요하다.

그림 2-7　정부연구개발 예산시스템 순환구조

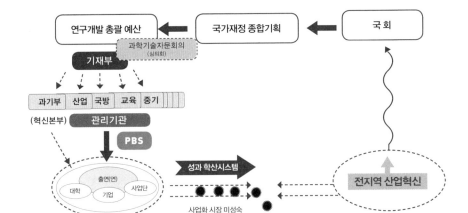

자료 : 이민형(2017) 수정[5]

정부연구개발 예산관리의 주요 이슈들

정부연구개발사업의 효율성 문제는 정부연구개발예산의 투자효율성 관리 측면에서 중요한 사안이다. 정부는 주요 문제들을 발견하고 관리정책을 통해 지속적인 개선조치를 취하고 있다. 그러나 정부연구개발사업의 투자성과는 그다지 개선되지 않고 있다.

정부연구개발사업 관리정책이 효과적이지 못한 원인에는 일차적으로는 겉으로 드러나는 현상적 문제가 있고 현상적 문제 아래에 놓여있는 구조적인 문제가 있을 수 있다. 더 나아가서는 구조적인 문제를 감싸고 있는 기반적인 요소들의 문제일 수 있다.

연구개발사업의 추진에는 여러 주체들이 관련되어 있고 여러 제도들이 연관되어 기능을 하고 있다. 따라서 특정 문제의 해결에는 여러 가지 복합적인 부분을 고려해야 한다. 단순히 외연적 증상에 대한 대증적 접근이 아니라 구조적이고 기반적인 것들을 포함한 분석과 진단이 필요하다. 구조적이고 기반적인 문제 접근에 앞서 우선 정부연구개발 예산관리에서 나타나는 주요 특징과 이슈들을 살펴본다.

전략기획과 종합조정

전략기획과정은 국가과학기술혁신전략 및 주요 정책방향을 설정하는 과정이다. 전략기획과정에서는 부처 상위의 범부처 전략이 설계되고 그에 따라 관련 부처들의 정책조정이 이루어지게 된다. 우리나라의 경우 아직은 국가 차원의 명확한 전략 수립과 국가 전략에 기반한 부처 간 정책조정이 다소 미흡한 상황이다. 종합조정의 실질적 운영은 국가 과학기술정책 영역 안에서 정책이나 계획조정이 이루어지기보다는 대부분의 정부부처가 다수의 연구개발사업을 추진함에 따른 사업간 중복문제 개선을 위한 소극적인 사업예산 중복조정 중심으로 이루어지고 있다.

정부의 과학기술정책조정의 필요성이 오래전부터 제기되어 종합조정이라는 정책용어가 사용되었지만 연구개발사업예산 배분과정에서 부처 간 및 사업간 중복 지원에 따른 비효율성을 개선하기 위한 과정에 집중되어 있다. 예산배분 과정 이전에 조정되어야 할 정부부처들의 연구개발정책 및 계획에 대한 적극적인 조정은 이루어지지 않고 있다.

일례로 국가 차원에서 세우는 과학기술기본계획은 부처 차원에서 설정하는 중장기계획들에 반영되어 유기적으로 연계되어 추진되어야 하나 아직 기본계획에 기반한 분야별 계획조정이 부족하다. 현재 과학기술 분야의 중장기계획은 84개에 이르고 있다[21]. 과학기술기본계획은 5년간의 국가과학기술전략과 계획을 담고 있고 개별 부처들은 부처들이 담당한 영역에서 부처별로 분야별 중장기계획들을 세운다. 그런데 이 두 계획 간의 유기적인 연계가 부족한 실정이다. 여기에는 여러 가지 원인이 있지만 일차적으로는 중장기계획 수립을 담은 다수의 법률의 난립과 중복에 있다. 그리고 기본계획의 질적인 측면에서의 문제도 있다.

국가 전략수립에는 포괄적이면서도 전략적인 내용을 담아야 하며 전략과 실행을 위한 실행전략이 체계적으로 담겨야 한다. 기본계획은 내포해야 할 포괄성, 전략성, 체계성 측면에서 부족한 측면이 있다. 특히 전략 수립에는 많은 전략적 정보가 필요하지만 지원체계가 미흡해 체계화

된 기반 정보들이 부족하다. 또한 주요 전략분야별 컨트롤타워없이 심의
회 운영을 통해 전 부처의 과학기술계획 및 정책들을 조정하기에는 구
조적으로 한계가 있다. 분야별 중장기계획이 너무 많아 범부처에서 수립
한 중장기계획들에 대한 체계적인 조정이 현실적으로 어렵다.

그래서 전략기획과정은 국가 차원의 전략수립과 실행체계 구축이 다
소 미흡하고 각 부처들이 예산을 확보하는데 필요한 정책 및 계획의 통
과 절차로 기능하고 있다. 그리고 종합조정은 정책조정이 이루어지지 못
하고 부처간 중복사업 조정 중심으로 이루어지고 있다.

종합조정제도가 도입된 지 오랜 시간이 경과하였으나 가시적인 제도
의 발전이 보이지 않고 있다. 기술패권화와 같은 전략적 혁신정책의 중
요성이 부각되는 지금과 같은 정책 환경에서는 전략적 기능 강화 차원
에서 종합조정제도의 발전 검토가 필요하다.

예산배분 및 사업기획관리

당해년도 부처별 예산은 대체로 전년도 부처별 연구개발예산 규모를
기본 토대로 한다. 추가적인 예산소요 부분은 부처간 예산확보 경쟁을
통해 확보된다. 그동안 정부예산이 매년 증가하는 추세가 이어지면서 정
부부처간 예산확보 경쟁이 치열하다.

각 부처들은 사업예산 확보를 위해 기존 사업성과의 확인 및 기존 계
획의 변경, 새로운 사업 기획을 통해 예산 사용의 타당성을 제시한다. 그
러나 부처마다 유사 중복사업 추진 가능성이 커지고 있어 그에 따른 비

효율성 예방을 위해 중복조정을 중심으로 한 사전조정 작업 수요도 증가하고 있다. 정부예산의 증가분이 클수록 부처간 예산확보 경쟁은 더욱 치열해지고 사업예산 사전조정에 소요되는 비용도 더욱 커지게 된다. 특히 중요한 예산확보 방식인 예비타당성조사제도에 대한 수요와 비용이 증가하고 있다.

정부부처들은 연구개발사업 기획 및 관리 평가를 위해 부처마다 관리기관을 설치해 운영하고 있다. 관리기관은 소관 부처의 업무활동을 A에서 Z까지 지원하는 조직이다. 연구개발사업을 수행하는 부처가 많아질수록 연구개발사업 지원을 위한 전문관리기관 수요도 증가해 정부부처의 전문관리기관의 수가 급격히 증가하였다. 부처에 따라서는 분야별로 전문관리기관을 두다 보니 몇 개의 전문관리기관을 두는 경우도 있다.

전문관리기관의 급격한 증가로 전문관리기관 효율화를 위한 개혁정책이 추진되었고 그 일환으로 1부처 1관리기관 기준이 적용되었다. 그래서 일부 통폐합이 있었으나 다수는 부설기관화 방식 등을 적용해 기존의 기능과 조직이 거의 그대로 유지되고 있다.

대체로 전문관리기관은 기획, 집행, 평가, 사업화를 포함하는 연구개발관리 분야 전문가들로 구성되어 있다. 그러나 부처가 요구하는 업무를 대행하고 필요한 업무 지원을 중심으로 운영되다 보니 업무추진의 자율성 부족과 전문성 육성 부족, 기획역량 부족 등의 문제가 지속적으로 제기되고 있다.

정부는 전문관리기관 수를 줄이기 위한 효율화 방안과 함께 전문관리기관 기획역량 및 자율성 제고를 위한 방안을 마련하고자 정책적 접근을 시도하였다. 그러나 정부부처와의 종속관계로 인한 한계에 부딪쳐 기존의 문제들이 개선되시 않고 지속되고 있다.

이렇듯 예산배분 및 사업기획단계에서는 예산사전조정제도, 예비타당성조사제도, 전문관리기관제도 등 정부부처의 기능 지원을 위한 여러 가지 제도가 적용되고 있다. 지금까지 각 개별 제도들의 문제가 제기되고 개선을 위한 방안이 다수 적용되었다. 그러나 문제의 증상이 일부 완화되는 수준이거나 새로운 문제 발생 등 개선효과가 높지 않다.

사업추진 및 수행관리

정부연구개발사업을 추진하는 정부부처들은 사업 기획이 이루어지면 사업에 참여할 연구수행주체들을 선정해 사업예산을 지원한다. 대부분 부처 산하 전문관리기관을 통해 개별 사업들을 추진하며 공모과정을 통해 프로젝트를 수행하는 산, 학, 연의 연구주체들을 선정하여 예산을 지원한다.

산학연 중의 하나이며 대표적인 연구기관인 정부출연연구기관은 정부부처사업의 중요한 연구수행주체이다. 정부출연연구기관은 정부로부터 출연금예산을 지원받지만 운영재원이 부족해 정부부처가 추진하는 사업의 경쟁공모 과정에 참여해 연구비와 인건비를 확보한다.

정부가 출연연에 지원하는 출연금은 비교적 사용이 자율적이다. 반면 부처 연구개발사업의 경쟁과정에 도전해 확보한 개별 사업 또는 개별 프로젝트는 해당 부처 전문관리기관의 관리방식을 따라야 한다. 따라서 정부부처사업 및 과제수행이 많을 경우 해당 출연연은 사업관리의 복잡성과 경직성이 높아진다. 정부부처사업의 연구비 수주에 의존해야 하는 출연연은 내부적으로 출연금에 의한 사업관리와 정부부처수탁사업관리로 이원화된 관리체제를 운영해야 한다.

이러한 출연연의 기관운영 현상 배경에는 널리 알려진 PBS제도의 적용이 있다. 과거에 정부는 출연연에 출연금으로 인건비와 운영비를 상당 부분 지원했다. 그러나 출연연 운영의 비효율성 문제가 제기되면서 비효율성 개선을 위해 출연금을 줄이고 경쟁방식으로 정부부처사업을 수주하도록 예산지원방식을 바꾸었다. 일명 경쟁지원방식인 PBS제도가 도입되었다.

당초 PBS제도는 경쟁방식을 도입해 출연연 운영의 효율성을 높이겠다는 취지였으나 과도한 경쟁체제가 작동되면서 여러 가지 부작용이 발생하였다. 특히 부족한 인건비와 운영비 확보를 위해 출연연은 정부부처 사업 수주 경쟁에 집중하고 소규모 과제까지 확보하고자 경쟁하였다. 또한 연구기관 내부에서는 연구자간 경쟁이 치열해지고 다수의 과제수행으로 단기성과를 지향하는 행태들이 확산되었다. 정부가 PBS제도 개선의 일환으로 출연연에 출연금 지원을 확대해 안정 인건비 지원 수준을 높이고 출연연 관리제도에 변화를 시도했지만 PBS제도의 부작용 문제는 여전히 지속되고 있다.

PBS제도는 출연연에 경쟁방식으로 예산을 지원하는 단순한 제도이지만 이 제도로 인한 운영재원 확보의 불확실성 증가는 출연연 운영 전반에 영향을 미치고 있다. 나아가 정부와 출연연의 관계 설정 및 출연연의 정체성에도 영향을 미치고 있다. 또한 정부연구개발예산 흐름이 정부부처 중심으로 치우치는 등 정부예산배분 구조에도 상당한 영향을 미치고 있다.

정부연구개발 관리체계의 구조적 문제

현재 정부연구개발정책을 지배하는 기본 관리개념은 경쟁에 기반한 효율성 제고이다. 구체적으로는 경쟁기반의 양적 효율성 관리이다. 이 개념은 정부연구개발 예산관리와 지원제도를 지배하고 있으며 예산지원제도인 PBS제도를 통해 직접적으로 구현되고 있다.

PBS 제도 : 양적 경쟁이 관리체계를 지배한다.

PBS제도는 정부의 출연연에 대한 예산지원방식 변경을 위해 도입되었지만 출연연에 지원되는 출연금과 정부부처의 연구개발예산은 예산의 역할과 구조상 밀접히 연계되어 있다. 따라서 PBS 제도는 연구개발예산이 흐르는 전 과정에 영향을 미친다.

PBS 제도 도입 배경과 현황

PBS제도는 1996년에 출연연 운영의 효율성 제고를 위한 제도개선 차원에서 도입되었다. 당시 출연연에 대한 정부의 예산지원방식은 정부가 개별 출연연별 총지출예산을 정해주고 출연연이 자체 연구수익활동으로 확보한 수입이 부족하면 그 부족한 부분을 출연금으로 보전해 주는 방식이었다. 이 방식에서는 출연연이 자체적인 수익활동을 많이 할수록 정부의 출연금이 줄어들어 출연연이 적극적으로 연구활동을 하지 않는다는 문제가 제기되었다.

이에 정부는 연구활동과 예산지원을 연계하기 위한 방안을 찾았다. 출연금 지원 규모를 줄이고 출연연이 정부부처사업 경쟁에 참여하여 연구프로젝트를 수주하는 만큼 예산을 확보하는 프로젝트 수주 연계 예산지원방식을 적용하였다. 출연연이 부처사업의 경쟁과정에 참여해 프로젝트를 수주하면 해당 프로젝트에 소요되는 인건비와 연구비를 포함하는 총원가를 기준으로 연구비를 지원하는 방식이다. 그리고 이를 PBSProject Based System제도라 명명하였다.

PBS제도가 도입되면서 정부는 안정적으로 지원하던 출연금 예산 규모를 줄였고 그로 인해 출연연은 안정적 인건비 부족이라는 위기 상황을 맞게 되었다. 출연연은 인건비 부족분 확보를 위해 정부부처 수탁사업 확보에 경쟁적으로 뛰어들게 되었다. 그리고 기관운영 차원에서 연구원들에게 정부부처사업 수주를 통한 인건비 및 간접비 확보를 독려하게된다. 심지어 연구자 개인평가에 재정기여 항목이 중요한 지표로 적용되기도 하였다. 이로 인해 연구자들의 수탁연구 확보 및 수행 부담이 가중되었고 출연연 연구환경의 불안정성은 크게 높아졌다.

즉, 새로운 예산지원방식의 도입이 출연연 연구활동 및 운영의 활성화로만 작용하지 않고 연구자들에게 과도한 불안감을 일으키고 연구과제 수주 중심으로 행동하게 한 것이다. 그 결과 연구활동을 통한 탁월한 연구성과의 창출, 새로운 혁신적인 성과창출이라는 출연연 연구활동의 본래의 목표는 재정확충을 위한 정부부처의 수탁사업 확보로 연구목표가 전치되었다. 연구활동의 수행도 정부수탁사업 수주 선정평가에서 유리한 양적인 단기성과 중심으로 추진되었다.

그로 인해 PBS제도는 출연연 연구환경 및 운영 전반에 걸쳐 과도한 경쟁으로 인한 불안감 조성과 단기적 양적 성과 중심의 연구활동을 촉진한다는 비판을 받았고 제도 개선의 요구도 많았다. 정부의 제도개선은 안정 인건비 비중을 높이는 방향에 집중되었고 실제로 출연금으로 지원하는 안정적 인건비 비중이 높아졌다. 그러나 연구현장에서는 PBS제도가 여전히 문제를 야기하고 있음을 제기하고 획기적인 개선을 요구하고 있다.

PBS 제도 문제 지속 원인

PBS제도가 정부의 안정 인건비 비중 제고에도 연구현장의 가장 핵심적인 문제로 여전히 거론되는 원인은 무엇인가?

정부는 PBS제도를 단순히 출연연 예산지원방식으로 인식하고 제도개선을 추진하고 있다. 그러나 PBS제도는 인건비 부족뿐만 아니라 출연연 정체성, 운영시스템 및 연구문화까지 영향을 미치는 지배제도로 기능하고 있다. PBS 제도가 오랜 기간 적용되면서 평가제도, 조직관리방식에 영향을 미치고 연구환경 및 조직문화까지 변화시킨 것이다. 거기에 정부가 공공관리부문에 적용하는 경직적인 관리제도가 결합되면서 출연연 운영방식은 경직성과 관료화가 더욱 심화되었다. 또한 정부연구개발시장에서 대학과 경쟁하면서 출연연에 대한 내외부적 정체성 혼란이 야기되었다. 그로 인해 출연연 역할 재정립의 필요성이 제기되었다. PBS 제도가 오랫동안 적용되면서 출연연 존재 이유에 대한 근본적인 물음까지 등장한 것이다.

따라서 단순히 안정 인건비를 조금 높여주는 것으로는 출연연의 운영 문제가 개선되지 않는다. 또한 현 상태에서는 정부가 출연연 역할 재정립 차원에서 요구한 출연연의 역할과 책임R&R : Role & Responsibility 정립도 제대로 추진되기 어렵다.

PBS제도는 출연연뿐만 아니라 모든 정부부처사업 예산관리에도 영향을 미친다. PBS제도는 정부부처의 사업예산 배분에 적용되는 제도이기 때문에 정부연구개발 예산관리 전반에 영향을 미친다[22]. 지금의 정부예산구조는 정부연구개발예산 규모가 급격히 증가하면 정부부처가 다루는 연구개발예산 규모도 크게 증가하는 구조이다. 이것은 PBS 경쟁방식이 적용되는 예산의 규모가 크게 증가해 왔음을 의미한다. 즉, PBS제도는 단순히 출연연의 안정적인 출연금 예산을 줄이는 수단이 아니라 지난 25년 간 정부연구개발 예산관리를 지배해 온 경쟁제도로 인식해야 한다.

PBS제도의 또 하나의 중요한 문제는 연구비 과다 계상 가능성이다. 정부가 사업예산지급시 인건비는 암묵적 통제를 하지만 직접연구비는 비교적 관대하다[23]. 정부과제 연구비 산정시 인건비가 총연구비의 일정 수준을 넘지 않도록 해야 하므로 부족한 인건비 확보를 위해서는 직접

연구비 규모를 늘려 인건비 규모를 키우거나 다수의 과제를 수행하게 된다. 그 결과 직접연구비 규모는 적정 규모를 초과하게 되고 연구비 소진행위가 발생한다. 따라서 정부의 연구개발 재정관리 측면에서도 PBS 제도는 검토가 필요하다[24].

PBS제도 개선은 PBS제도에 대한 적확한 문제 인식과 이해에서 출발해야 한다. 특히 PBS제도 문제는 단순히 경쟁으로 인한 안정적 인건비 부족 현상이 아니라 예산관리 전반을 지배하는 과도한 경쟁 메카니즘이 효율성 한계에 부딪히고 있음을 인식해야 한다. 경쟁이 일정수준의 효율성을 창출할 수 있지만 더 이상의 효율성이 개선되지 않고 있다는 것은 지금의 경쟁방식이 연구개발 성과창출에 비효율적이라는 신호로 해석할 수 있다.

정부연구개발 성과 데이터를 보면 PBS 경쟁방식 도입이 양적 성과창출을 촉진해 양적인 효율성을 높이는 데에 기여한 것으로 나타난다. 그러나 연구성과의 질에 영향을 미치는 연구환경에는 많은 문제를 일으키고 있다. 연구환경의 불안정성, 우수인력의 이탈, 단기적 성과지향, 협력적 문화 미흡 등은 연구환경 기반을 해칠 수 있는 중요한 문제들이다. 이러한 점들은 과도한 경쟁체제가 양적 효율성 창출을 넘어 심각한 부작용을 야기하고 있는 것으로 볼 수 있다. 특히 혁신에 필요한 다양한 지식의 결합이 요구되는 협력적 혁신환경이 강조되는 최근의 추세에 비추어 볼 때 예산확보 경쟁체제는 공공연구기관간 협력, 산학연 협력 등 협력적 연구환경의 수요 확대와도 배치된다.

종합조정과 거버넌스 체계 : 실효성이 부족하다.

우리나라는 대다수의 정부부처들이 연구개발정책을 추진하고 있으며 그 중 핵심적인 수단이 연구개발사업이다. 부처마다 다수의 연구개발사업이 추진되면서 사업간 중복성 문제, 부처 사업간 분절성으로 인한 비연계성 문제가 제기되었다. 이러한 정부부처의 국가연구개발사업 추진의 비효율성을 개선하기 위해 종합조정 기능의 중요성이 제기되었다.

이에 따라 1998년부터 국가연구개발사업에 대한 종합조정이 시작되었다. 정부부처 연구개발사업의 사업간 중복성 개선과 우선순위 설정 등 국가연구개발예산의 효율적 관리를 위한 종합조정이 추진되었다.

종합조정이 도입된 시점에는 연구개발정책 수단이 비교적 복잡하지 않아 연구개발사업 조정 중심으로 종합조정이 추진되었다. 그런데 지금도 종합조정은 사업예산의 효율적 운영에 초점을 두고 있으며 개별사업 조정수준에서 이루어지고 있다. 개별사업의 조정도 중복성이라는 비효율적 요소를 줄이는 소극적인 조정에 집중하고 있다.

구조적 중복 가능성과 종합조정의 한계

정부예산이 증가하면 부처사업간 중복성 문제는 더욱 확대된다. 부처간 예산확보 경쟁이 치열할수록 사업 간의 중복이 발생할 수밖에 없기 때문이다. 더욱이 부처간 기능 중복이 있는 상태에서는 중복성이 더욱 확대된다. 중복성의 원인을 그대로 놓아둔 채 발생한 중복성을 줄이는데 집중하는 접근은 효율적이지 않다.

현재 정부부처 중 연구개발예산 비중이 높은 부처는 과기부, 산업부, 중기부 등이다. 이들 부처는 특정 섹터를 담당하기 보다는 기초연구분야 지원, 산업지원, 중소기업 지원과 같은 공통기반 지원을 하는 부처라는 공통점이 있다. 이러한 특징은 정부의 연구개발예산구조 자체가 중복 가능성이 높은 구조로 구축되어 있음을 시사한다. 즉, 세 개의 공통기반 부처 사업 간의 중복가능성, 공통기반 부처 사업과 특정 분야를 담당하는 부처 사업사이의 중복가능성이 상존한다. 더욱이 부처간 예산확보 경쟁이 치열할수록 부처간 중복은 더욱 확대된다

이러한 정부부처의 연구개발사업 예산구조에서는 높은 사업간 중복가능성에 따른 부처사업간 연계가능성을 늘 염두에 두어야 한다. 이를 반영해 여러 부처가 참여하는 다부처사업이 추진되고 있다. 그러나 중복조정에 중심을 둔 다부처사업의 추진방식은 그다지 효과적이지 않다.

또한 공통기반 부처들이 중심적인 역할을 하는 연구개발사업 추진은 특정 산업 및 섹터에 대한 정책 추진 시에도 중복가능성이 높은 구조이다.

앞으로 정책문제들이 더욱 복잡해 질 것으로 예견되고 있어 부처간, 사업간 중복가능성이 지금보다 더 높아질 것이다. 예산구조의 중복가능성이 높아지는 상황에서 사후적인 중복조정으로는 예산관리의 효율성 제고에 한계가 있다.

따라서 부처간 사업들의 경쟁과 중복가능성을 줄이는 방향으로 정책 접근이 필요하다. 이를 위해 상위정책 컨트롤타워의 정책조정 역할 강화, 정부부처들의 연구개발 역할과 기능 조정, 분야별 연구개발정책 추진방안 마련 등이 필요하다.

거버넌스 체계의 적합성 부족

정책 수준에서 종합조정이 부진한 이유에는 정책의사결정 거버넌스 체계를 이끄는 컨트롤타워의 제한된 역할과 기능이 있다. 컨트롤 타워를 포함한 거버넌스 체계의 변화는 정치적 관심과 지원 하에서만 이루어질 수 있어 어려운 문제이다.

4차 산업혁명, 사회문제해결의 중요성이 부각되면서 최근 여러 선진국에서는 종합조정을 강화하는 거버넌스 변화를 추진하고 있다. 지식과 기술의 융합화, 사회문제의 복합화 등 외적인 환경변화 요인뿐만 아니라 정책적 추진 및 관리 차원에서 연계 검토하고 관리해야 할 범위가 커지고 있기 때문이다. 더구나 기술패권화가 가속화되면서 기술정책이 기술개발에만 집중해서는 안되고 산업발전 및 국방 외교 분야와도 밀접하게 연계되고 있어 과학기술정책의 타 부문 정책과의 연계 수요도 확대되고 있다. 그에 따라 과학기술혁신정책의 수평적 조정 범위가 커지고 부처 간 정책 조정을 위한 컨트롤타워의 역할 강화가 이루어지고 있다.

그러나 우리나라의 경우 과학기술정책과 관련 정책들의 종합조정을 위한 컨트롤타워의 역할 강화는 아직 시도되지 않고 있다. 과학기술 관련 정책들에 대한 실효성있는 종합조정이 이루어지지 않고 있으며 혁신정책을 포괄하는 문제도 논의되지 못하고 있다. 따라서 선진국에서 시도하는 과학기술과 경제사회정책을 포괄하는 상위 혁신정책 수준에서의 종합조정이나 경제부처의 경제성장 전략과 과학기술정책부처의 과학기술전략 간 상호 연계성 고려 등은 시도되지 못하고 있다.

선진 국가들처럼 포괄적인 혁신정책을 추진하고 타 부문정책과의 포괄적 정책조정을 시도하는 것이 반드시 정책추진의 효율성, 효과성을 창출할 수 있다고 단언하기는 어렵다. 그러나 혁신환경의 변화와 혁신시스템의 시대적 변화 양상을 고려한다면 과학기술과 혁신을 포괄하는 거버넌스 체계로의 개편에 대한 고려가 필요하다. 너무 급격하게 변화하거나 너무 앞서갈 필요는 없지만 너무 뒤처지게 되면 전략적 역량이 상대적으로 떨어질 수 있다. 요즘과 같은 전략경쟁시대에는 혁신 거버넌스의 역량과 역할이 국가혁신시스템의 전략과 성과창출에 중요한 영향을 미치기 때문이다.

우리나라는 1998년부터 종합조정체계가 구축되어 작동하고 있다. 그러면 우리나라 종합조정체계가 기술환경 변화와 정책환경의 변화에 대응하여 적절하게 변화하고 발전해 왔는가라는 질문에 대해 그 답변은 그다지 긍정적이지 않다. 정권 교체시마다 과학기술 거버넌스 개편과 함께 종합조정체계에 대한 변화가 있었다. 그러나 그런 변화가 다른 선진국들처럼 과학기술정책에서 혁신정책 중심으로의 전환, 국가혁신시스템에서 과학기술의 전략적 역할 강화, 정부부처 정책들에 대한 수평적 거버넌스 체계 강화와 같은 적극적인 정책조정을 위한 거버넌스 발전으로 이어지지 못했다. 겉으로는 많은 변화의 모양새를 갖추었으나 과학기술혁신 거버넌스나 종합조정체계의 실질적인 변화를 수반하지는 못했다.

종합조정체계에 대한 논의도 종합조정의 기능 발전 보다는 종합조정을 담당하는 조직체계 중심의 거버넌스 구조에 논의가 집중되어 왔다. 종합조정체계가 발전하려면 조직 구조적 측면 이전에 종합조정의 운영 소프트웨어에 대한 논의가 우선적으로 이루어져야 한다. 그런데 대부분의 논의는 거버넌스 구조와 위상에 관심이 집중되어 중요한 운영 소프트웨어 부분이 누락되었다.

정책조정 소프트웨어 발전 정체

정책조정 운영소프트웨어에서 가장 우선적으로 다루어야 하는 것은 지금까지 연구개발에 한정된 과학기술혁신정책의 종합조정체계의 범위에 혁신을 포괄할 것인가를 결정하는 것이다. 혁신을 포괄한다면 어느 정도 수준에서 수용해 다룰 것인가에 대한 정책범위에 대한 결정이 이루어져야 한다.

유럽과 일본 등 여러 선진국들은 기술패권화에 대한 전략적 대응력 강화 및 글로벌 혁신시장에서 혁신경쟁력 강화를 위해 종합조정체계를 연구개발정책에서 혁신을 포괄하는 방향으로 변화시키고 있다. 이를 위한 조직은 포괄적 혁신정책에 대한 조정 기능이 가능한 형태로 구성해 운영하고 조직의 위상은 최고 의사결정 수준에서 이루어지도록 하고 있다.

종합조정체계는 국가마다 운영하는 방식이 다르다. 미국의 경우 국가안보, 국민 보건과 같은 국가 핵심분야에서 과학기술이 중심적 역할을 하고 있다. 전략과 정책추진은 컨트롤타워인 백악관 과학기술정책국 OSTP에서 주요 전략과 과학기술정책의 전략적인 방향을 제시하고 각 부처들이 이에 근거해서 부문별로 정책을 추진한다.

또한 미국은 정책 거버넌스 체계에서 컨트롤타워의 의사결정체계가 명확하다. 컨트롤타워 내의 정책결정 권한과 역할체계가 명확하게 운영되고 있다. 즉, 백악관 내에서 과학기술정책국 국장이 과학기술보좌관을 겸임하던가 아니면 과학기술보좌관을 임명하지 않는 방식으로 최상위 정책결정체계를 명확하게 운영한다. 바이든 정부는 과학기술정책의 중요성을 감안해 컨트롤타워의 리더십 기능을 강화하기 위해 백악관 과학기술정책국 국장의 지위를 장관급으로 격상하였다.

미국은 상위정책 거버넌스에서 국가 주요 행정분야에서 역할을 해야 할 과학기술정책 분야를 총괄적으로 다루며 국가 상위 과학기술전략을 결정한다. 이러한 전략은 백악관 예산국OMB의 예산배분과 각 부처의 과학기술정책에 반영된다. 정책방향에서는 예전에 비해 기후변화와 같은 글로벌 사회문제해결에 적극적으로 나서고 있다.

유럽의 경우는 정책연구에서 과학기술정책이라는 용어가 거의 사라지고 혁신정책이라는 용어를 일반적으로 사용할 만큼 혁신 친화적이다. 전반적으로 부족한 산업의 혁신경쟁력 강화를 위해 기술의 사업화 및 혁신기업 창출에 대한 지원을 확대하고 있다. 특히 영국, 스웨덴 등이 눈에 띄게 정책체계를 개편하고 있으며 유럽연합 수준에서도 적극적인 역할을 하고 있다. 유럽연합은 유럽의 연구자 지원을 위한 조직인 유럽연구회의ERC를 설립하였으며 최근에는 유럽에서 새로운 혁신창출 지원을 위한 유럽혁신회의EIC를 설치하였다.

일본은 혁신정책의 중요성을 강조하면서 기존 과학기술정책에서 이노베이션정책을 추가하는 형태로 정책명을 변경하였다. 이에 따라 과학기술기본계획도 이노베이션을 추가해 과학기술·이노베이션계획으로 변경하였다. 여기서 이노베이션은 기술혁신 차원이 아니라 사회혁신을 이끌어내는 큰 차원의 혁신을 의미하는 개념이다. 과학기술·이노베이션계획의 구체적인 실행을 위해서 매년 '통합혁신전략'을 연차 추진전략으로 수립해 추진하고 있다. 기존에 수립하던 '과학기술혁신종합전략(2014년)'을 '통합혁신전략(2018년)'으로 명칭을 변경하여 추진하고 있다[25].

우리나라의 경우도 과학기술정책의 범위가 조금씩 확장되고 있다. 그러나 여전히 과학기술분야에 한정된 정책구조이다. 과학기술기본법 등에 과학기술혁신이라는 용어가 사용되고 있으나 협의의 기술혁신 개념이 적용되고 있다.

정책 인텔리젼스 기능 부족

최근 과학기술이 경제와 사회에 미치는 영향이 급속히 커지고 있어 정책결정을 위한 기반정보들을 포괄적으로 살펴보기 위한 정보분석체계가 필요하다. 여기에는 국가 전체의 혁신시스템에 대한 진단과 분석정보 뿐만 아니라 전략기술분야 및 산업분야에 대한 글로벌 가치사슬과 혁신 경쟁력에 대한 분석이 필요하다. 국가가 추진하는 많은 정책 수단들에 대한 종합적인 평가정보도 필요하다.

과학기술정책은 분야별 산업정책, 기업정책, 규제정책들과 상당부문 상호 연결되어 있다. 따라서 전략적 정책결정을 위해서는 파편화된 정책정보가 아닌 관련 부문을 모두 포괄하는 분석 정보들이 필요하다. 또한 기술패권화라는 전략적 혁신체제의 강화 흐름에 대응하기 위해서는 기술과 혁신의 전략적 역할과 기능을 포괄적으로 다루면서 국가 전략적 방향과 전략 설계를 체계적으로 다루는 시스템이 필요하다. 이것은 전략적 의사결정에 유용한 지식정보를 창출하고 관리하는 플랫폼 위에서 적확한 의사결정을 할 수 있는 정책인텔리젼스 시스템 구축을 통해 구현될 수 있다. 이러한 정책인텔리젼스 기능은 정책연구기관을 중심으로 하는 정책지식생태계의 발전을 통해 이루어질 수 있다.

전략분야별 정책체계 : 정책이 분절화되다.

우리나라 연구개발정책은 대체로 개별 정부부처별로 추진하는 사업들을 통해 추진된다. 그래서 국가적으로 중요한 전략산업분야 및 기술분야에 대한 정책도 여러 부처에서 각각 분절적으로 추진되고 있다.

한 분야의 혁신생태계는 해당 분야의 생태계를 구성하는 주체, 제도 등의 다양한 구성요소와 요소들 간의 상호작용 등이 복합적으로 작용하면서 생태계가 유지 발전된다. 그래서 한 분야와 관련되어 여러 부처에서 분절적으로 추진되는 사업들도 하나의 생태계에서 작동을 하게 된다. 따라서 전략분야에 대한 개별 정책은 해당 분야 혁신생태계에 대한 종합적인 분석과 진단정보를 토대로 접근해야 한다.

특히 보건의료, 국방과 같은 국가의 중요 분야이거나 특별히 전략적으로 관리해야 하는 전략기술분야는 분야별 종합관리체계가 필요하다. 보건의료분야는 국민의 건강 보건관리뿐만 아니라 글로벌 산업으로서의 전략적 가치가 높은 분야이다. 보건의료분야는 연구개발과 산업의 발전 그리고 의료 서비스 전달체계 및 규제정책 등 성격이 상이한 요소들의 상호 관계 속에서 혁신시스템이 작동한다[26].

보건의료분야 혁신시스템 종합관리체계 미흡

바이오분야는 연구개발의 성과창출 불확실성이 높은 분야이지만 성공시 큰 시장을 확보할 수 있어 고위험 고수익(High risk-High return) 분야이다. 또한 실험실에서 창출된 지식이 빠르게 시장까지 진출하는 사례가 상대적으로 많은 분야이기도 하다. 생명과 직결된 분야이기 때문에 안전과 관련한 산업과 시장에 대한 규제가 강한 분야이다.

그러나 보건의료산업은 규제 기준을 통과해야 시장 진입이 가능하므로 규제의 방향이 산업과 시장의 발전을 유도하게 된다. 특히 규제와 관련된 각종 인허가 사항, 건강보험제도의 운영에 따라 산업과 시장이 영향을 크게 받는다.

보건의료분야는 연구개발, 산업진흥, 산업규제 기능이 유기적으로 기능해야 우수한 혁신성과를 창출할 수 있다. 또한 보건의료분야는 국민의 삶의 질 차원에서 중요하기 때문에 국가정책 방향 설정이 연구개발과 혁신 방향 설정에 중요하게 영향을 미친다.

이러한 보건의료분야의 혁신체계에서 정부는 다양한 핵심요소들이 체계적으로 구축되어 유기적으로 작동하도록 지휘하고 조정하는 역할을 해야 한다. 그러나 우리나라 보건의료분야의 혁신정책 거버넌스에 대한 평가는 여러 문제가 지적되고 있다. 우선은 주관부처별로 각각 중장기계획을 세우고 있어 일관된 통합적인 중장기 전략이 부재하다는 것이다. 여러 부처에서 보건의료 관련 연구개발을 추진하고 있으나 각각 경쟁적으로 추진하고 있어 사업이 분절적이고 파편화되어 있다. 또한 사업관리도 부처 산하의 관리기관을 통해 관리하고 있어 종합적인 관리가 어렵다. 보건의료제도와 규제는 혁신에 중요하나 혁신과의 관계와 상호작용 역할을 적절히 고려하지 못하고 있다. 의료산업 발전을 위한 규제개혁도 다른 선진국에 비해 미흡하다[27].

보건의료분야의 혁신과 발전을 위해서는 보건의료분야 혁신생태계 및 혁신시스템에 대한 종합분석을 토대로 보건의료분야 혁신시스템에 대한 종합적인 진단과 전략을 설정하고 주요 구성 분야별 혁신방안 마련이 필요하다.

보건의료분야와 같이 전략적으로 중요한 분야이면서 그 특성이 차별화된 분야는 연구개발에서 혁신 그리고 규제, 공공의료서비스 전달체계를 망라하는 종합 혁신시스템 구조를 토대로 총괄적인 전략과 조정 및 전략실행이 필요하다. 나아가 연구개발정책, 규제정책, 건강보험제도가 각각 결정되는 것이 아니라 전략적 방향 하에서 상호 조율되는 종합혁신정책으로 추진될 필요가 있다.

정부연구개발사업 구조 : 구조의 균형성이 부족하다.

정부연구개발 추진체계는 크게 정부부처들이 직접 연구개발사업을 추진하는 접근과 정부연구기관인 출연연에 출연금을 지급해 연구개발사업을 추진하게 하는 접근으로 구분할 수 있다.

전자의 경우는 정부부처들이 경쟁적으로 연구개발예산을 확보해 산하 전문관리기관을 통해 다수의 연구개발사업을 직접 기획관리하며 경쟁적으로 추진하는 방식이다. 후자의 경우는 출연연에 출연금을 지원하고 연구기관이 자율적으로 기획하여 집행관리하는 방식이다.

정부부처는 정책 수요에 대응해 연구개발사업을 기획하고 배분된 사업예산을 전문관리기관을 통해 집행한다. 기초연구지원, 산업기술개발지원, 중소기업 연구개발지원을 포함해 국방, 보건의료 등 국가적으로 필요한 정책수요 부분에 대한 연구개발을 추진한다. 반면 출연연이 집행하는 출연금 예산은 국가적 과제 해결 니드에 대한 수요 반영, 신흥기술 발전 전망 등 중장기적 기술분야 발전 등을 고려해 연구개발활동이 이루어진다[28].

또한 정부부처사업은 정부의 직접적인 정책수요를 반영하여 산학연 연구개발전문가 위원회를 통해 기획이 이루어진다. 반면 출연연사업은 단기 수요보다는 중장기적 수요를 반영하며, 산학연 전문가들이 참여하지만 출연연 연구자들이 기획의 주체이다. 전자의 회의체 방식에서는 총괄성보다는 개별적 전문성에 의존하고 기획의 책임주체가 모호하다는 단점이 있다. 후자의 경우는 기획책임의 주체가 명확하나 출연연 중심으로 이루어져 기업과 대학에 대한 개방성이 부족할 수 있다.

정부연구개발예산 증가가 경쟁예산 확대로 전이

그동안 정부연구개발예산 규모는 2015년 18.9조원, 2019년 20.5조원으로 증가하였고, 2023년에는 31.1조원으로 급격히 증가하였다. 그런데 정부예산이 증가할 수록 정부연구개발사업구조는 정부부처들이 직접 집행관리하는 경쟁예산 구조로 더욱 기울어지고 있다.

다음 그림은 정부연구개발예산의 흐름구조를 보여준다. 정부연구개발 예산구조는 정부부처 연구개발사업예산구조와 정부출연금 지원구조로 크게 이원화되어 있다. 2015년 18.9조원의 예산흐름구조를 보면 국가과학기술연구회 소관 정부출연연구기관에 지원된 출연금은 1.8조원(총예산 4.5조원)이다. 반면 정부부처가 전문관리기관을 통해 직접 다루는 연구개발예산은 약 10조원에서 11조원 규모이다[29]. 정부부처 연구개발예산은 PBS제도에 의한 경쟁방식으로 예산이 지원되며 부처가 전문관리기관을 통해 직접 관리한다.

그림 2-8   정부 R&D사업예산 구조

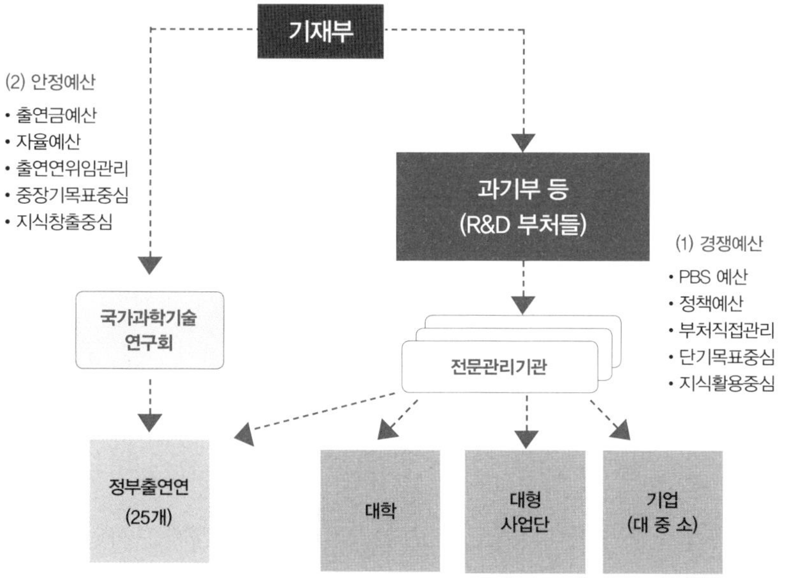

최근 정부예산규모가 급격히 증가하면서 정부연구개발예산 증가분의 상당규모가 정부부처가 직접 관리하는 사업예산으로 활용되고 있다 [30]. 즉, PBS제도에 의한 경쟁방식의 예산 규모가 크게 증가한 것이다. 이러한 예산흐름과 증가 구조는 정부연구개발사업의 대부분이 PBS제도의 적용을 받고 있음을 의미한다. 또한 연구개발생태계에 대한 정부 및 전문관리기관의 직접적인 개입이 확대되고 있는 것으로 볼 수 있다. 정부부처의 연구개발부문에 대한 직접 관리통제의 확대는 자율과 책임이라는 전통적인 연구개발 관리원칙이 제약되는 환경으로 변해가고 있음을 의미한다. 이러한 환경에서는 전문관리기관의 전문성과 관리역량이 높은 수준으로 확보되지 않으면 정부연구개발사업의 연구성과 창출 및 효율성 제고에 부정적일 수 있다.

정부부처사업의 사업단 추진방식의 한계

전문관리기관은 대체로 정부연구개발사업 관리를 위해 PM, PD 방식을 도입하고 전문가에 의한 관리체계를 적용하고 있다. 특히 정부부처의 대형사업은 PM의 주도하에 사업단을 구성하고 사업단 책임자를 선정하여 운영하는 사업단체제를 적용하고 있다. 대략 3년~5년으로 추진되던 사업은 운영기간이 충분하지 못하다는 문제가 제기되면서 7년~10년으로 사업기간이 확대되기도 하였다. 그런데 사업단체제는 사업이 종료되면 사업단 조직이 해체되어 연구구성원들이 흩어져 버리게 된다. 즉, 조직화된 연구팀이 함께 지속되기 어렵다는 한계가 있다. 이러한 현상의 가장 큰 문제는 연구활동에 의한 지속적인 지식 축적이 어려운 것이다.

혁신적인 성과는 지속적인 지식활동을 통해 지식이 축적되고 지식의 질적 수준이 임계규모에 이르렀을 때 새로운 파괴적인 지식과 혁신가치를 창출하게 된다. 사업단 중심 추진 방식은 임시로 구성된 사업단이 일정기간에 정해진 목표를 달성해야하기 때문에 단기간의 목표달성에 유리하지만 장기적인 지식축적에는 취약한 방식이다.

혁신의 양손잡이 구조의 불균형

혁신의 양손잡이 전략[31]에서는 지속적인 지식의 탐색창출과 창출된 지식의 효율적인 활용이 균형을 이루어져야 함을 강조한다. 지속적인 지식의 창출구조와 창출된 지식의 활용 구조가 균형을 이루려면 출연연 및 대학의 자율적 사업 추진 구조와 정부부처의 단기 성과창출 구조가 적절한 균형을 이루는 것이 중요하다.

정부부처가 주도하는 사업단 방식의 비중이 지나치게 크게 되면 양손잡이 전략이 균형을 잃게 되며 장기적으로는 혁신역량의 발전에 긍정적이지 않다. 이러한 불균형적 혁신전략 구조는 연구생태계 발전에도 부정적으로 작용한다.

이러한 점들을 고려할 때 현재 정부연구개발사업이 단기적 연구수요 해결과 장기적인 연구 수요해결에서 적절한 균형을 이루고 있는지에 대한 검토가 필요하다. 또한 혁신의 양손잡이 균형이 적절히 이루어지고 있는지에 대한 검토도 필요하다. 즉, 정부연구개발사업 구조의 건전성 측면에서 사업구조의 균형 수준에 대한 검토와 조정이 필요하다.

산학연 협력체계 : 협력 기반이 미성숙하다.

성과는 산학연 연구자가 창출한다

연구성과 창출과 사업화는 연구현장의 산학연 연구자들에 의해 이루어진다. 정부가 아무리 좋은 전략과 정책을 제시한다 하더라도 연구현장에서 실행되지 않으면 아무 소용이 없다. 그래서 모든 연구개발정책은 산학연이 활동하는 연구현장에서 연구자들이 연구를 제대로 할 수 있도록 환경을 조성하고 국가사회적으로 필요한 성과를 창출할 수 있도록 전략과 정책을 설계하고 적용해야 한다. 즉, 모든 연구개발정책의 방향과 전략, 정책과 제도는 암묵적으로 또는 명시적으로 산학연 연구자들이 활동하는 연구 현장을 중심에 놓고 설계되고 적용되어야 한다.

정부출연연구기관에 대한 정책도 마찬가지이다. 정부는 출연연 운영의 비효율성 문제를 지적하고 구조적 개편, 운영시스템 개선 등 여러 가지 조치를 취하고 변화를 요구해 왔다. 이러한 정부의 정책적 요구와 제도 실행에 출연연 연구자 및 관계자들이 어려움을 제기하기도 한다. 정부출연연구기관에 대한 정책의 방향은 기본적으로 국가 혁신성과 창출에서 출연연의 역할 제고와 탁월한 성과창출을 위한 것이어야 한다, 이를 위한 정부의 연구환경 지원과 출연연 구성원들의 노력과 효율적 운영이 같은 방향을 향해 수렴되어야 한다.

과도한 경쟁시스템이 협력에 장애가 된다

지금까지 산학연 연구 현장을 지배하는 관리체제는 경쟁시스템이다. 산학연 협력의 중요성을 인식해 정부는 여러 부처사업에서 공모시 산학연 공동 참여를 조건으로 하고 있다. 그러나 연구현장에서 산학연 협력은 상당부분 연구사업 확보를 위한 형식적인 협력으로 이루어지고 있다. 아직 우수한 성과창출을 위한 산학연 협력의 중요성보다는 사업 수주에 필요한 조건 이행 수준에서 형식적 협력이 이루어지는 경우가 많다.

이러한 현상은 연구생태계의 안정성과도 관련된다. 연구개발활동은 기본적으로 신규성과 높은 전문성을 필요로 하고 있어 성과 달성의 불확실성과 위험이 상대적으로 높은 활동이다. 따라서 연구환경의 안정성이 높지 않으면 위험성이 높은 도전적 연구활동을 회피하게 된다. 특히 경쟁이 높아 연구비 확보가 어렵다면 우수한 연구활동을 지향하기 보다는 연구비 수주를 위한 단기적 연구성과와 형식 갖추기에 집중할 수밖에 없다. 지금의 PBS방식은 경쟁에 의한 불안정성을 높여 새로운 도전을 위한 적극적인 외부와의 협력 태도를 약화시킨다.

지식과 혁신생태계는 협력을 요구한다.

산학연 협력은 지식과 혁신환경의 변화 속에서 구조적으로 요구되고 있다. 지식의 양이 기하급수적으로 증가하는 상황에서 연구와 혁신에 필요한 문제해결을 위해서는 개인의 지식에 의존해서는 안되고 여러 전문가들이 협력해 각자의 지식들을 보완하고 결합하는 노력이 필요하다. 이러한 협력의 중요성은 기관 차원에서도 요구된다. 기업들이 혁신제품을 생산하기 위해서는 자체적인 연구개발 역량으로는 한계가 있다. 대학과 공공연구기관 등 외부 전문가의 지식을 적극적으로 활용해야 한다. 이것은 외부 지식을 활용하기 위한 개방적 혁신이 오래전부터 관심을 받아온 이유이기도 하다.

협력의 활성화는 국가의 문화적 특성의 영향을 받는다. 조직 간의 경계구분이 비교적 낮은 유럽의 경우에는 연구활동의 협력문화가 활성화되어 있다. 반면 우리나라와 같이 조직간 경계와 제도의 경직성이 높은 문화에서는 협력활동이 상대적으로 원활하지 않다. 더구나 연구재원을 정부에 의존하게 되면 정부의 경직적인 관리로 인해 자율성과 유연성이 더욱 부족하다. 이러한 영향으로 산학연 간의 협력체계가 실질적으로 작동하기 어렵다.

선진국은 협력체계를 강화한다.

우리와 환경이 비슷한 일본은 최근 국가정책에서 산학연 협력 촉진을 전략적으로 강조하고 있다. 그 일환으로 대학 및 공공연구기관의 제도 개선뿐만 아니라 기업의 태도 변화를 촉구하고 있다. 기업이 지식활동에 대한 가치를 적절히 인정해야 함을 제시하면서 기업이 위탁하는 과제에 대한 연구비의 적정 산정을 강조한다. 또한 산학연 간의 인력이동의 중요성과 실행을 촉구하고 있다. 대학과 공공연구기관 간에는 인력이동이 있으나 기업으로의 인력이동이 거의 일어나지 않고 있어 이를 활성화하기 위한 제도로서 겸임제도를 시행하고 있다.

독일, 프랑스 등 유럽 국가들은 공공연구기관간 협력을 위한 접근들을 적극적으로 추진하고 있다. 독일은 연구회 내에서의 연구기관간 협력과 연구회간 협력을 추진하고 있다. 프랑스의 경우도 공공연구기관간 장벽을 낮추기 위해 동일 분야의 서로 다른 유형의 공공연구기관들의 연구협력체계를 구축하여 운영하고 있다.

우리나라 국가과학기술연구회에서도 출연연간 협력에 기반한 융합연구사업을 추진하고 있다. 다수의 기관들이 참여하는 협력에 기반한 사업인데 비교적 좋은 성과를 내고 있는 것으로 평가되고 있다. 그러나 최근 여러 가지 이유로 협력의 동기와 엔진이 조금 식고 있기도 하다

그런데 출연연은 최근 산연 협력체계에 새로운 변화가 나타나고 있다. 새로운 산연협력 방식으로 일부 대기업들이 K정부출연연구기관에 공동연구를 위한 연구실을 설치한 것이다[32]. 이러한 방식은 일본과 같은 다른 선진국에서 추진하는 것으로 새로운 실질적인 산연협력체계로의 전환이라는 중요한 의미가 있다. 또한 국내 기업들의 최근 글로벌 혁신환경에 대한 인식과 접근이 적극적으로 변화하고 있다는 신호이며, 출연연을 지식선도자 또는 혁신파트너로 인식하고 있다는 의미이기도 하다. 이처럼 출연연과 기업과의 거리가 좁혀지는 현상은 산학연 협력체계 발전을 위한 긍정적인 변화로 볼 수 있다.

정부연구개발정책의 기반적 문제
: 불편한 사실들

정부연구개발시스템의 기반적 문제에서 비롯되는 운영상의 문제들이 있다. 정부, 과학계, 정책연구 부문에서 문제를 드러내서 논의하기에는 불편함이 있으나 연구개발생태계 및 정책생태계의 발전을 저해하는 중요한 문제이다. 불편한 사실들에 대한 논의를 시작해야 한다.

정부출연연구기관 관리정책의 부조화

정부출연연구기관은 대표적인 공공기관이지만 연구개발활동을 수행하는 조직이다. 연구개발을 수행하는 연구기관은 공공기관이든 민간기관이든 관계없이 지식활동이 이루어지는 지식생태계에서 활동하며 성과를 창출한다. 연구개발활동은 신규성, 불확실성과 같이 일반 공공조직의 활동과는 다른 속성을 가지고 있다. 또한 연구개발활동에는 높은 전문성이 필요해 우수한 역량을 보유한 인력의 확보가 중요하고 이들이 연구할 수 있는 환경을 조성하는 것이 관리자의 역할이다.

공공기관 운영관리 원칙과 공공연구기관 운영자율 원칙이 충돌한다.

연구개발조직에서 수행하는 활동의 특성과 성과창출 과정의 난이도로 인해 연구개발에 대한 관리과정은 외부의 일반적인 관리통제 기준이 아니라 전문가들의 자율적인 관리통제 기준이 적용된다. 관리과정에 부여된 자율에 대한 책임은 연구결과 및 성과에 대한 평가를 통해 책임의 이행을 확인한다. 이러한 연구개발조직에 적용되는 자율과 책임의 관리원칙이 전통적으로 공공연구기관의 운영과 관리에 적용되는 기본 원칙이다.

공공연구기관의 또 하나의 중요한 특성은 공공부문에 속한 연구기관이라는 것이다. 공공부문은 민간부문과 달리 정부가 정한 운영 규칙을 따라야 하는 제도적 환경에 놓여 있다. 공공연구기관도 공공기관의 범주에 속해 있으므로 일반적인 공공기관에 적용되는 공공기관 관리원칙이 적용된다. 그런데 공공기관 관리원칙과 연구기관의 관리원칙 간에는 관리원칙의 방향에서 큰 차이가 있다.

일반적으로 공공기관은 정부부문에서 담당해야 할 공공서비스를 대행하거나 정부가 수행해야 할 업무이지만 민간의 전문성이나 운영방식을 적용해서 업무의 효율성을 높이기 위해 설립된 기관들이다. 또한 공공기관의 역할부문은 대부분 독과점 영역이라 시장에서 경쟁에 의한 효율성이 창출되기 어렵다. 그래서 시장 효율성이 적용되지 않은 공공기관은 운영의 비효율성이 발생할 가능성이 높으며 형식적 감독체계에 의한 방만 경영의 위험도 상존하고 있다. 따라서 공공기관의 효율성 관리는 정부 관리담당부서의 중요한 업무이다.

　정부는 공공기관의 효율적 관리를 위해 기관 운영에 대한 가이드라인을 설정해 관리통제를 한다. 조직 운영상의 효율성 제고에 초점을 두고 경상운영비 관리, 인력관리, 경영공시제도 등 주요 경영관리부문에 대해 가이드라인을 제시하고 준수하도록 요구한다. 즉, 기관운영에 대한 직접적인 규제사항들을 제시하고 관리통제를 하고 있다. 정부가 요구하는 규제사항들은 공공기관 전체에 적용되며 공공연구기관에는 일부 예외적인 적용이 되기도 하지만 대체로 동일하게 적용된다.

　이처럼 일반적인 공공기관 활동과는 속성이 다른 연구개발 활동을 수행하는 공공연구기관에 동일한 규제조치가 적용되면서 출연연구기관 연구현장에는 서로 상이한 관리원칙이 동시에 공존하게 된다. 즉, 연구기관의 기본적인 관리원칙인 자율 운영의 원칙과 공공기관에 요구되는 경직적인 관리통제 기준이 동시에 적용된다. 이 두 가지 서로 다른 원칙이 충돌하면 더 힘이 센 경직적인 관리통제 기준이 강조되며 연구기관의 자율성은 감소하거나 훼손된다.

　출연연구기관 운영의 자율성 감소는 운영의 경직성 확대로 연결된다. 이러한 연구기관 운영의 경직성 확대는 유연성에 기초하는 연구생태계 작동을 방해해 성과가치 창출에 부정적인 영향을 미치게 된다.

공공연구기관 운영의 경직성과 혁신의 개방성이 충돌한다.

정부의 공공기관 관리정책이 강화될수록 공공연구기관 운영의 경직성은 더욱 높아진다. 공공연구기관 운영의 경직성이 높아지면 혁신활동에 요구되는 개방성이 손상된다.

연구성과 및 혁신성과 창출에는 질적으로 우수한 지식창출이 중요하며 우수한 지식자산은 다양한 전문 지식을 보유한 연구자들의 개방적인 협력활동에 의해서 창출된다. 공공연구기관에 적용되는 경직적인 관리통제는 기관운영의 경직성을 높여 다른 공공연구기관과의 협력, 외부 대학 및 민간기업과의 유연한 협력활동 수행에 장애가 된다. 이미 출연연구기관과 공동연구를 수행한 경험이 있는 기업의 연구자들은 사업 추진 과정에서 거쳐야 할 형식적인 절차와 관료화된 접근방식의 문제를 지적한다.

출연연구기관 간에도 높은 장벽과 협력 부족 문제가 제기되면서 이를 개선하기 위한 협력사업이 융합연구사업이라는 이름으로 추진되고 있다. 출연연 간 장벽을 해소하고 협력을 제고하기 위한 조치로서 별도의 협력사업 형태로 접근하고 있는 것이다. 그러나 좀 더 적극적인 협력 기반과 협력 시스템이 작동하려면 별도의 협력사업 수단이외에 출연연 기본사업이 산학연 협력적 활동으로 활발히 추진되어야 한다. 그러나 자율성이 비교적 높은 출연금 재원이 부족하고 정부의 관리규정 조건에 부합해야하는 기관 운영으로는 유연한 협력활동을 추진하기가 어렵다.

정부의 공공기관에 대한 경직적인 규제 적용으로 인한 출연연 운영의 경직성 문제는 지속적으로 제기되고 있으나 아직 합리적인 해결방안이 제시되고 있지 않다. 정부가 개별 규제사안별로 출연연에 약간의 완화조치를 해주고 있으나 그 과정에 많은 시간이 소요되고 완전히 해소되지 않아 운영에 어려움이 있다. 정부의 강한 규제로 인한 문제가 발생하면 사후적으로 조금씩 변경해 주는 방식보다는 규제 시행 이전에 부작용에 대한 면밀한 검토 시행이 우선적으로 필요하다.

출연연이 공공기관으로서 지켜야할 기본적인 책임성accountability 조건은 이행해야 하지만 연구기관의 기본적인 속성에 위배되는 규제조치들은 적극적으로 개선하는 것이 필요하다. 그리고 자율과 책임의 원칙 하에서 책임에 대한 평가를 명확히 하기 위해서는 책임이행을 확인하는 기관평가제도, 감사제도 등을 종합적으로 검토해서 자율의 수준에 부합하는 적절한 책임이행 여부를 확인하기 위한 제도적 정비가 필요하다.

과학기술혁신정책을 이끌어가는 전문가 리더십체계의 미흡

과학연구와 기술개발을 다루는 과학기술정책은 경제와 사회적 문제 해결 및 활용을 위한 혁신정책으로 확대되고 있다. 학문, 기술, 산업, 경제, 사회 등 모든 분야에서 경계가 붕괴되고 융합화하면서 기술과 경제사회의 상호작용은 더욱 활발해지며 밀접하게 연계되고 있다. 이러한 환경변화는 과학기술정책이 혁신정책을 포괄해 확대되는 방향으로 정책의 범위와 역할을 변화시키고 있다.

한국 과학기술혁신정책시스템은 발전이 정체되어 있다.

최근의 혁신환경 변화를 가장 적극적으로 수용해 정책에 반영하고 있는 국가는 유럽 국가들이다. 유럽은 과학기술정책을 혁신정책으로 전환하였으며 과학기술정책이라는 용어 자체도 거의 사용하지 않고 있다[33]. 일본은 기존의 과학기술정책에 혁신을 추가해 과학기술과 혁신을 함께 동등하게 표현하고 있다. 그리고 과학기술정책과 다른 국가정책 영역과의 연계 강화를 위한 정책조정 강화 등 제도적 변화도 이루어지고 있다. 나라마다 과학기술정책에 혁신정책을 포괄하는 범위와 수준에 차이가 있지만 과학기술정책과 혁신정책의 연계가 확대되어 가고 있다.

우리나라는 이 두 나라에 비하면 상대적으로 과학기술정책시스템의 진화가 더딘 편이다. 정확히는 오랜 시간 동안 정체되어 있다. 직접적인 이유는 그동안 과학기술정책과 혁신정책의 관계 및 역할 강화 필요성에 대한 정치적 선택이 이루어지지 않은 것이다. 그 배경에는 과학기술계가 과학기술정책 환경변화의 흐름을 제대로 소화하지 못했고 그로 인해 혁신환경 변화의 흐름에 대응한 정책 전환의 필요성을 비과학계 전문가들에게 설득력있게 전달하지 못했기 때문이다.

최근 전문가들은 과학기술이 국가경영 전 분야에 영향을 미치고 그 영향력이 점점 커지는 시대라는 점을 강조하면서 국가정책에서 과학기술의 중요성과 역할 확대를 주장한다. 한편으로는 과학기술정책이 경제사회정책에서 주도적인 역할을 하지 못하고 과학기술개발만을 위한 정책에 머물고 있다는 비판을 한다. 과학기술정책이 정부정책에서 주도적인 역할을 하기 위해서는 고립된 상태에서 벗어나 국가 경영의 중심 분야인 경제사회정책과 연계를 강화해야 한다.

이를 위해서는 과학기술의 역할과 영향력이 경제사회 발전에 적극적으로 기여할 수 있는 방안, 또는 국가정책 수준에서 과학기술정책의 영향력과 기여를 더욱 높일 수 있을 수 있는 방안을 찾아야 한다.

국가 경제사회 발전에 대한 과학기술정책의 영향력이 커지기 위해서는 정책거버넌스 개편이 필요하지만 과학기술계 내부의 변화가 우선적으로 필요하다. 특히 과학기술정책을 이끌어 가는 과학기술계 내부의 정책전문가 리더십 체계의 변화가 필요하다.

과학기술혁신정책에 대응한 전문가 리더십체계 변화가 필요하다.

과학기술정책분야는 다양한 과학기술분야에 대한 전문성, 연구관리 및 경영관리에 대한 전문성, 그리고 혁신시스템의 복잡성을 이해하고 정책적으로 다룰 수 있는 전문성 등이 다양하게 필요하다. 즉, 과학기술과 혁신의 연계는 기본적으로 복잡한 속성을 가지고 있어 이를 포괄적으로 다룰 수 있는 전문성과 균형 감각이 필요하다.

초기 과학기술정책 분야에서는 연구개발에 필요한 특정 분야의 과학기술적 전문성, 연구개발 사업기획과 관리 등 기술경영 분야 전문성 등이 요구되었다. 이후에는 대학과 출연연 등 공공연구기관 관리, 인력, 인프라. 데이터 등 부문별 정책에 필요한 전문성이 필요하였다.

그런데 과학기술정책조정과 같은 상위 정책 거버넌스 체계에서는 보다 전략적이고 종합적인 의사결정에 필요한 포괄적인 전문성이 요구된다. 즉, 특정 세부 분야의 좁은 전문성보다는 포괄적으로 여러 영역을 균형있게 볼 수 있는 전문성이 필요하다[34]. 또한 과학기술정책의 여러 정책 부문들을 종합적으로 균형있게 파악할 수 있는 전문성도 요구된다. 나아가 국가 정책의 방향과 전략 설정에 대한 전문적 식견과 통찰력도 갖추어야 한다.

요즘 주요국들의 과학기술정책은 과학기술과 혁신을 모두 포괄하는 방향으로 정책의 범위가 확장되고 있다. 이러한 정책범위의 확대는 과학기술혁신정책에 요구되는 전문성 범위가 확장되고 있음을 의미한다. 즉, 과학기술정책 중심에서 혁신정책으로 확대될수록 과학기술혁신정책에 필요한 전문성은 특정 과학기술분야에서 과학기술과 경제사회정책, 때로는 정치외교정책까지 포함하는 포괄적인 전문성이 요구된다. 특히 과학기술과 경제사회 관계를 아우르고 소통할 수 있는 역량이 중요하다. 과학기술과 경제의 서로 다른 언어를 이해하고 소통할 수 있는 전문성은 과학기술정책이 혁신정책으로 확대되고 다른 부문정책과 연계하기 위한 필수적인 역량이다.

국가정책에 대한 과학기술정책의 영향력과 기여를 제고하기 위해서는 과학기술에 대한 높은 이해와 관련 분야에 대한 폭넓은 이해 그리고 과학기술과 혁신정책의 중요성과 역할을 경제 사회영역에서 설명하고 설득할 수 있는 역량을 확보한 전문가 리더십이 필요하다.

정책 지식생태계의 미성숙 : 전략적 역할 부족

국가 경제성장에서 지식과 혁신의 중요성이 커지면서 혁신경제, 혁신성장이라는 경제용어가 등장하고 있다. 그런데 우리나라의 경제정책과 과학기술혁신정책은 혁신성장이라는 용어를 포괄하는 혁신정책체계로 수렴하지 못하고 있다. 과학기술혁신정책은 포괄적 혁신정책보다는 기술혁신을 강조하는 과학기술정책 수준에 머물고 있다. 또한 경제정책은 혁신성장을 기존의 신성장동력정책에 추가되는 한 부분으로 다루고 있다. 주요 선진국들이 과학기술정책에서 벗어나 경제사회적 혁신 성과를 강조하는 포괄적 혁신정책으로 변화하고 있는 것에 비해 우리나라는 정책체계에서 혁신을 다루는 방식이 다소 보수적이다.

과학기술과 혁신정책을 포괄적으로 다루는 것이 우리나라처럼 과학기술정책, 산업정책, 경제정책을 구분하여 추진하는 방식보다 효율적이라는 명확한 근거는 없다. 그렇지만 기술과 산업, 사회 영역에서 융합화가 발생하고 경제성장과 사회발전에서 지식과 혁신이 미치는 영향이 중대해 지고 있음을 감안할 때 관련 부분들의 연계 및 포괄적인 검토의 필요성은 커지고 있다. 또한 국가의 정책과제들에 경제적, 사회적 요소들이 복합적으로 연결된 문제들이 많아지면서 문제해결에 다양한 지식과 정보가 필요하고 포괄적 접근이 요구되고 있다.

기존의 정책체계는 지식자산의 확보를 통한 혁신가치창출을 위해 연구개발정책을 별도로 지원 육성하는 체계이었다. 그러나 현재 및 미래의 혁신가치의 창출은 모든 데이터, 정보, 지식으로부터 무한대의 가치창출이 시작되고 있다. 정부의 정책체계는 변화된 혁신가치 창출체계를 다루는데 있어 아직 소극적이다.

정책연구기관의 역량이 정체되어 있다.

정책조정 및 제도변화와 같은 정책결정에는 근거가 되는 정보와 지식이 필요하다. 정책에 기반이 되는 다양한 지식정보, 국가혁신체계에 대한 진단정보, 정부 정책이 나아가야 할 방향 설정에 지침이 되는 지식정보 등 모든 정책 결정에는 근거가 되는 지식정보가 필요하다. 현재 정책결정과 관련된 지식정보는 대부분 정책 지식을 창출하는 정책연구기관 및 정책지원기관을 통해 직간접적으로 창출된다.

최근 정부가 개입하고 해결해야 할 국가적 과제들이 증가하고 있으며 과제의 복잡성이 높아져 가고 있다. 정부 정책에 필요한 지식은 단편적인 지식이 아닌 복잡한 문제를 포괄적으로 다룰 수 있는 복합적 지식정보가 요구된다. 따라서 정책연구기관은 다학제적 접근을 통해 경제사회 문제 해결을 위한 새로운 지식의 활용, 구조적 정책문제해결을 위한 통합적 지식 정보의 확보와 활용역량이 필요하다. 나아가 최근의 기술패권화 대응 또는 국가혁신성장 전략 수립과 같은 국가의 미래 혁신전략 수립에 필요한 전략적 지식정보도 요구되고 있다.

그동안 정책연구기관은 정부부처의 직접적인 정책수요에 대응한 지식정보 서비스를 제공하고, 다른 한편으로는 정책연구기관의 자율적인 접근을 통해 정책의 구조적인 문제 해결, 새로운 수요에 대응한 새로운 이론과 접근의 개발 등 보다 본원적인 접근 활동을 동시에 추진해 왔다.

전자는 정부의 현실문제 해결에 빠르게 대응하기 위한 것이고, 후자는 구조적인 문제를 심도있게 다루어 더 나은 해결방안을 모색하고 나아가 미래 전략 방향에 대한 탐색 및 미래 발생가능한 문제에 대한 사전적 대응을 하는 접근이다.

이러한 두가지 접근은 정책연구 분야에서 양손잡이 혁신전략의 균형을 의미한다. 한 손으로는 자율적인 접근을 통한 새로운 지식탐색과 구조적 문제해결을 모색하고 다른 한손으로는 확보된 지식을 활용해 정부부처가 요구하는 단기적 문제해결에 대응하는 균형적 접근을 하는 것이다. 그런데 최근 정책연구기관의 양손잡이 혁신전략의 균형이 무너지고 있다.

원인은 정부 및 관리기구가 정부의 단기적 현실문제 해결을 강조하고 한편으로는 정책연구기관 내부의 지적 리더십 체계가 부실화되어 문제해결 역량이 하락하고 있는 것이다. 더구나 정부부처가 요구하는 현실문제 해결은 대부분 파편화된 문제 해결을 요구하고 있어 복합적, 통합적 문제해결 역량이 길러지지 않고 있다. 또한 최근 부상하고 있는 국가 전략 수립에 필요한 포괄적이고 전략적인 정책지식의 창출은 아직 정부 차원의 정책수요 발굴이 부진해 체계적인 접근이 이루어지지 못하고 있다.

정책연구기관, 전략적 지식정보 창출이 중요하다.

최근 국가정책의 많은 부문에서 과학적 지식정보에 대한 수요가 증가하고 있다. Covid-19처럼 재난, 안전과 관련된 분야에서 과학지식정보에 기반해야 해결될 수 있는 정책과제들이 많아지고 있다. 그러나 아직 다른 분야의 국가정책 문제해결을 위한 과학기술정책의 역할은 미미하다.

미국의 과학기술정책연구자인 하비 브룩스[35]는 과학기술정책을 과학을 위한 정책Policy for science과 정책을 위한 과학Science for policy으로 구분하였다. 지금까지 대부분의 과학기술정책은 과학을 위한 정책에 집중해왔다. 다른 국가정책 및 행정 영역에서 과학에 기반한 근거 및 객관적 지식정보의 중요성이 커지고 있으나 정책을 위한 과학지식의 역할은 일부에서만 부분적으로 이루어지고 있다[36]. 정부의 다양한 영역에서 근거 기반 정책 구현을 위한 과학지식정보의 역할이 필요함에도 정책을 위한 과학의 역할은 크게 주목받지 못하고 있다.

과학기술혁신정책에 필요한 지식정보의 종류가 다양해지고 세부적인 것부터 거시적이고 전략적인 부문까지 정책지식정보의 범위도 크게 넓어지고 있다. 개별 분야 제도 설계에 필요한 비교적 단순한 지식정보에서부터 혁신시스템의 구조적인 문제를 다루는 복합적이고 융합된 지식정보까지 지식정보의 범위와 종류가 다양해지고 있다. 나아가 새로운 시각과 관점에서 미래 국가발전 전망과 전략을 창출하기 위한 전략적 지식정보도 필요하다.

이러한 다양한 정책지식정보를 창출하기 위해서는 소수의 정책연구기관만으로는 소화가 어려우며 일정 규모의 정책지식생태계가 형성되어야 한다. 최근 다양한 정책수요에 대응해 민간 컨설팅 기업들이 다수 설립되어 정책지식정보 창출에 참여하고 있다. 민간기업의 역할이 확대되면 정책연구기관은 민간 컨설팅기업과 경쟁하기 보다는 민간 컨설팅기업이 소화하기 어려운 분야에서 역량과 역할을 확대해야 한다.

현재 정책지식정보가 가장 부족하며 역량이 취약한 부분이 국가 전략 수준에서 다루어야 할 혁신정책 지식정보이다. 과학기술정책 컨트롤타워에서 정책조정을 하기 위해서는 다양한 혁신시스템에 대한 진단 정보와 다양한 전략적 지식정보가 충분히 제공되어야 한다. 전략적 기반정보가 충분하지 못하면 정부정책의 심의와 조정이 형식적인 검토 수준에 그칠 수밖에 없다. 전략적 판단을 할 수 있는 근거있는 정보들이 부족하면 부처들이 제공하는 상향식Bottom up 정책들에 대한 적절한 검토와 조정이 어렵기 때문이다.

국가 차원의 혁신전략의 중요성이 높아질수록 전략적 접근 강화가 필요하며 전략적 지식정보에 대한 수요와 중요성은 더욱 커진다. 전략적 지식정보창출에는 파편화된 작은 정책문제 해결에 필요한 전문성과는 다른 고도의 전문성과 통찰력이 필요하다. 특히 국가혁신시스템NIS: National Innovation System, 산업분야별 혁신시스템SIS: Sectoral Innovation System 등 국가 전반의 혁신시스템과 주요 산업분야 전략을 포괄하는 전략적 분석 역량이 요구된다. 여기에는 근거와 객관적 정보 확보를 위한 정책데이터 확보가 필요하며 이를 체계적으로 지원하기 위한 '정책데이터 플랫폼 구축'이 필요하다. 현재 여러 기관들이 부분적으로 데이터들을 축적하고 있지만 체계화되어 있지 못하다.

정책지식생태계의 발전이 국가정책경쟁력의 원천이다.

현재 정부의 정책시장은 정부부처내 부서 정책과 제도 지원에 필요한 작은 정책 수요를 중심으로 시장이 형성되어 있다. 작은 정책수요 중심의 정책시장의 형성은 정책지식생태계의 건전한 발전에 부정적이다. 건전한 정책지식생태계는 국가전략 수립과 다양한 정책문제 해결에 필요한 정책지식의 탐색과 축적, 학술적 이론과 지식의 응용력 개발, 거시적 문제와 미시적 문제를 모두 다루는 통합적 역량, 정책 데이터의 구축과 분석정보 제공 등 다양한 요소들이 높은 역량을 토대로 상호 협력하며 기능해야 한다.

이를 위해서는 과학기술혁신정책 지식생태계를 리드하는 정책연구기관의 역할이 중요하다. 현재 지식생태계는 혁신시스템 전반을 다루는 포괄적이고 전략적인 정보의 창출이 부족하다. 정책연구기관은 단순히 정부가 요구하는 지식정보 제공자 역할에서 벗어나 정부가 나아가야 할 전략적 방향의 가이드 역할을 해야 한다. 이를 위해서는 전략적 정보창출에 집중할 수 있는 운영체제로 전환해야 한다. PBS제도 적용으로 인해 소규모 정부부처 프로젝트 수주에 의존하는 지금의 재정구조로는 정책연구기관이 전략적인 역할을 수행하기 어렵다. 정책연구기관의 역할 개선은 과학기술분야 정책지식 생태계의 발전에 중요하다.

정책지식 생태계의 발전은 국정 운영에 필요한 정책지식과 정보를 원활히 공급할 수 있어 국가정책의 효과성을 높일 수 있다. 따라서 정책 환경이 복잡해지고 사회문제가 복잡해질수록 정책지식의 창출과 활용역량을 제고해 가는 것이 중요하다. 국정 운영의 효과성은 질 높은 전략적 정책지식 창출에서 비롯된다. 역량있는 정책지식 생태계의 구축은 중요한 국가적 인프라이다[37]. 따라서 이를 위한 정책지식 생태계 조성노력이 필요하다.

5장

공공연구개발정책의 패러다임 전환과 제도 혁신

공공연구개발 관리정책과 제도가 적용대상인 연구개발 생태계에 적합하게 작용하지 못하면 연구개발 성과가 낮아지고 효율성이 떨어진다.

그동안 연구개발시스템을 지배해 온 경쟁에 의한 양적 효율성 원칙에서 벗어나 개방과 협력에 기반한 질적 효율성 원칙으로 연구개발정책 패러다임 전환 방향을 제시한다.

 공공연구개발정책의 패러다임 전환

공공연구개발 관리정책의 목표를 양적 효율성에서 질적 효율성으로 전환하고 관리원칙을 경쟁에서 개방과 협력 중심으로 전환해야 한다. 경쟁이 지배하는 양적 효율성 추구에서 개방과 협력에 의한 질적 효율성 추구로 관리 패러다임의 전환 방향을 제시한다.

공공연구개발 관리정책 : 질적 효율성이 부족하다.

국가가 지원하는 공공자금 사용에는 기본적으로 책임성accountability 이행이 요구된다. 연구개발과 혁신분야도 공공자금을 활용하는 기관이나 사용자는 책임성을 이행해야 한다. 정부의 공공자금 지원은 공공자금이 효율적으로 사용되고 정책목표를 달성하는데 효과적일 것이라는 약속을 토대로 이루어진다. 그래서 공공자금을 사용하는 조직과 사용자는 자금 사용을 통한 효과적인 목적 달성과 자금의 사용의 효율성에 대한 책임을 이행해야 한다. 즉, 공공부문의 관리에는 목적달성의 책임과 효율성이 모두 강조된다. 그런데 공공부문 관리에 적용되는 효율성 원칙은 연구개발에 필요한 자율성을 침해할 수 있어 공공연구기관에서는 두가지 요소 간의 갈등이 발생할 수 있다. 이러한 갈등은 정치적 논쟁이 되고 있다.

최근 유럽에서는 국가적으로 필요한 연구성과 창출을 위해 전통적으로 유지해 온 공공연구기관의 자율성을 제한하는 변화가 나타나고 있다. 영국은 전통적으로 Haldane 원칙[38]이라는 자율성 원칙이 강하게 적용되어 왔다. 그런데 최근에는 연구계의 자율성을 다소 제한하는 방향으로 움직이고 있다. 영국은 기초연구에 정부의 전략적 수요를 반영하기 위해 고등교육 및 연구법(2017)을 제정하면서 이를 일정 부분 반영하였다. 기존 과학기술계에서 자율적으로 설정했던 영역에 정부의 정책 수요를 반영한 것이다. 그 이후에도 연구계에서 요구하는 자율성과 국가 운영 차원의 효율성의 균형에 대한 논쟁은 지속되고 있다.

미국은 기술패권 대응 및 전략경쟁 강화를 위한 관련 법 개정을 통해 미국과학연구재단의 전통적인 기초연구지원기능에 기술혁신기능을 부가하는 조치를 취하였다. 미국과학연구재단은 전통적으로 과학과 공학 분야의 새로운 지식 탐색과 기초연구를 지원하는 기관이지만 사용을 고려한 기초연구use-inspired research, 실험실에서 시장과 사회로 이전되는 연구 기능을 부가하였다.

유럽과 미국의 사례는 공공연구부문에 부여된 강력한 자율성 원칙이 조금 유연화되고 있는 것으로 해석할 수 있다. 또한 자율성 수준에 대한 논쟁은 연구개발을 통한 혁신적인 성과창출이라는 공동의 목표 차원에서 이루어지고 있다. 그러나 자율성 원칙의 완화가 공공연구기관 내부 운영에 깊이 개입하는 수준으로 확대되는 것은 아니다.

우리나라의 경우 공공연구개발 관리정책에서 예산투자에 대한 효율성이 강조되고 있다. 이것은 기본적인 책임성 이행 차원에서 강조되어야 하는 것이지만 효율성이 상대적으로 투입부문 관리에 집중되고 있다는 특징이 있다. 특히 투입예산의 효율적 관리를 위해 정부예산배분에 부처 간 경쟁이 적용되고 연구기관 및 연구자에 대한 연구비 지원도 경쟁을 통한 지원을 강조한다. 대표적인 제도가 PBS제도이다.

그런데 이러한 투입자원 배분에 강한 경쟁체제의 적용은 여러가지 문제를 발생시키고 있다. 투입자원 확보에 강한 경쟁 메커니즘이 작동되면 연구생태계는 연구수행을 통한 성과창출보다 연구예산 확보에 에너지가 집중된다. 연구자들은 질적으로 우수한 성과창출, 도전적 연구개발을 통한 획기적인 성과창출보다는 예산확보에 유리한 단기적인 양적 성과 창출에 집중하게 된다. 즉, 경쟁에 의한 투입자원의 효율성 관리는 양적인 효율성 개선을 창출할 수 있지만 연구환경의 불안정성을 높여 도전성을 떨어뜨리고 우수한 연구성과 창출이라는 질적 효율성 개선을 방해한다.

연구개발활동에 요구되는 자율성 원칙은 우수한 연구성과 창출에 필요한 전문성과 유연성을 발휘하는데 필요한 원칙이다. 대표적인 공공연구기관인 정부출연연구기관은 공공기관이면서 연구개발활동을 수행하는 조직이다. 정부출연연은 연구개발활동에 의한 우수한 성과창출과 혁신가치 창출을 통해 공공연구기관의 책임성을 이행해야 한다. 그런데 정부출연연의 우수한 연구성과 창출을 위해서는 연구과정에 대한 외부의 관리통제보다는 전문성에 기반한 자율적 관리가 이루어져야 한다.

일반적인 공공기관의 책임성 이행에는 기관운영의 효율성, 특히 예산의 효율적인 사용과 관리에 대한 책무가 강조된다. 연구개발활동을 수행하는 공공연구기관도 기본적으로 연구예산을 효율적으로 사용해야 한다. 그런데 예산사용의 조건과 인력관리에 대한 조건이 너무 경직적으로 적용되면 원활한 연구수행이 어렵다. 특히 일반 공공기관과 같은 기준을 정부출연연구기관에 적용하면 연구기관의 운영과 연구활동에 어려운 문제들이 발생한다.

공공연구기관에 적용되는 공공기관 관리원칙은 연구활동의 자율성을 해쳐 연구성과 창출에 부정적 영향을 미칠 수 있다. 또한 과도한 경쟁방식의 도입과 투입자원에 대한 강한 관리통제는 연구기관 내부 운영에 외부통제가 지나치게 영향을 미쳐 기관경영의 경직성을 높인다[39]. 이러한 공공연구기관 관리방식은 연구기관의 우수한 성과창출에 필요한 환경조성과 자율성을 축소해 질적인 효율성 창출을 방해한다.

그러면 무조건 정부출연연구기관의 자율적 관리에 맡겨 놓는 것이 적절한가, 아니면 정부가 적절한 개입을 하는 것이 필요한가에 대한 논쟁이 있을 수 있다. 무조건 자율을 많이 부여하는 것이 정답은 아니다. 적절한 자율의 수준은 연구활동에 필요한 기본적인 자율성 수준과 책임이행 달성여부를 고려해 균형적으로 설정되어야 한다.

공공연구개발부문의 기본적인 책임성은 우수한 연구성과 창출을 통한 혁신가치 창출에 기여하는 것이다. 그래서 이를 이행하기 위해서는 공공연구기관의 관리 목표를 양적인 성과 제고보다 질적으로 우수한 성과창출에 두어야 한다. 공공연구개발 관리정책도 지금까지 추구한 양적 성과제고를 통한 양적 효율성 목표 달성을 넘어 질적 효율성 제고로 정책의 목표를 전환해야 한다.

질적 효율성 목표로의 전환은 공공부문에 요구되는 효율성 책임의 이행과 공공연구개발 부문이 달성해야 하는 우수한 성과 및 혁신가치 창출이라는 기본 책임성 모두를 포괄할 수 있다. 공공연구기관의 질적 효율성 제고로 관리목표의 전환이 이루어지면 이에 대응한 공공연구개발 관리원칙의 전환이 필요하며 공공연구개발 관련 세부정책 및 제도혁신이 이루어져야 한다.

정부출연연구기관 관리정책 패러다임 전환 방향
:경쟁에서 협력적 임무이행으로

공공부문의 대표적인 연구기관인 정부출연연구기관에 대한 정부의 관리정책은 지금까지 크게 세가지 흐름으로 전개되었다. 1980년대 초반 정부가 출연연구기관에 안정적인 출연금을 지원하는 제도를 도입하면서 정부의 출연연구기관에 대한 관리정책이 본격적으로 시작되었다. 이후 안정적 출연금 지원의 문제 개선을 위해 경쟁 기반의 PBS제도가 도입되어 경쟁적 관리방식이 적용되었다. 최근에는 국가전략기술의 확보를 위한 임무중심 연구개발체계가 도입되었다. 임무의 효과적 수행을 위해서는 개별 경쟁에서 벗어나 개방적 협력에 의한 임무이행이 필요하다.

안정 출연금 시대

우리나라 공공연구개발정책에서 예산관리가 본격적으로 시작된 것은 1980년대 출연금 지원이 확대된 이후부터이다. 설립 초기 출연연 운영은 정부가 출연연에 일정부분의 출연금만 지원하고 출연연이 기업의 수탁과제 수행을 통해 필요한 재정을 충당하는 방식으로 운영되었다. 이 방식은 출연연이 직접 기업의 연구개발시장에 참여해 과제를 수주하는 방식으로 기업이 요구하는 단기성과를 충족해야 하고 재원 확보의 불안정성도 높았다.

이에 출연연은 정부에 안정적인 기관운영을 위한 예산지원을 요구하고 정부는 안정적인 출연금 지원으로 예산지원 방식을 변경하였다. 안정적 출연금 지원방식은 출연연의 총지출 규모에서 수탁활동으로 벌어들인 자체수입으로는 부족한 부분을 정부가 안정적으로 지원하는 방식이다. 즉, 정부가 부족한 재원을 출연금을 통해 안정적으로 지원하는 방식으로 변화된 것이다. 그런데 안정적 출연금 지원으로 출연연 연구환경의 안정성이 높아지자 다른 문제들이 발생하였다.

출연연은 안정적인 예산이 확보되자 시장 수요보다는 기관장이 선호하는 연구를 지향하게 되었다. 또한 어려운 기업연구를 수행하기보다는 출연금이 제공하는 안정적 연구환경에 안주하려는 경향이 나타났다. 시간이 흐르면서 점차 수요 및 문제해결을 위한 연구보다는 연구를 위한 연구로 흐르게 되었다.

이에 출연연구기관의 연구활성화를 위한 개혁의 목소리가 커지고 출연연구기관의 민영화 등 과격한 조치들이 언급되기도 하였다. 이때 새로운 혁신수단으로 등장한 것이 PBS제도이다.

PBS 경쟁시대

PBS제도는 안정적으로 지원하던 출연금 지원규모를 대폭 줄이고 출연연이 정부부처사업 경쟁에 참여해서 연구프로젝트 수주를 통해 부족한 연구기관 운영자금을 확보하도록 하는 제도이다. 이를 위해 정부부처사업 프로젝트의 연구비 산정은 프로젝트에 소요되는 인건비를 포함한 직접비와 간접비가 모두 포함된 총원가 방식의 가격 산정방식으로 변경되었다.

이러한 예산지원 방식의 변화는 연구자 및 연구기관의 행태를 크게 변화시켰다. 연구기관은 부족한 재원 확보를 위해 정부부처사업 수주에 매달리고 연구자들은 다수의 연구과제 수행을 통해 좀 더 많은 인건비 및 간접비 확보에 매진하게 된다. 그 결과 연구자 개인당 수행하는 연구과제 수가 많아지고 창출되는 연구 성과의 양적 숫자도 크게 증가한다.

연구과제 수주과정에서 점점 경쟁이 심해지고 적은 금액의 과제를 수주하기 위해 대학 연구자와도 경쟁을 하게 되었다. 그 결과 경쟁제도의 도입이 좋은 연구성과를 창출하기 위한 경쟁이 아니라 예산확보를 위한 경쟁으로 치닫는 경쟁방향의 오류 현상이 나타났다[40].

또한 연구자들은 시장의 수요보다 프로젝트 수주가 용이한 정부부처사업에 집중하게 됨에 따라 시장보다 관련 부처가 선호하는 연구를 지향하는 경쟁목적의 오류 현상도 나타났다. 이러한 현상들은 국가연구개발사업에 대한 출연연 연구자들의 책임의식을 떨어뜨리고 책임성을 모호하게 해 질적 성과 부실로 이어졌다.

연구현장에서 PBS제도 개선 요구가 높아지자 정부는 출연금 확대 지원을 통해 안정적 인건비와 연구비를 제공하는 정책을 지속적으로 해왔다. 그런데 연구기관 및 연구자들은 여전히 PBS제도 적용에 따른 문제들이 지속되고 있음을 제기한다.

PBS제도는 1996년에 도입된 이후 약 26년간 적용된 제도이다. PBS제도는 정부출연연구기관의 평가제도, 인력관리제도, 조직운영방식, 출연연 기본사업 역할, 연구원들의 협력관계, 출연연 역할체계 등 연구기관 운영시스템 전반에 영향을 미쳤다. 따라서 정부가 안정적 인건비 일부를 지원하고 일부 정부부처사업을 대형장기사업화하여 문제를 완화하는데 도움을 줄 수 있었지만 본원적인 문제들을 개선할 수는 없었다. 더욱이 혁신활동의 성과는 혁신주체들 간의 협력에 의해 창출되는데 과도한 경쟁을 지향하는 PBS제도는 혁신성과 창출이라는 공공연구개발목표 창출에도 장애가 되고 있다.

최근에는 출연연구기관의 역할정립 수요에 대응해 역할과 책임R&R을 재정립하자는 정책이 추진되었으나 PBS제도 하에서는 체계적인 R&R 정립이 이루어지지 못하고 있다.

임무이행을 위한 협력시대

최근 4차 산업혁명의 전개, 미중 간의 패권경쟁과 같은 국제정세의 변화로 기술환경과 글로벌 혁신환경이 패권화라는 새로운 흐름으로 나아가고 있다. 그래서 미래 글로벌 시장을 선점하기 위한 전략기술 확보 및 공급망 개편에 따른 기술경쟁력 확보가 중요한 국가적 과제로 부상하고 있다. 선진국을 비롯한 우리나라는 임무중심의 연구개발정책 또는 임무중심의 혁신정책을 추진하고 있다. 임무중심 연구개발정책은 연구자들의 개인적 호기심 차원의 자율적 연구 활동보다 국가적으로 필요한 전략적 기술 확보의 시급성과 중대성을 강조하고 있다. 즉, 국가생존과 발전에 필요한 전략기술의 확보가 정부의 중요한 임무가 되고 있다.

현재 정부의 임무중심 연구개발체계의 추진 전략을 보면, 정부부처가 전략기술을 확보하기 위한 사업을 추진함에 있어 기존의 정부연구개발사업처럼 정부부처가 직접 관리하는 방식으로 추진할 개연성이 높다. 기존의 정부연구개발사업에서는 대형사업단 체제 또는 과제별 산학연 경쟁방식이 적용되고 있다. 그런데 이런 접근으로는 중요한 전략기술분야의 임무실행에 한계가 있다. 즉, 개별 사업단 추진 방식으로는 폭넓은 전략기술을 확보하는 데에 한계가 있고 개별 과제별 경쟁방식으로는 체계적인 기술개발을 하기 어렵다. 따라서 보다 전문적이고 책임있는 연구주체에게 일정부분 임무를 부여하고 책임수행하도록 하는 방식을 병행하는 것이 필요하다.

정부출연연구기관은 법적인 분류상 공공연구기관이지만 당초 설립배경을 보면 국립연구기관을 대신하면서 자율적으로 운영되는 정부연구기관의 필요성에 의해서 설립되었다. 또한 지금까지 정부가 수행해야하는 전문적인 임무를 상당부분 대신해서 수행해 왔다. 지금 정부는 연구개발정책을 달성해야 할 중요한 임무 중심으로 전환하고 국가적으로 중요한 전략기술 확보를 강조하고 있다. 그리고 출연연과 대학을 전략기술 임무 해결을 선도하는 핵심 거점으로 활용하겠다는 입장이다. 그런데 이러한 내용은 출연연을 단지 정부의 전략기술개발사업을 수행하는 하위 연구주체로서만 인식하고 있는 것이다.

정부가 제시한 12개의 전략기술 분야를 모두 정부 부처 중심으로 추진하는 것에는 역량의 한계가 있다. 다양한 대분야의 기술개발을 부처 산하의 전문관리기관을 통해 기획하고 관리하거나 사업단 체제를 통해 추진하는 것 모두 한계가 있다. 보다 전문적이고 체계적인 연구 주체에 의한 기획관리 역할수행이 필요하다. 또한 전략기술 성과 창출을 위해서는 산학연 주체들의 협력체계가 구축되어야 하며 협력체계를 이끌어 가는 적극적인 추진 주체가 필요하다. 정부가 출연연을 핵심 거점화하겠다고 하고 있으나 산학연이 참여하는 사업의 주관기관 역할만으로는 기존의 출연연 역할을 넘을 수 없다. 임무 중심 연구개발 체계의 성공을 위해서는 기존의 접근 방식의 한계를 넘는 새로운 접근방식이 필요하다. 즉, 출연연에게 일정 임무를 부여하고 적극적으로 임무 이행을 하도록 하는 방안 마련이 필요하다.

첫째, 정부는 출연연을 정부임무 해결을 위한 파트너로 인식하고 출연연이 주도할 수 있는 분야는 출연연에 위임해 책임있는 역할을 하도록 해야 한다. 기존처럼 출연연을 산학연의 하나의 경쟁주체로만 다루면 정부를 대신하는 책임있는 수행주체를 찾기 어렵다.

둘째, 출연연이 임무이행을 위한 과감한 도전을 할 수 있도록 안정적인 예산 비중을 높여야 한다. 즉, 지금의 PBS 제도에 대한 과감한 개선이 필요하다. 임무달성을 위해 매진해야 하는 임무중심 연구체계에 PBS 제도의 가치와 운영방식은 적합하지 않다. PBS 제도가 지향하고 있는 경쟁 가치와 불안정성을 축소시키고 안정 예산에 기반한 과감한 도전을 촉진해야 한다.

셋째, 출연연에 안정적인 예산 증가로 인한 비효율성 증가 위험은 개방성을 확대해 선진국과 같은 전문가 관리통제 메커니즘이 작동하도록 해야 한다. 출연연간 협력뿐만 아니라 대학과 기업에 대한 문호도 적극 개방해야 한다. 그래야 출연연의 관료화된 문화를 전문가 조직문화로 개선할 수 있으며 역동적인 연구개발시스템이 작동될 수 있다.

임무책임이행시대에는 산학연이 과도한 경쟁보다 임무를 향해 상호 협력하는 가치를 지향해야 한다. 내부 연구개발시장의 과도한 경쟁체제에서 작은 성과는 창출할 수 있지만 큰 혁신적 성과를 창출하기는 어렵다. 연구개발주체들의 상호 협력을 통한 임무달성과 연구성과 창출이 이루어져야 글로벌 시장에서 선진국들과의 경쟁에서 승리할 수 있다.

그림 2-9 **정부출연연구기관 관리정책 패러다임 변화**

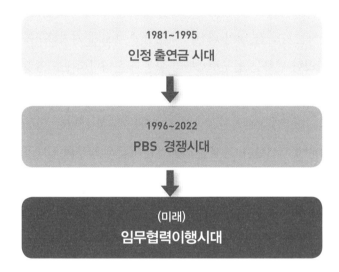

R&D 관리패러다임 전환
: 경쟁에서 개방과 협력으로

　기술의 획기적 발전에 의한 혁신생태계의 대변화 속에서 글로벌 기술패권 경쟁과 시장 확보를 위한 혁신경쟁이 치열하다. 지식의 양은 기하급수적으로 증가하고 국가사회문제들은 복잡해지고 해결의 난이도는 높아지고 있다. 글로벌 시장의 치열한 혁신경쟁은 연구개발활동에 지식을 탐구하는 수준을 넘어 혁신가치 창출에 빠르게 기여하도록 요구하고 있다. 이러한 변화는 연구주체들의 활동과 운영방식에도 영향을 미치고 있다.

　정부의 연구개발관리시스템을 지배하는 경쟁 개념은 연구자원의 효율적 배분에 기여한다. 경쟁방식에 의한 배분은 정부의 연구개발투자 효율성 확보에 필요한 일차적인 배분의 효율성에 기여할 수 있다. 그러나 지금의 복잡한 혁신환경과 변화 속에서 연구주체별 개별적 경쟁방식의 적용은 연구활동이 우수한 연구성과를 창출하고 새로운 혁신가치를 창출하는 데에 기여하지 못한다. 해결해야 할 문제가 복잡하고 필요한 지식의 양과 범위가 넓어 다양한 전문가들의 협업이 필요하지만 과도한 경쟁방식은 실질적 협업을 방해하기 때문이다.

　연구개발 경쟁이 심화되면 그 속성상 양적 경쟁으로 흐르기 쉽다. 무형적 자산의 성격을 가진 연구성과는 가시적 평가가 어렵고 높은 전문성과 통찰적 안목이 필요해 적확한 평가가 어렵다. 따라서 일반 시장 경쟁체제의 장점인 자원배분 합리성과 성과창출이 개선되는 효과를 창출하기 어렵다.

연구개발시장에 과도한 경쟁이 적용되면 오히려 잘못된 방향으로 경쟁의 효과가 창출될 수 있다. 즉, 경쟁의 객관성과 공정성 제고를 위해 가시적인 단기 성과창출을 강조함에 따라 질적인 수준 제고보다는 양적인 성과창출을 촉진한다. 양적인 성과목표를 제시하고 이를 달성하므로써 연구활동의 책임성에서 벗어나게 되지만 연구 성과의 질적 수준이 부족해 혁신가치 창출로는 이어지지 못한다.

데이터 기반 사회에서는 기본적으로 학습해야 할 지식의 양이 많고 문제해결에 필요한 지식정보의 범위와 양이 많아 개별 연구자 또는 단일 연구팀만으로는 문제를 해결하기 어렵다. 이제는 공공연구기관의 내외부를 구분할 필요없이 필요한 지식정보를 구하기 위한 개방과 협력이 유연하게 이루어져야 한다.

새로운 기술과 새로운 시장 확보 경쟁이 치열한 환경에서 연구개발활동의 목적은 우수한 연구성과 창출에만 있는 것이 아니라 시장의 혁신가치 창출을 통한 시장 확보와 부의 창출로 이어져야 한다. 사회문제 해결에 필요한 경제성있는 기술을 개발해 현장에 적용하도록 기술의 완성도를 높여야 한다. 과학, 경제, 사회의 문제해결을 위해서는 단일의 연구자를 넘어 여러 연구자 및 여러 연구팀의 협업이 필요하다. 복잡성의 시대에 대응하기 위해서는 협업이 필수적이다.

지나친 개별 경쟁체제는 협력을 방해한다. 여러 전문가의 협력을 통한 성과 창출이 요구되는 시대에 개별 경쟁으로 양적 성과를 추구한다면 시장에서 혁신경쟁력을 확보하는데에 어려움이 있게 된다.

그래서 지금까지 적용된 양적 효율성을 위한 경쟁체제는 협력기반 경쟁체제로 전환되어야 한다. 시대적 환경 변화에 대응하고 양적 효율성 관리체제의 문제를 개선하기 위해서는 개방과 협력중심체제로 전환해야 한다.

협력체제로의 전환이 경쟁방식을 모두 버리라는 것이 아니다. 경쟁체제의 미작동으로 인한 비효율이 분명 발생할 수 있기 때문에 협력 기반의 경쟁방식을 적용해야 한다. 지금처럼 개별과제 단위에서의 치열한 경쟁이 아니라 보다 넓은 범위와 단위에서 협력 기반 경쟁이 이루어지도록 관리체제를 전환해야 한다.

그래서 최하위 개별 단위에서 경쟁이 치열한 PBS제도는 개선이 필요하다. 기존에 해오던 안정 인건비 비중을 높여주는 것만으로는 문제를 개선하기 어렵다. 그렇다고 PBS제도를 모두 없애는 것이 정답은 아니다. 출연금 지원방식은 안정적 인건비를 높여주고 정부연구개발 프로젝트에 적용하는 총원가 기준의 연구개발비 산정방식은 그대로 유지하면서도 조정이 가능하다. 그리고 보다 상위 수준에서 예산구조의 균형 조정이 필요하다. 안정예산인 출연금과 경쟁예산인 정부부처의 연구개발예산의 비중을 조정할 필요가 있다. 대부분의 연구개발예산 증가분이 경쟁예산인 정부부처예산에 편중되게 배분되고 있다.

지금은 국가적 전략임무달성이 중요한 시대이다 임무중심연구개발이 성공적으로 추진되려면 임무이행을 이끌어가는 연구리더가 필요하며 리더의 리더십 아래 협력이 활성화되어야 문제를 해결할 수 있다. 나아가 연구리더가 지식활동의 리더십을 발휘하기 위해서는 오래 시간 동안 조직적인 지식 축적 기반이 있어야 가능하다. 작은 세부 분야의 연구성과는 개인 연구자 또는 소수의 연구팀에 의해서 가능하지만 일정 수준의 연구분야는 조직적 접근이 이루어져야 가능하다. 정부가 해결해야

혁신국가를 향한 과학기술혁신시스템의 대전환

할 임무의 내용에 일정 범위의 지식정보가 필요한 경우 전문연구조직인 출연연구기관이 중요한 역할을 해야 한다. 또한 분야에 따라 정부부처가 추진하는 사업단 체제도 적정 범위 수준을 고려해 조직화 규모를 설정해야 한다.

지금처럼 정부부처가 경쟁과정을 통해 대학과 기업에 직접 연구비를 지원하고 관리하는 방식은 질적인 성과창출에는 효과적이지 않을 수 있다. 정부부처의 직접 관리방식이 개별 연구자 및 개별 연구팀을 키우는 데는 기여를 할 수 있지만 여러 연구자간의 협력, 지식정보의 체계적인 축적 측면에서는 덜 효과적이기 때문이다.

산학연 연구자들 간에 실질적 협력은 각각의 이해관계가 맞아야 가능하다. 서로의 이해관계를 조정하면서 협력의 목표를 향해 움직이도록 리더가 조정자로서의 역할을 해야 한다. 정부부처나 전문관리기관이 이러한 역할을 하기는 어렵다.

정부부문에서 협력에 기반한 연구개발활동이 활성화되기 위해서는 정부부처와 전문관리기관이 직접 관리하는 비중을 줄이고 전문연구조직인 출연연이 역할을 하도록 하는 것이 필요하다. 출연연의 경우도 개별기관 차원보다는 다수 출연연구기관들이 협력하고 참여하는 연구회 단위에서 정부의 일부 임무를 주도해서 추진하는 방식으로 변화가 필요하다. 물론 출연연 운영방식이 지금보다 내외부적으로 더욱 개방화되고 유연화되어야 한다는 전제조건이 실행되어야 한다.

2 정부연구개발정책과 제도 혁신 방안

공공연구개발정책 패러다임 전환에 대응한 정부연구개발정책 및 제도 혁신 내용을 제시한다. 공공연구개발정책의 질적 효율성 제고를 위한 관련 제도의 개선과 혁신환경 변화에 대응해 정부 역할을 제고하기 위한 주요 제도의 혁신방안을 제시한다.

과학기술의 전략적 역할 강화를 위한 거버넌스 개편

과학기술과 혁신정책이 변화 발전하면서 가장 중요하게 등장한 개념이 거버넌스이다. 거버넌스는 지배하는 방식을 의미하며 일반적으로 지배구조라고 불리고 있다[41]. 지배구조는 조직목표 달성을 위한 자원의 흐름을 통제하고 장기적으로 조직이 나가야 할 방향을 결정한다. 또한 이해관계자들의 갈등을 조정하는 장치이기도 하다. 따라서 합리적인 지배구조의 설계는 조직의 성공적 운영에 중요하다[42].

선진 국가들은 과학기술혁신정책을 통해 과학기술의 우수한 성과들이 혁신과정을 통해 경제적 성장과 부를 창출하도록 노력하고 있다. 과학기술혁신 거버넌스는 국가혁신시스템이 더 나은 과학기술 성과를 창출하도록 하고 창출된 성과가 더 높은 혁신가치를 창출하도록 국가 차원의 총괄적인 종합설계와 조정을 하는 수단이다.

따라서 혁신환경의 복잡성이 높아가고 혁신성과 창출의 중요성이 커지면서 주요 선진국들은 과학기술정책 또는 혁신정책 거버넌스의 강화 및 운영 개선에 집중하고 있다. 공통적으로 최상위 과학기술정책 및 혁신정책 조정 강화를 위한 조직 신설 및 개편이 이루어지고 있다. 우리나라도 정책 전문가들 사이에서 과학기술정책 거버넌스의 중요성과 정책 종합조정을 위한 최상위 조직과 운영방식에 대한 관심이 높다.

국가마다 상위 과학기술정책 및 혁신정책 조정을 위한 접근 방식은 다소 차이가 있지만 상위 정책결정 및 조정 주체가 수행해야 할 역할은 대체로 유사하다. 즉, 국가 정책 방향과 전략을 설정하고 전략적 우선 순위 분야를 정한다. 그리고 국가 전략 방향과 정부부처들의 정책을 연계하고 관련 정부부처들의 정책과 사업의 조정 등 정책의 수평적 조정체계를 구축한다. 공공연구주체 및 혁신주체들의 역할과 운영시스템을 조정하는 수직적 관리체계도 구축한다. 또한 과학기술혁신정책과 다른 정책들과의 조정에 관여한다. 그리고 이러한 전략과 정책조정을 위한 기반 정보 및 지식을 확보한다.

현재 우리나라 거버넌스 체계는 이러한 역할 중 전략설정, 정책의 수평적 조정, 수직적 관리 등을 수행하고 있다. 그런데 중요한 것은 상위 거버넌스 조직의 이러한 역할 수행이 과학기술혁신정책의 추진에 유의미한 영향을 미치는 가이다. 현재 상위 거버넌스 조직은 국가 과학기술혁신 정책 및 전략을 설정하고 조정하는 행위를 하고 있으나 활동의 질적 측면에서 유의성이 높지 못하고 다소 형식적으로 흐르고 있다.

혁신환경 변화에 적극적으로 대응해 경쟁력을 창출하기 위해서는 국가혁신시스템의 기능과 역할을 개선하기 위한 총체적인 접근이 필요하다. 특히 이러한 총체적인 접근을 설계하고 주도하는 주체가 필요하다. 즉, 상위 과학기술혁신 거버넌스 조직에서 국가혁신시스템에 대한 진단을 토대로 혁신방향과 전략을 설정하고 이를 달성하기 위한 혁신주체들의 역량과 역할 제고 그리고 관련 제도들의 개선방안 등을 종합적으로 다루어 그 결과를 정부부처정책과 전략에 반영하는 과정이 필요하다. 이러한 것을 체계적으로 구현하기 위해 우리나라 상위 거버넌스체계가 나아가야 할 방향과 필수적으로 갖추어야 할 요소들을 제시해본다. 핵심요소인 정책체계, 정책범위, 정책조정, 정책대상, 정책주체 측면에서 방향을 제시한다.

첫째, 과학기술의 전략적 역할 수요에 대응해 정책체계를 강화해야 한다.

경제안보와 기술패권 경쟁으로 치닫고 있는 글로벌 혁신환경에서 과학기술은 경제성장과 발전을 주도하는 핵심 요소를 넘어 국가경제안보와 직결되는 전략적 자원이 되고 있다. 이제 과학기술은 경제사회발전을 위한 핵심 수단을 넘어 국가안보, 외교 등 국가 전략적 핵심자원으로서의 역할이 중요해지고 있다. 이에 대응하기 위해 주요 선진국가들은 국가 차원의 전략적 경쟁수단으로 과학기술을 다루고 있다. 우리 정부도 국가 전략적 역할 자원으로서 과학기술혁신을 활용하기 위한 정책체계를 강화해야 한다. 즉, 연구개발사업 추진을 중심으로 한 과학기술정책의 역할에서 국가 전략 차원의 대응력 제고를 위한 전략적 접근 강화를 위해 국가 과학기술혁신전략 및 정책체계를 새롭게 구축해야 한다.

둘째, 과학기술 중심 정책에서 과학기술과 혁신기반 성장을 포괄하는 과학기술혁신정책을 추진해야 한다[43]. 혁신경쟁이 치열해지고 혁신의 속도가 빨라지면서 과학기술과 혁신의 연계 필요성이 확대되고 있다. 또한 기후변화, 감염병 등 글로벌 사회문제들이 대두되면서 사회문제해결을 위한 과학기술과 혁신의 협력적 역할이 요구되고 있다. 그로 인해 유럽의 국가들과 일본은 과학기술과 함께 혁신의 역할을 강조하는 방향으로 정책을 변화시키고 있다.

과학기술정책에서 혁신정책을 포괄하는 범위와 수준은 국가마다 정책시스템의 특성에 따라 다르다. 유럽은 혁신의 관점에서 정책을 추진하고 일본은 과학기술과 혁신을 병행하는 방식이다. 미국은 사회문제해결을 다루지만 여전히 과학기술 중심이다. 우리나라의 경우는 넓은 범위를 다루는 정책은 아직 체계적인 접근과 경험이 부족하다. 또한 과학기술이 혁신성장을 주도해야 하는 역할 수요가 크다.

따라서 과학기술정책과 혁신성장정책을 연결해 과학기술혁신정책으로 확대추진하는 것이 필요하다. 구체적으로 특정 전략기술 분야에 한정된 연구개발이 아니라 전략기술과 관련한 산업 분야의 혁신생태계 및 가치사슬을 고려한 종합적인 접근이 필요하다.

셋째, 범부처의 연구개발정책을 종합조정하기 위한 정책조정 기능의 강화가 필요하다[44]. 전략분야별 정책조정도 강화해야 한다. 개별사업 수준에서 사업조정이 이루어지고 있으나 전략과 정책 수준에서 정책조정이 이루어져야 한다. 나아가 주요 전략분야별 통합전략 수립과 체계적인 정책 추진을 위해 분야별 정책조정을 강화해야 한다. 이를 위해 주요 전략분야별 정책조정을 위한 컨트롤타워를 설치한다. 예를들면 보건의료

바이오헬스 분야 컨트롤타워 조직을 설치한다. 과기부, 복지부 등 부처별로 중장기계획을 수립하던 파편화된 방식을 개선해 보건의료분야의 통합된 하나의 종합계획체계로 개편한다. 여러 부처에 산재된 전략분야 전문관리기관 기능도 통합해 분야별 전문관리기관체계로 개편이 필요하다.

넷째, 기능별 정책 중심에서 분야별 혁신생태계 활성화 중심으로 정책이 전환되어야 한다[45]. 연구개발을 통해 창출된 지식은 여러 분야에 활용될 수 있지만 활용과 사용을 목적으로 하는 혁신은 특정 분야의 혁신생태계 속에서 창출되므로 분야별 성장이 중요하다. 따라서 기능별 정책만이 아닌 분야별 혁신생태계 중심의 정책을 강화해야 한다. 또한 지식생태계에 적합한 정책이 추진되어야 한다. 지식생태계는 일반적인 시장에서의 시장성, 효율성 가치와는 다른 보이지 않는 창의성, 전문성 가치들이 활동의 중심을 이룬다. 따라서 연구개발 지식생태계의 건강한 발전을 위해서는 전문성에 의해 지배되고 관리되는 연구환경이 확보되어야 한다. 지식생태계에서 활동하는 산학연 주체들의 협력이 활성화되도록 수월성, 유연성, 자율성이 확보된 연구환경 조성이 필요하다.

다섯째, 과학기술혁신을 주도하도록 컨트롤타워의 역할을 확대해야 한다[46]. 과학기술과 혁신성장의 포괄적 연계조정을 위해서는 컨트롤타워의 역할과 운영체계를 재조직화해야 한다. 나아가 국가 경제안보 확보를 위한 과학기술의 전략적 역할 수요도 대응해야 한다. 특히 국가 차원의 사회문제해결 대응을 위해서는 일부 사회문제에 한해서 과학기술이 사회정책과 연계하여 혁신을 추진하는 포괄적 혁신정책을 시도해야 한다. 이를 위해서는 새로운 과학기술의 역할수요를 다룰 수 있는 컨트롤타워의 재구축과 역할 전환이 필요하다. 또한 종합 컨트롤타워 조직 내에 주요 전략분야의 컨트롤타워 역할을 하는 부서와 기능을 설치하는 방안도 고려해야 한다.

전략조정을 위한 시스템평가제도 도입

혁신은 혁신주체와 제도들 간의 복잡한 상호작용을 거쳐 창출된다. 국가혁신시스템에는 취약하거나 작동이 부족한 실패부분이 발생하고 정부는 정책을 통해 이를 보완한다. 그러나 단순 보완 차원이 아니라 역동적으로 상호작용하게 하는 작동 지원이 필요하다. 좀 더 혁신에 적극적인 국가들은 정부가 국가혁신시스템 방향을 전략적으로 이끌어가고 있다.

정부 정책의 효과 여부는 프로그램평가 및 정책평가를 통해 파악된다. 그런데 평가의 단위는 개별 과제 단위이거나 개별사업이며 프로그램은 일부만 해당된다. 혁신시스템에 대한 보완과 활성화를 위해 정책이 추진되고 있으나 정책 개입에 대한 효과 분석은 아주 작은 과제나 사업 단위에서 이루어지고 있다. 그러나 과제평가, 사업평가로는 혁신시스템 실패부분이 개선되었는지 파악하기 어렵다.

또한 정책 추진의 기반이 되는 혁신시스템 분석과 진단을 위한 체계적인 평가도 이루어지지 않고 있다. 일부 전문가가 문제를 지적하거나 관련 분야 구성원들이 문제를 제기하는 등 비체계적인 정보의 이슈화를 통해 혁신시스템 문제들이 정책의 대상으로 등장한다. 혁신시스템의 수준에 대한 진단, 실패부분에 대한 확인과 개선, 시스템 실패 보완으로 추진된 정책의 효과 여부 등은 기존의 평가방식으로는 정보를 확보하기 어렵다.

혁신시스템의 분석과 기능 활성화를 검토하기 위해서는 혁신시스템의 문제 도출, 정부 정책의 역할과 효과에 대한 확인, 다양한 시스템 수준에 대한 진단과 분석 정보 등이 필요하다. 특히 전략분야 혁신시스템 및 국가혁신시스템의 전략적 대응 역량을 높이는 방안 마련을 위해서는 혁신시스템의 상태, 역량, 성과 등에 대한 종합적인 분석정보가 필요하다.

혁신시스템에 대한 종합적인 접근을 하면 개별적인 부분에 대한 접근에서는 파악할 수 없는 전략적인 문제를 도출할 수 있다. 이러한 전략적 정보 도출을 위한 혁신시스템 진단분석활동을 시스템 평가라고 한다.

상위 컨트롤타워에서 전략적 방향과 추진 전략을 결정하고 정부부처들의 다양한 정책들을 효과적으로 조정하기 위해서는 시스템평가제도 도입을 통한 포괄적 평가방식을 적용해야 한다. 시스템평가에 필요한 혁신시스템 및 정책에 대한 포괄적, 전략적 정보 창출은 전문가 조직인 정책연구기관을 통해서 추진하면 가능하다[47].

PBS제도의 포괄적 개선

PBS제도는 1990년 중반부터 최근까지 약 30년간 공공연구개발정책을 대표하는 예산제도이다. 당초 PBS제도는 출연연에 대한 정부의 예산 지원제도 변화를 위해 도입된 제도이다. 이 제도는 출연연에 안정적으로 지원해주던 출연금을 줄이고 대신 정부부처사업의 공모경쟁과정을 통해 프로젝트별로 인건비와 연구비 등 총원가 기준으로 과제예산을 지원해주는 방식이다. 정부의 안정적인 지원으로 인한 기관운영 및 연구활동의 비효율을 줄이고 경쟁과정 적용을 통해 우수한 연구자에게 연구자원을 배분하고 연구활동을 활성화하여 출연연 운영의 효율성을 높이고자 하였다.

그런데 출연연에 대한 예산지원 방식의 변화는 정부부처의 사업예산 배분방식에도 큰 변화를 가져왔다. 줄어든 출연연 지원예산은 정부부처로 이전되고 연구과제별로 산학연이 경쟁해 총원가에 의한 과제별 연구비를 수주해 가는 방식이 도입되었다. 이러한 변화는 출연연에 안정적인 예산지원 감소에 따른 불안정성을 높이고 반대로 정부부처에는 연구개발예산 증가와 함께 경쟁적 사업운영을 위한 기획행정관리업무 수요를 증가시켰다. 또한 정부의 연구개발예산이 급격히 증가하면서 정부부처들은 증가된 예산을 차지하기 위한 예산확보경쟁을 치열하게 하고 그로 인해 부처간 사업 중복이 증가하였다. 부처의 연구개발예산의 증가만큼 사업예산관리 업무 수요도 크게 증가하였고 이를 소화하기 위해 각 부처에 전문관리기관들이 다수 설치되었다.

PBS 제도 영향과 부작용

출연연 운영의 비효율성을 개선하기 위해 도입된 PBS제도는 출연연 운영관리 전반을 지배하게 되며 한편으로는 당초에 예상하지 못했던 여러 측면에 영향을 미치고 부작용도 일으키게 된다.

첫째, PBS 제도 도입으로 출연연은 인건비 등 최소한의 기관운영비가 부족해지고 정부부처사업 수탁활동 독려를 통한 재정확보 노력을 기울인다. 재정수입을 개인평가지표에 적용할 만큼 PBS제도 도입의 영향력이 연구자 개개인에게 직접적으로 미쳤다. 이러한 높은 연구환경의 불안정성은 출연연 연구방식에 크게 영향을 미쳤다. 연구수행을 통한 우수한 연구성과 창출보다 과제 수탁에 유리한 단기성과 위주로 연구가 이루어지고 연구과제 수주 자체가 중요한 임무가 되었다. 출연연 내부연구자간 관계도 경쟁관계로 변화되었다.

둘째, PBS제도 도입 이후 출연연의 정체성과 역할에 혼선이 발생하였다. PBS제도는 출연연을 산학연이라는 다양한 연구주체 중의 하나로 간주하고 있어 정부연구기관으로서의 차별화된 역할과 임무이행의 필요성이 퇴색되었다. 대학은 출연연이 정부연구기관인데 같은 경쟁자로서 작은 정부사업 공모과정에 참여하는 것에 대해 불만을 제기하기도 한다. 이러한 출연연의 정체성과 역할의 혼선은 PBS제도가 적용된 시간만큼 출연연 내외부적으로 악화되었다. 최근 출연연의 역할정립이란 이름으로 추진된 R&R_Role & Responsibility은 관련 문제를 그대로 둔 채 출연연 각 기관별 역할정립을 요구하였다. 그러나 정부출연연구기관 정체성과 기본 역할에 대한 국가차원의 정립이 이루어지지 않는다면 개별 기관단위에서 역할 정립의 추진은 성공하기 어렵다.

셋째, 출연연 운영의 비효율성 문제 개선을 위해 도입된 PBS제도는 정부부처 연구개발예산으로 예산흐름이 집중되도록 하여 또 다른 예산관리의 비효율성을 야기하고 있다. 부처간 사업예산 확보 경쟁이 심화되고 사업간 중복 문제가 지속되고 있다. 이를 개선하기 위한 종합조정은 정책조정이 아닌 중복사업 조정을 위한 수단으로 기능해 제한된 효율성 수준에 머물고 있다. 정부부처들은 부처마다 사업기획과 예산관리를 위한 전문관리기관을 설치해 분야간 기능 중복의 비효율성 문제와 관리의 경직성 문제가 발생하고 있다. 나아가 정부부처 사업예산 규모가 커지면서 정부연구개발의 성과창출을 전문관리기관의 관리역량에 의존하는 구조가 되었다.

넷째, PBS제도는 연구생태계에 과도한 경쟁체제를 도입하므로써 국내 연구생태계의 협력 기반을 부실화하는 부작용을 야기하고 있다. 정부부처사업 공모시 큰 과제는 산학연 공동 참여를 조건으로 하지만 과제 공모조건을 맞추기 위한 형식적인 산학연 협력이 이루어지고 있다. 또한 연구자 개인 단위에서의 치열한 경쟁은 상호 신뢰와 교류에 기반한 협력체계 및 개방형 체계를 구축하는데 장애가 되고 있다. 출연연 내부에서조차 연구자간 협력문화가 미흡하고 출연연구기관 사이에 장벽이 높다. 출연연과 대학 및 기업과의 협력은 연구자 개인 간 네트워크에 의한 소극적인 협력이 이루어지고 있다.

PBS제도의 개선 방향

PBS제도 문제의 핵심은 PBS제도가 연구생태계 현장에 미치는 영향과 부작용이다. 출연연 연구 환경 및 운영의 불안정성 확대, 출연연 역할과 정체성 혼선 야기. 산학연 협력에서 출연연 역할 모호와 협력 기반의 훼손, 정부부처에 집중된 연구개발예산 집행과 관리의 경직성 문제 등이다. 이를 개선하기 위해서는 안정인건비 확대 등 안정적인 출연연 예산의 증가만 필요한 것이 아니라 정부부처로 흐르는 연구개발예산 구조 및 관리에 대한 전면적인 개편이 필요하다.

지금의 연구개발예산구조는 전문가조직인 출연연구기관, 국립연구기관보다 정부부처 및 산하 전문관리기관이 중심인 구조이다. 그로 인해 정부부처간 사업예산 확보 경쟁에 의한 사업중복 문제가 심화되고 전문관리기관에 의존한 정부부처 연구개발 예산관리체계의 비효율성, 경직성 문제도 제기되고 있다[48]. 또한 공모과정을 통한 단기 경쟁방식의 적용이 혁신성과가치 창출에 효과적인지에 대한 논란도 있다. 따라서 정부부처 산하 전문관리기관에 의존한 정부연구개발 추진체계의 적합성에 대한 종합적인 검토가 필요하다.

지금의 정부부처 중심의 정부연구개발체계의 구조는 PBS제도와 함께 시작되었으며 급격한 연구개발예산 증가로 정부연구개발구조는 더욱 개별 부처중심의 구조가 되었다. PBS제도 개선은 정부연구개발예산 구조의 균형 회복 차원에서도 다루어져야 한다.

이러한 PBS 제도의 개선방향을 종합해서 제시하면 다음과 같다.

첫째, 출연연 연구환경 개선 및 산학연 협력 기반 확충을 위해 출연연에 적정 수준의 안정예산 지원이 이루어져야 한다. 불안정한 환경과 불충분한 지원으로 우수인력의 이탈이 발생하지 않도록 적절한 지원이 필요하며 출연연이 주도하는 산학연 협력체계 발전을 위해 보다 안정적인 출연금 지원이 필요하다[49].

둘째, 출연연에 정부연구기관으로서의 정체성과 역할을 명확히 설정하고 국가적 임무달성을 위한 책임주체로서의 역할과 임무를 부여한다. 이를 위해서는 임무이행에 필요한 안정재원이 적절히 지원될 수 있도록 출연연 예산지원 방식이 개선되어야 한다.

셋째, 정부연구개발사업 추진체계의 불균형구조를 개선해야 한다. 전문가 연구조직인 정부출연연구기관에 비해 정부부처와 전문관리기관 중심으로 지나치게 기울어진 정부연구개발추진체계의 불균형 문제를 개선해야 한다. 정부부처사업들에 적용되는 총원가기준의 연구비 산정방식도 적용에 변화가 필요하다. 총원가 기준 연구비 산정방식은 그대로 유지하되 상황에 따라 산정방식을 조정하는 변화가 필요하다. 출연연과 같은 정부연구기관 주도와 정부부처의 수요에 대응한 정부부처 주도 연구개발 사이의 지나친 구조적 불균형 문제는 국가연구개발시스템 발전 및 효율성 개선 측면에서 중요하게 고려해야 할 문제이다.

정부부처사업에서 출연연의 역할이 필요한 부분은 여러 가지가 있다. 우선 정부부처사업은 대체로 단기적 수요와 인프라 구축 등이 중심이다. 그래서 공공성이 높아 다른 연구주체보다 출연연 수행이 적합한 분야 또는 성과창출에 장기적인 시간이 필요한 분야는 출연연을 중심으로 추진하는 것이 적절하다.

그리고 정부부처사업 추진시 선호하는 대형사업단 체제는 산학연의 우수인력이 참여하지만 지속성에 한계가 있다. 조직단위에서 체계적인 지식축적이 이루어지려면 정부출연연구기관 중심으로 추진하는 방안도 고려해야 한다.

정부가 선정한 전략기술분야는 그 범위가 넓어 정부부처가 전부를 주도적으로 추진하는데 한계가 있다. 출연연에 정부의 임무를 일부 나누어 주어 정부와의 동반주체로서의 역할을 확대하는 것이 필요하다

출연연이 주도하는 임무이행분야는 출연연에 의해 산학연 협력이 주

도되어야 한다. 정부부처의 전문관리기관이 형식적 관리조건으로 산학연 협력을 요구하기 보다는 연구자간, 연구기관 차원에서 산학연 협력이 기본적인 수행방식이 되도록 개방형 체계를 구축해야 한다. 이를 위해서는 출연금과 같은 자율성이 높은 예산이 필요하며 출연연의 자율적인 협력체계 결정이 필요하다.

협력체계 구축을 위한 PBS제도의 출연연 적용방식 개선

최근 K정부출연연구기관에서 나타나는 산학연 간의 협력체계의 모습은 선진국과 유사한 상호협력방식이 이루어지고 있어 눈에 띈다. 출연연 내부에 기업의 연구실을 설치해 추진하는 공동연구방식은 출연연뿐만 아니라 대기업들의 지식창출과 혁신에 중요한 태도 변화가 있음을 보여준다. 또한 대학과의 학연 협력도 상대적으로 활발하다. 다른 출연연보다 수도권이라는 지리적 이점이 있지만 높은 출연금 규모에 의한 운영의 자율성이 산학연에서 출연연의 역할에 중요한 기반이 되고 있는 것으로 보인다.

출연연 전체적으로는 PBS제도 개선의 일환으로 출연금 규모가 증가하였다. 그러나 분야에 따라 차이가 있으며 기관별로 출연금 비중에 큰 차이가 있다. 안정 인건비뿐만 아니라 안정 연구비의 차이도 크다. 출연금 비중이 낮은 연구기관들의 출연금 비중을 높이고 운영상황을 지속적으로 모니터링해 문제를 조정해 가는 방향으로 개선이 필요하다.

적극적인 방안으로는 안정적 인건비 100% 지원을 기본 조건으로 전환하는 것이다. 출연연이 고정적으로 정부부처사업의 일정부분을 수행해야 하는 경우에는 해당 기관의 출연금 인건비 비중을 조정한다. 그 외 공모사업은 인건비를 지급하지 않고 인센티브만 적용한다. 즉, 현재의 인센티브 제도를 개선해 출연금 사업은 인센티브 적용을 제외하고 정부부처사업 추진 시에는 인센티브를 지원하는 방식을 적용할 수 있다. 기업 수탁과제의 경우에는 수행과제 연구비에 기본적으로 인건비를 포함한다.

이러한 접근은 출연연에 임무중심 연구개발사업의 주도적인 추진 권한을 확대해 주어 임무이행책임을 제고하도록 하기 위한 것이다. 그리고 성과창출의 시급성과 혁신적 성과창출 요구에 효과적으로 대응을 하도록 재정적 인센티브에 다소 차이를 두는 방식이다. 즉, 출연금 사업은 안정적인 연구의 수행환경이 조성되는 만큼 내부사업에는 인센티브를 제외한다. 반면 정부부처의 수탁사업 추진에는 일정 수준의 인센티브를 부여한다. 기업과제의 경우 강한 성과창출 요구에 대응해야 하므로 인건비 수입도 허용해 준다. 즉, 안정성이 높은 사업 수행시에는 인센티브를 없애고 혁신적인 가치 창출 요구에 부응한 노력에 대해서는 보상을 강화하는 방식으로 전환하는 것이다.

3 정부출연연구기관 관리 원칙과 제도 혁신방안

출연연시스템의 효율성 제고를 위한 정부의 정책은 관리 원칙 적용과 제도 혁신에서 연구개발의 본원적 속성과 출연연구기관의 내재적 가치에 대한 이해와 개념을 토대로 해야 한다. 출연연의 역할 적합성 제고를 위한 임무중심 출연연의 역할체계와 수월성 제고를 위한 개방화 및 국제화 전략방향을 제시한다.

정부와 정부출연연구기관의 시각 차이

우리나라 정부는 그동안 과학기술의 중요성이 커짐에 따라 정부연구개발예산을 매년 크게 증가시켜 왔다. 그로 인해 국가 GDP 대비 정부 R&D예산 비중이 세계 1~2위 수준에 이르고 있다. 그러나 정부연구개발예산이 크게 증가하는 것에 비해 공공연구의 혁신 성과는 기대에 미치지 못하는 연구생산성 문제가 지속적으로 제기되고 있다.

공공 R&D의 낮은 생산성 문제는 앞서 지식가치사슬구조 분석에서 보듯이 여러 요인들이 관련되어 있다. 그러나 정부정책에서는 정부출연연구기관의 낮은 연구생산성과 운영의 비효율성 문제가 주로 다루어져

왔다.

2021년 기준 국가과학기술연구회 산하 출연연 예산은 4.5조원으로 정부연구개발예산의 16.9%를 사용하고 있다[50]. 정부 연구개발 예산이 증가할수록 국가과학기술연구회 산하 출연연의 예산 비중은 점점 낮아져 역할비중도 즐어들고 있다. 그러나 출연연은 대표적인 공공연구기관으로서 중요성과 상징성이 높아 공공 R&D 문제 및 개선을 위한 대표적인 정책대상으로서 여전히 관심을 받고 있다.

정부는 출연연의 운영 효율성 제고를 위해 출연연의 역할과 임무의 재정립, PBS 제도 개선과 연구몰입환경 제고, 출연연 기관평가 제도개선, 공공기관 운영지침 준수 요구 등 출연연에 다양한 정책과 제도를 적용해왔다. 그리고 정책적용과 제도 개선은 일회성이 아닌 지속적인 추진이 이루어졌다. 그러나 정부의 지속적인 정책과 제도개선에도 불구하고 출연연의 연구성과는 크게 개선되지 않고 있다[51].

이러한 출연연의 낮은 생산성 문제의 원인에 대해 출연연은 PBS제도의 부작용, 정부의 경영지배에 의한 출연연 운영의 관료화 및 경직화, 공운법(공공기관의 운영에 관한 법률) 적용의 부적합성, 양적 평가제도 적용 등 출연연 조직 운영과 관련된 여러 정책과 제도들의 부적합성을 주요 원인으로 들고 있다. 반면 정부는 예산관리와 관련해 출연연의 방만한 경영, 성과 부족, 시설장비투자의 비효율성 등 효율성과 관련한 지적을 많이 한다. 대학이나 기업에서는 출연연의 역할 부족과 성과 부족을 지적한다.

이처럼 정부와 출연연은 낮은 생산성의 원인을 바라보는 시각이 다르다. 그러나 연구현장에는 여기에 기술된 여러 문제들이 동시에 발생하고 있어 문제개선을 위해서는 포괄적인 접근이 필요하다. 출연연 구성원들과 관련자들이 출연연에 공통적으로 기대하는 것은 높은 연구역량에 기반한 우수한 기술적 성과, 혁신적 시장성과의 창출이다.

지금까지 출연연의 문제가 개선되지 못한 원인에는 정부와 출연연간에 문제를 바라보는 시각의 차이에도 기인하지만 더욱 중요한 것은 출연연의 역할과 운영 방향에 대한 동의 부족이다.

출연연은 국가혁신시스템과 정부연구개발시스템에서 주도적인 위치에 있기보다는 정부를 보완하거나 대학과 기업을 연계하는 매개 역할을 하고 있다. 이러한 매개적인 역할로 인해 출연연 정체성과 역할의 애매함과 혼선이 구조적으로 상존해 왔다. 더구나 PBS제도는 정부연구개발시스템에서 출연연 역할의 모호함을 가중시키고 있다. 단순히 공공부문의 연구기관이 수행해야 하는 일반적인 분야로 인식되는 공공성이 높은 연구, 사회문제에 기여하는 연구, 기업이 필요로 하는 연구와 같은 개념으로는 그 역할이 불명확하다.

출연연의 정체성과 역할 제고를 위해서는 출연연이 내재적으로 갖추어야 할 요소들과 그에 대한 동의가 우선적으로 필요하다. 특히 정부와 출연연, 대학, 기업 등 정부와 관련 연구주체들의 출연연의 역할 가치에 대한 이해와 동의가 필요하다.

정부출연연구기관의 내재적 가치
: 연구적합성과 수월성

출연연의 역할과 성과창출의 효율성에 영향을 미치는 내재적 가치는 연구적합성Relevance과 수월성Excellence이다. 과학기술은 새롭게 발견된 탁월한 지식을 토대로 발전한다. 수월성은 모든 지식활동에 기본적으로 요구되는 속성이다. 적합성은 수월성에 이어서 나온 개념으로 연구의 목적적합성과 관련된 개념이다. 연구활동은 연구자 개인의 호기심 차원에서만 이루어지는 활동이 아니라 사회적 수요를 고려한 연구활동이 필요함을 나타내는 속성이다. 과학과 사회와의 상호 작용이 커지면서 발전된 개념이기도 하다. 그런데 연구적합성은 공공연구기관에서 더욱 강조되는 개념이다. 공공연구자금이 특별한 목적을 위해 지원되거나 특정의 문제해결을 요구할 경우에는 목적에 적합한 연구활동을 이행할 책임이 부여된다. 따라서 최근의 연구개발활동은 공공정책의 목적달성과 사회문제해결 요구 강화 측면에서 연구적합성이 중요하게 다루어지고 있다.

그런데 연구자 사회에서는 연구적합성relevance과 수월성excellence을 두고 어느 요소가 더욱 중요한지에 대한 논쟁이 여전히 발생하고 있다. 특히 기초연구활동에서는 연구자의 자유로운 연구활동 요구가 중요한지 아니면 문제해결을 지향하는 기초연구가 중요한지에 대한 갈등이 있다. 공공연구기관에서도 대체로 이 두요소 간의 상대적 중요성에 대한 관리상의 혼선과 갈등이 있다.

정부출연연구기관에서도 연구적합성과 수월성 관리에 대한 다소의 혼선이 있어 왔다. 그러나 최근의 흐름은 연구적합성이 더욱 우선시 되는 방향으로 나아가고 있다. 다른 주체들의 연구역량이 커지고 출연연의 역할이 애매해지면서 연구의 적합성 문제가 중요하게 부각되고 있기 때문이다. 그로 인해 출연연의 명확한 역할과 임무설정 요구가 확대되면서 연구의 적합성 요소는 더욱 중요해 지고 있다. 물론 수월성은 모든 연구활동에 기본적으로 요구되는 사항이기 때문에 연구적합성을 확보하면서 해당 부문에서 최고 수준의 연구결과를 창출하는 것이 필요하다. 즉, 연구적합성을 이행하면서 수월성을 확보하는 방향으로 가야 한다.

출연연의 연구적합성 확보는 출연연의 역할과 임무이행의 충실성과 밀접히 연계되어 있다. 최근 과학기술혁신정책에서 전략적 역할이 강화되면서 전략기술개발 등 정부의 임무중심의 연구개발이 강조되고 있다. 그런데 정부가 출연연에 일정한 임무와 역할을 위임하지 않는다면 출연연은 임무중심 연구개발에서도 구체적인 역할의 명확성을 확보하기가 어렵다. 또한 연구의 적합성이 확보되지 않으면 연구수월성을 발휘하기 위한 방향성이 흔들리게 되어 수월성 확보에도 부정적이다. 따라서 출연연의 역할과 임무의 명확성 제고에 의한 연구의 적합성 확보가 우선적으로 이루어져야 한다.

연구의 수월성은 글로벌 혁신경쟁에서 모든 연구자 및 연구기관들이 갖추어야 할 요소이며 새로운 지식의 창출과 우수성에 의해서 좌우된다. 우수한 지식정보를 창출하기 위해서는 조건과 환경을 구축해야 한다. 하나의 연구조직이나 기관에 폐쇄된 연구활동이 아니라 다양한 지식에 접근하고 활용하는 개방성이 중요하다. 연구기관간 협력, 산학연 협력이 수월성을 확보하기 위한 기본적인 접근방식이다. 형식적인 산학연 협력은 지식창출의 수월성 확보에 실질적인 기여를 하지 못하기 때문에 상호학습과 지식정보 교류 활성화를 위한 협력 문화를 구축해야 한다.

연구의 수월성 제고 측면에서 우리나라 연구조직들에게 부족한 접근이 국제화 부분이다. 그동안 국제적 개방성이 부족한 것에는 언어적 장벽, 문화적 폐쇄성, 연구관리의 경직성 등 여러 가지 원인이 있지만 가장 근본적인 원인은 선진국과의 역량 차이이다.

공동연구 및 국제협력은 부족한 역량을 빠르게 개선할 수 있는 유용한 방법이며 국제적 전문가 네트워크에 진입할 수 있는 좋은 기회이기도 하다. 그러나 협력에는 서로의 이해관계가 맞아야 하며 협력으로 인한 유무형의 보상에 상호 등가적 관계가 있어야 가능하다. 가장 이상적인 국제공동연구는 협력 당사자들의 연구역량이 최고 수준이어서 협력이 상호간에 이익이 되는 경우이다. 그래서 우리의 역량이 부족한 경우에는 연구비 분담, 해외 우수 인력 활용 등 역량 차이를 극복할 수 있는 다른 조건들이 필요하다. 국제협력 활성화를 위해서는 연구예산 관리의 유연성이 필요하다. 그리고 지식재산권 정책 마련이 중요하다.

국제화는 해외 우수한 연구자 및 연구기관과 국제공동연구 및 다양한 국제협력을 추진하는 것뿐만 아니라 해외 연구자들이 출연연구기관에서 연구할 수 있는 유연하고 개방적인 연구환경 조성도 포함해야 한다. 또한 국내 출연연 연구자가 해외의 우수한 연구기관에서 함께 연구활동을 할 수 있도록 하는 종합적인 개방화 전략이 필요하다. 이와함께 출연연구기관 운영시스템이 선진국 연구기관과 같은 수준으로 글로벌 스텐다드화 되어야 한다.

이러한 연구의 적합성과 수월성 개념에 의하면 정부가 지원관리하는 출연연시스템의 효율성은 단순히 대학처럼 우수한 학술논문을 발표하는 것이 아니라 국가적으로 필요한 분야에서 우수한 성과를 창출하는 것이다. 따라서 정부의 출연연정책은 연구의 적합성을 토대로 수월성 가치를 지향해야 한다. 관리정책도 이러한 요소들을 구현하기 위한 방향으로 정책이 조정되어야 한다.

정부출연연구기관의 자율과 책임 관리원칙

연구개발 활동은 새로운 주제, 문제를 탐구하고 분석하고 적용하는 과정을 통해 원리를 발견하고 문제를 해결하는 활동이다. 새로운 주제와 문제를 다루는 신규성으로 인해 사전에 자원의 소요 규모와 관리과정을 면밀하게 계획하기가 어렵고 성과 창출의 불확실성이 높다. 이러한 속성으로 인해 연구개발활동에는 일반적인 공공조직 활동에 적용되는 관리통제 또는 사전에 표준화된 관리통제가 적용되기 어렵다.

또한 연구개발활동은 고도의 전문성을 요하는 활동이기 때문에 비전문가에 의한 관리통제가 어렵다. 이러한 특성으로 인해 연구개발활동에는 일반적 조직의 관리통제 또는 외부적 통제보다는 연구개발활동을 수행하는 연구자의 자율적 결정과 결과에 대한 책임을 강조한다. 그래서 자율과 책임의 원칙은 연구개발활동에 적용되는 전통적인 관리 원칙이다. 이러한 연구개발활동의 자율성 원칙은 범위를 확장해 연구개발활동을 수행하는 연구기관 또는 전문가들이 모여서 활동하고 있는 전문가 커뮤니티에도 적용된다.

대표적인 공공연구기관인 정부출연연구기관은 과학기술분야 전문가들이 모여서 연구개발을 수행하는 전문연구조직으로 조직운영에 필요한 자율과 책임 관리 원칙의 중요성이 널리 알려져 왔다. 또한 출연연 운영의 관리원칙은 암묵적인 조건이 아니라 법률[52] 로서 명확하게 제시되어 있다. 즉, 출연연에 연구와 경영의 자율성과 독립성을 보장하고 있으며 이를 위해 정부의 출연금과 수익금으로 자율적으로 운영할 수 있음을 법률에 명기하고 있다.

정부출연연구기관은 설립 당시 자율적이며 유연한 운영을 위해 경직적인 보조금 지원방식이 아닌 사용의 유연성이 높은 출연금 지원방식을 적용하였다. 출연금 지원방식은 정부가 출연연의 자율적 운영을 위한 자율과 책임 관리원칙을 적용하기 위한 실질적인 지원수단이다.

그러나 시간이 흐르면서 정부는 출연금의 지원 방식 및 관리에 점점 강화된 관리통제 조건들을 부여하고 있다. 출연금 산정시 인력 수 및 인건비 규모, 경상운영비, 자본적 지출에 대한 통제를 강화하고 있다. 물론 정부의 출연금에 대한 관리통제 강화는 출연연의 출연금 확대현상과 비효율적 운영이 영향을 미치기도 하였다.

자율적 운영 부여에 대응한 책임 이행 확인은 연구기관 평가와 감사 활동을 통해 이루어지고 있다. 법률상으로는 연구기관의 원장이 연구기관을 대표하고 경영에 책임을 진다고 명확히 하고 있다. 그러나 연구기관의 기관장은 임기(3년)가 짧아 연구실적에 대한 평가결과에 대한 책임을 지기 어려운 구조라고 한다[53]. 또한 기관평가의 유효성과 평가방식의 적합성에 대한 논란도 지속적으로 제기되고 있다.

이처럼 출연연의 운영체계는 자율과 책임이라는 관리원칙 하에서 정부의 출연금 예산지원을 통한 자율적 운영 지원과 책임성 이행 확인을 위한 결산, 감사, 기관평가라는 큰 틀로 제도들이 구성되어 운영되고 있다. 그런데 이외에도 정부가 일반적인 공공관리 측면에서 적용하는 여러 가지 공공기관 운영관리 사항들이 적용되고 있다. 즉, 출연연은 공공기관의 운영에 관한 법률(공운법)의 적용을 받고 있다. 인력정원관리, 임금수준 및 임금피크제 적용, 정년제도, 근무관리방식 등 조직관리 전반에 일반 공공기관에 적용되는 동일한 관리통제 방식이 적용되고 있다. 그런데 문제는 이러한 관리사항들이 새로운 지식을 창출하는 연구개발조직의 특성과는 맞지 않는 부분들이 많다는 점이다.

공공기관에 대한 표준화된 관리는 관리의 효율성이 있을 수 있으나 경직성으로 인해 형식적 효율성에 의한 비효율성 문제가 발생할 수 있다. 이러한 문제는 일본의 사례에서도 찾아볼 수 있으며 일본의 변화과정은 우리에게 시사하는 바가 크다.

일본의 사례

일본은 정부부문의 효율화를 위해 2001년부터 독립행정법인제도를 도입하고 정부연구기관들을 포함한 정부부문 기관들을 독립행정법인화하였다. 독립행정법인은 경영에 일정한 자율성이 주어졌지만 5년마다 중기목표를 설정하는데 계획 수립시 주무부처의 간섭을 받았고, 재정적으로도 일반관리비 및 업무경비 효율화 목표를 설정하도록 하였다. 또한 연구수탁수입이 발생하면 정부가 지원하는 운영비교부금이 그만큼 삭감되었다. 그러자 이러한 운영방식이 연구개발 성과창출 및 국제경쟁력을 잃게 한다는 비판이 제기되었다.

그에 따라 연구기관에 대해 독립행정법인과는 다른 연구개발형 법인유형이 설치되었다. 연구개발형 법인은 국가 전략에 따라 과제를 수행하는 연구기관임을 제도적으로 명확히 하고, 연구개발 특성을 고려한 평가, 국제수준을 고려한 전문적 평가, 연구개발 외 업무 고려, 인건비 및 운영비 교부금의 일률적 삭감 폐지 등이 고려되었다. 특히 세계 최고 수준의 성과도출이 기대되는 법인에 대해서는 특정연구개발법인[54]으로 정하여 운영하고 있다. 이러한 연구기관에는 중기 전략목표를 7년까지 정할 수 있으며 법인장은 국제경쟁력을 갖춘 인재의 확보가 가능하도록 인사제도의 개혁, 유연한 급여 설정 등 필요한 조치를 할 수 있다.

예산관리에서 인적자원관리 중심으로 출연연 정책전환 필요[55]

연구개발활동의 속성인 불확실성을 고려할 때 예산사용의 안정성과 유연성이 중요하다. 연구성과의 수월성에는 예산지원 뿐만 아니라 우수한 인력의 확보와 역량을 발휘할 수 있는 기반 환경조성이 중요하다. 지금까지 국가연구개발에 대한 정부의 지원은 예산지원 확대를 통한 충분한 연구비 제공과 예산사용의 유연성 제고에 집중해 왔다. 출연연의 경우는 그동안 PBS 제도의 불안정성 개선을 위한 안정적 인건비 확대에 초점이 맞추어졌다. 그러나 탁월한 성과창출에 가장 중요한 우수한 인력의 확보와 이들의 연구활동 활성화에 필요한 인사관리제도의 적합성 개선은 다루어지지 않고 있다.

정부가 연구직접비에 대해서는 큰 폭으로 지원을 확충했지만 인력규모 및 정년, 급여제도에 대한 관리는 엄격하게 통제하고 있다. 그에 따라 최근 출연연 경영진들은 우수 인력의 확보가 어렵고 기존의 우수인력이 상대적으로 높은 급여 수준, 늦은 정년 등 인적 자원 관리환경이 우위인 대학으로 이동하고 있음을 토로한다. 지식을 창출하고 다루는 조직은 일반조직에 비해 인력의 우수성이 매우 중요하다. 출연연은 연구비, 연구장비, 참여인력 등 물적 연구환경은 우수하나 연구자 인적 자원관리 환경이 부실해 우수인력이 대학으로 이동하고 있는 것이다.

또한 연구기관의 인력관리에는 전문적인 지식활동에서 요구되는 인력관리의 유연성이 필요하다. 연구조직은 새로운 지식의 유입이 빠르게 이루어져야 한다. 새로운 지식은 새로운 연구자를 통해 확보될 수 있어 신진 인력 활용의 유연성이 높아야 한다. 그러나 비정규직 제도의 경직성이 높아 유연한 인력활용이 어렵다. 비연구인력 및 저성과자에 대한 적절한 활용 및 관리 부족도 연구기관 운영의 경직성을 높인다.

출연연 연구현장에서는 우선적으로 공운법 개정에 대한 요구가 높다. 특히 우수한 인력의 확보 및 관리와 관련된 관리통제가 기관운영의 자율성을 크게 위축시키고 있다는 주장이다. 일본의 사례처럼 우수한 연구기관에 대해서는 연구개발활동 특성을 고려한 별도의 인력관리체계를 도입하는 방안 또는 일부 연구기관에 대해 자율성과 유연성을 허용해 그 결과를 모니터링한 후 개선범위를 조정하는 방법을 고려해 볼 수 있다. 반면 정부가 우려하는 출연연의 방만 경영에 의한 인건비 확대 및 비효율성 발생가능성 문제도 검토해야 한다. 즉, 비효율적 운영을 방지하고 책임운영을 할 수 있도록 하는 방안도 필요하다. 출연연 정책에 대한 부분적인 검토가 아닌 종합적인 검토와 방안 마련이 필요해 보인다.

자율성을 제한하는 과도한 정부수탁사업과 기관평가의 비효과성

과도한 정부부처 수탁사업 추진체제와 기관평가도 출연연 기관운영 자율성에 영향을 미친다. 출연연은 출연금 외에 예산의 상당부분을 정부부처의 과제수탁을 통해 확보한다. 정부부처들은 사업별 관리방식을 적용하고 있으며 부처 산하의 전문관리기관들이 사업을 직접 관리하고 있다. 따라서 출연연은 정부수탁과제를 자체적인 관리제도에 의해 관리하는 것이 아니라 정부부처 및 관리기관에서 정한 관리기준을 따라야 한다.

문제는 정부수탁사업 및 과제의 비중이 큰 기관의 경우, 기관의 내부운영의 자율성의 확보가 어렵다는 점이다. 즉, 많은 사업과 과제들이 관련 정부부처들의 직접적인 관리통제를 받게 되면 연구기관 내부에서 자율적으로 결정하여 추진할 수 있는 사업의 비중이 상당히 줄어들고 자율적인 연구사업 결정권이 제약을 받게 된다. 이것은 정부출연연구기관 전체예산에서 출연금 비중의 적정한 확보와 관련되어 있다. 출연연 운영의 자율과 책임 원칙이 준수되려면 출연금 예산과 수탁예산의 적정한 균형이 중요하다.

기관평가에서는 기관의 발전 방향 및 전략에 대한 전문가들의 권고와 자문이외에 운영제도에 대한 상세한 지적이 이루어지고 있다. 그런데 지적된 사항에 대한 이행조건이 강하게 제시되고 있어 부적절한 지적으로 인한 폐해도 나타나고 있다. 또한 일본과 같은 국제적 수준을 고려한 전문적 평가가 이루어지지 않고 있다.

출연연 운영에 자율과 책임 원칙이 적절히 적용되기 위해서는 보다 명확한 이해와 인식을 반영한 가이드 라인 설정이 필요하다. 출연연 운영의 자율과 책임이라는 기본 원칙이 단순히 용어 수준에서 논의되는 것이 아니라 왜 중요하며, 어느 수준에서 어떻게 적용되어야 하는 지에 대한 포괄적 기준을 설정하는 것이 필요하다. 또한 책임 이행에 대한 조건과 모니터링 결과의 정책적 활용도 보다 체계화하는 것이 필요하다. 자율과 책임에 대한 상호 이해 부족과 인식 차이에 의한 혼선과 비효율성을 줄이고 우수한 성과창출이라는 공동의 목표를 향한 적극적인 조치가 필요하다.

임무중심 출연연시스템으로 전환

연구개발은 성과창출의 위험성이 높으며 투자 성과에 대한 전유성이 약해 시장에 맡겨놓을 경우 과소투자가 발생할 수 있다. 이에 정부는 공공연구개발투자를 통해 민간이 투자하지 않는 부분을 보완하거나 투자 동기부여가 약한 연구개발의 시장실패를 보완하고 민간 연구개발 활동을 촉진한다.

정부의 연구개발 투자는 연구 인프라 지원, 중소기업 연구개발 지원 등 민간의 연구개발 투자 및 연구활동 촉진을 위해 이루어진다. 또한 공공성이 강하고 위험성이 높은 부분에 대해 정부가 직접적인 연구개발을 수행해 그 결과를 이전하거나 정부와 민간의 공동연구개발을 추진한다. 특히 기초연구, 국가 안보 등 공공임무분야의 장기적이고 안정적인 연구개발활동을 위해 공공연구기관을 설립해 운영한다.

대표적인 공공연구기관인 정부출연연구기관은 경제성장 초기 단계에 기술개발을 통한 경제와 산업발전이라는 국가적 과제를 수행하기 위해 설립되었다. 운영방식은 국립연구기관이 가지는 연구활동의 경직성을 줄여 자율성과 유연성에 기반한 활발한 연구활동 수행을 위해 출연금 지원방식을 적용하였다. 이러한 설립배경을 고려하면 출연연은 민간연구기관이 아니라 정부가 담당하는 정책과제를 공동으로 해결하기 위해 설립된 기관이다. 다만 정부행정기관이 갖는 경직성과 비효율성 문제를 줄이기 위해 출연금에 의한 운영방식이 적용된 것이다.

따라서 이러한 출연연 설립시 부여된 목적이 출연연이 이행해야 할 가장 우선적인 첫번째 임무이다. 즉, 출연연의 태생적 고유임무는 국가 과제를 해결하는 것이며 정부와 함께 부여된 임무를 적절히 이행하는 것이다. 이것은 출연연이 정부부처가 부처행정 수요에 대응해 추진하는 연구개발사업들에 적극적으로 참여해 문제해결과 성과 창출을 해야 하는 임무이기도 하다.

두 번째 임무는 연구개발기관으로서 그 역할을 충실히 하기 위한 임무이다. 출연연은 국가의 과제를 연구개발로 해결하기 위해 설립된 기관이다. 따라서 고도의 연구개발 전문성을 확보하고 새로운 역량을 확보해 가야하는 본원적 임무가 있다. 이러한 임무는 별도의 학습과정으로 이행될 수 있지만 자체 연구 프로젝트 기획과 수행을 통해 보다 적극적으로 이행될 수 있다.

새로운 전문지식의 확보 및 새로운 분야의 개척을 통해 전문성을 심화하고 새로운 지식역량을 개발해 국가과제의 더 나은 해결과 미래의 국가과제에 대한 대응능력을 높여야 한다. 즉, 스스로 새로운 지식의 습득을 활성화하고 새로운 접근과 새로운 해결방안을 탐색하기 위한 사업을 추진해야 한다.

세 번째는 정부가 제시한 국가과제를 성실히 대응해 나가는 것도 필요하지만 출연연 전문분야에서 선도적으로 국가적 과제를 발굴하고 해결하는 주도적인 접근을 통해 국가과제를 해결하고 발전시키는 임무를 수행해야 한다. 현재 출연금으로 추진하는 주요 연구사업이 여기에 해당한다고 볼 수 있다.

네 번째는 분야별로 연구분야의 고유한 특성이 있으며 연구 분야의 연구역량 발전에는 연구 인프라 수준이 중요하다. 연구시설 및 장비와 같은 하드웨어와 데이터 뱅크, 정보시스템 등 소프트웨어를 포괄하는 연구인프라 발전도 출연연이 이행해야 할 중요한 임무이다.[56]

출연연이 임무를 이행하는 방식은 단기적으로는 출연연의 역할이 우선적으로 필요한 부분에 빠르게 대응하는 것이 필요하지만, 중장기적으로는 이러한 네가지 임무를 균형적으로 추진하는 것이 중요하다. 그래야 출연연의 다원적 임무구조의 안정성과 균형성이 유지될 수 있다. 이것은 출연연의 조직적 정체성 확립과 자율과 책임 관리원칙과도 연계된다.

최근 글로벌 사회문제해결이라는 거대한 글로벌 과제해결을 임무로 설정하고 연구개발에 기반한 혁신을 통해 글로벌 과제해결뿐만 아니라 관련 산업발전, 경제성장, 사회혁신을 달성한다는 임무중심혁신정책이 주목받고 있다. 국가마다 구체적인 접근은 다르지만 우리나라 임무중심 연구개발정책에는 전략기술개발이 핵심적인 부분을 차지하고 있다.

우리 정부는 임무중심연구개발체계 추진을 통해 12대 전략기술개발을 우선적인 임무중심연구개발 대상으로 정하고 있다. 전략기술개발은 범위가 넓어 한 부처에서 담당하기 어려우며 여러 부처가 함께 참여하고 정부, 공공과 민간이 함께 협력해야 하는 중요한 과제이다.

출연연의 경우 전략기술개발의 핵심연구거점으로서의 역할이 제시되었지만 원칙적인 수준에서 언급되었을 뿐 구체적인 접근과 역할이 제시되지는 않고 있다. 과거의 환경 기준에서는 출연연이 그런 역할을 하는 것이 적합할 수 있지만 기술의 전략적 역할이 강조되는 최근 혁신환경을 고려하면 전문연구조직인 정부출연연구기관에 대한 역할 부여와 활용이 다소 소극적이다.

지난 25년간 PBS시대에서 정부는 산학연 경쟁을 강화하는데 집중했으며 출연연을 경쟁에 참여하는 하나의 연구주체로서 인식해 왔다. 그러나 출연연의 설립목적, 출연연에 부여된 당위적 역할과 임무는 정부와 공동으로 국가과제를 해결하는 것이다. 정부 임무의 효율적인 이행에는 정부의 주도적인 역할이 중요하지만 문제를 잘 해결할 수 있는 전문가 집단에 일정부분 그 역할을 위임하는 방안도 고려해야 한다.

정부가 기술 로드맵을 그리고 수행과제를 기획한 후 세부분야를 출연연에 맡기는 것도 하나의 방법이지만, 12개 전략기술 중 출연연 전문가들이 많이 포진한 분야는 출연연에 해당 분야 임무수행을 위임하거나 또는 전략기획과 사업기획을 맡기는 것이 필요하다. 특히 그동안 공공성이 높아 출연연이 주된 역할을 맡아온 분야, 당장의 현안이 아닌 새로운 분야개발을 통한 중장기적 과제 해결이 필요한 분야, 현안문제이지만 출연연이 빠르게 해결할 수 있는 분야 등에 적용할 수 있다.

정부가 출연연에 임무 일부를 위임하거나 기획을 위임하는 것이 다른 주체와의 공정성 측면에서 문제로 보일 수 있다. 그러나 출연연은 책임 있는 기획주체로서의 역할이 가능하다. 또한 기관의 성격상 포괄적으로는 정부부문의 연구기관이며 정부 과제의 일부분을 맡아서 할 수 있는 당위적 근거를 갖고 있는 기관이기도 하다.

현재 출연연 운영제도는 개별 기관들이 독립적으로 운영할 수 있는 법적 기반을 갖고 있다. 그러나 개별기관 수준의 임무 접근은 임무수행의 임계규모에 미치지 못해 기대되는 성과를 창출하지 못할 수 있다. 출연연은 연구회가 주도하는 융합연구사업을 통해 출연연 연구자들의 밀접한 협력을 이미 경험하고 있다. 그러나 아직 출연연간 긴밀한 협력이 운영 전반으로 확대 적용되지는 못하고 있다. 특히 한 분야에서 수행되는 연구에 대한 연구기관간 정보 교류도 활발하지 못하다.

그래서 정부와 공동으로 또는 정부를 대신해서 정부과제의 해결 임무를 수행할 경우, 출연연의 임무주체는 개별기관보다는 출연연들을 모두 포괄하는 연구회 단위에서 추진하는 것이 적합할 것이다. 이를 위해서는 연구회 운영체제의 변화가 필요하지만 우선은 관련된 다수의 출연연구기관 전문가들이 모두 참여하는 형태의 유연한 접근이 가능하다.

출연연은 국가전략기술분야 기술개발을 가장 우선적인 임무로 이행해야 하지만 앞서 제시한 기관 전문분야에서 과제해결 주도 임무, 새로운 지식과 기술의 탐색 및 확보 임무도 균형적으로 추진해야 한다. 그리고 해당 분야 연구에 필요한 국가의 핵심 인프라 구축에도 출연연의 역할이 중요하다.

한국의 경제성장 속도가 느려지고 있다. 1인당 GDP가 3만불 수준에는 안착했지만 4만불을 넘어서지 못하고 있다. 그 원인에는 여러 가지가 있지만 핵심은 경제성장을 이끌 성장동력 창출이 부진한 데에 있다. 이를 개선하기 위해서는 혁신성장을 창출하는 국가혁신시스템에 대한 진단과 재도약을 위한 정비가 필요하다.

최근 글로벌 혁신시장 환경은 녹록치 않다. 4차 산업혁명, 기술패권 경쟁이라는 급격한 변화의 소용돌이가 휘몰아치고 있다. AI, 이차전지, 첨단 바이오 등 4차 산업혁명을 이끄는 전략기술이 창출하는 신산업이 태동하면서 글로벌 신시장 확보를 위한 경쟁이 치열하게 전개되고 있다. 4차 산업혁명을 대표하는 전략기술의 확보는 기술패권화된 국제정세 속에서 해당 국가의 역량을 지지하는 힘으로도 작용하고 있다. 이러한 혁신시장 환경에 대응하기 위해 선진 국가들은 새로운 전략기술개발 및 신시장 확보를 위해 전력 질주하고 있다. 우리나라도 선진국의 정책동향과 전략을 고려한 적극적인 대응 전략과 방안 마련이 필요하다. 주요 방안을 정리해 보면 다음과 같다.

정부의 역할과 정책혁신 방안

급변하는 혁신환경에 대응하기 위한 선진국들의 과학기술혁신정책은 동일한 방향성을 갖지만 구체적인 접근방법은 국가마다 다르다. 유럽은 기후변화, 환경문제 등 글로벌 사회문제해결을 위한 혁신정책에 집중하면서 기술개발에서 사회혁신까지 포괄하는 통합적 혁신을 추구하고 있다. 이러한 유럽의 통합적 혁신정책은 방향 측면에서는 바람직하지만 실질적인 성과 창출이 쉽지 않다는 단점이 있다. 일본은 유럽과 유사한 접근을 하면서 자국 내의 사회문제해결과 미래 사회비전 달성에 집중하고 있다. 그런데 관련된 첨단기술개발에 집중하고 있어 유럽보다는 다소 성과 지향적이라고 볼 수 있다. 미국은 중국과의 경쟁대응에 모든 것을 집중하고 있으며 첨단기술개발과 제조업 공급망 강화에 주력하고 있다. 기후변화, 탄소중립, 국민건강 등 사회문제를 다루고 있지만 정책의 핵심은 기술개발과 상업화에 의한 신산업 창출 및 글로벌 시장 주도이다. 즉, 미국은 기술과 시장 경쟁력 확보를 중심으로 하는 실용적인 과학기술혁신정책을 추진한다는 특징이 있다. 우리나라의 과학기술혁신정책은 선진국들의 정책 흐름을 고려하면서 우리나라의 혁신시스템의 한단계 도약을 위한 접근이 필요하다. 이러한 측면에서 정부정책의 주요 개선방안을 정리해 본다.

(1) 우리나라의 과학기술혁신정책은 통합적 사회문제해결에 집중하고 있는 유럽의 혁신정책보다는 전략기술개발과 새로운 시장가치 창출에 집중하는 미국식의 실용적 과학기술혁신정책을 참고하는 것이 적절

하다. 우리나라는 개별 칸막이 영역 내에서 각자 노력하고 경쟁하는 것에 익숙하다. 넓은 범위의 정책을 조정하거나 연계 추진하는 것은 경험이 부족하고 익숙하지 않다. 경험적으로 익숙한 정책노선은 미국과 유사한 실용적 성과창출 중심이다. 따라서 과학기술혁신정책도 우리가 효율적으로 다룰 수 있는 실용적인 과학기술혁신정책이 적합하다. 지나치게 포괄적인 혁신정책 수준으로의 급격한 변화는 소화하기 어렵고 실질적인 성과창출도 불확실하다. 과학기술혁신정책은 과학기술정책과 혁신성장 정책간의 연계 추진부터 시도하는 것이 필요하다.

(2) 국가혁신시스템의 도약을 위한 재정비는 국가혁신시스템의 방향과 전략을 이끌어가는 과학기술혁신정책 컨트롤타워의 개편부터 시작해야 한다. 과학기술혁신정책 컨트롤타워의 역사는 약 25년에 이르고 있으나 그동안 시스템의 질적 발전이 이루어지지 못했다. 처음부터 지금까지 개별사업 중복조정 수준의 소극적인 역할에 머물러 있다. 컨트롤타워로서의 실질적인 역할을 하기 위해서는 컨트롤타워의 운영시스템 및 조직체계의 전면적인 개편이 필요하다. 컨트롤타워 기능 수행에 가장 중요한 것은 전략적 지식정보의 확보이다. 지식정보가 확보되지 않으면 전략설정도 정책조정도 가능하지 않다. 국가혁신시스템 전반을 다루는 분석과 진단, 발전 방향 등에 대한 전문적인 지식정보가 필요하며 이를 위한 싱크탱크의 역할이 필요하다.

(3) 임무중심 연구개발정책으로 추진하는 전략기술개발은 기존에 추진했던 전략기술개발과는 전략적 중요성에 차이가 있다. 경제안보 차원

에서 추진되는 지금의 전략기술개발은 과거의 전략기술개발과는 그 성격과 무게감이 크게 다르다. 새로운 전략기술개발에서는 더욱 획기적인 기술력 창출과 신산업으로의 빠른 혁신성과창출 등 실질적인 혁신가치 창출이 요구된다. 이를 달성하기 위해서는 과거에 정부가 추진했던 연구개발사업 추진 방식의 변화도 필요하다. 특히 개별 사업단 체제에 의존하는 방식으로는 경쟁력있는 전략기술개발 과제 이행에 한계가 있다. 또한 기술개발 자체만으로는 혁신의 의미가 작아지고 있어 산업발전과 연계되어 추진되어야 한다.

(4) 경쟁중심의 정부연구개발사업 추진체제를 개방과 협력체제로 전환해야 한다. 경쟁을 통한 효율성 추구는 빠른 캐치업 능력의 향상과 양적 성과창출에는 적합하다. 그러나 양적 성장 이상 수준으로의 향상에는 한계가 있다. 따라서 질적인 성장을 위해서는 경쟁에 의한 양적 효율성에서 개방과 협력을 통한 보다 크고 질 높은 성과 창출체제로 전환해야 한다. 지금까지 익숙한 경쟁체제의 문화에서 벗어나기가 쉽지 않지만 질적 성장과 발전을 위해서는 개방과 협력체제를 소화해야 한다. 이를 위해서는 상위 컨트롤타워의 스마트한 리더십과 함께 연구 현장에서는 실질적인 협력체계의 작동이 중요하다. 연구생태계의 연구문화와 행태를 바꾸기 위한 총체적인 노력을 기울여야 한다.

(5) 정부연구개발사업은 대다수 정부부처들에 의해서 추진되고 부처 산하 전문관리기관을 통해 기획관리된다. 더구나 정부연구개발예산의 증가분도 대부분 정부부처의 연구개발 증가로 직결되고 있다. 지금의 연

구개발시스템에서는 정부연구개발사업의 성과창출과 경쟁력이 부처 산하 전문관리기관의 역량에 달려있다. 이러한 전문관리기관체제에 의존하는 정부연구개발시스템이 적합한가, 이러한 관리체제가 앞으로도 효율적인가에 대한 깊은 고민이 필요하다. 전문관리기관 중심체제로 기울어진 운동장의 균형을 맞추고 보다 질적이고 생산적인 연구개발체계 구축을 위해서는 연구를 수행하는 연구기관체제의 활용(지금과는 다른 방식)을 고려해야 한다.

정부출연연구기관의 역할과 기능 혁신

정부출연연구기관은 출연금에 의한 내부사업을 추진하지만 외부에는 정부부처 연구개발사업을 경쟁하여 확보하는 공공연구기관으로 비추어지고 있다. 공공연구기관이 갖추어야 할 임무와 역할이 불분명한 것이다. 정부출연연구기관의 역할과 기능 혁신 방안을 정리해 본다.

(1) 정부출연연구기관의 역할과 성과 제고를 위해서는 우선 정부연구기관으로서의 정체성을 명확히 해야 한다. 즉, 정부는 정부출연연구기관의 임무와 역할에 대한 명확한 규정과 임무 부여를 해야 한다. 임무는 정부에서 해결해야 하는 것 중 정부출연연구기관이 주도적으로 해결해야 할 임무를 부여하고, 역할은 분야별 특성에 따라 각각 다르게 설정한다. 정부가 정부출연연구기관에 부여하는 임무는 국가가 빠르게 성과를 창출해야 하는 전략기술분야에 집중해서 역할을 하는 것을 주요 내용으로

한다. 그 외 공공연구기관으로서 해야 할 임무는 기관이 자율적으로 범위를 설정하도록 한다. 또한 정부출연연구기관별 역할은 관련 산업의 발전 수준을 고려해 차별화되어야 한다. 국내 산업이 글로벌 경쟁수준으로 발전한 분야는 선도적 역할을 위한 기초연구 및 미래 지향적 연구를 수행하고, 반대로 관련 산업이 초기 단계인 분야는 단기적인 산업발전에 필요한 연구개발을 수행하는 것이 적합하다.

(2) 정부출연연구기관에 대한 정부의 관리정책도 PBS제도 중심의 예산정책에서 인재중심 인력정책으로 정책의 중심을 이동해야 한다. 예산에 맞추어서 인력을 관리하는 것이 아니라 우수한 인재의 확보 및 관리 중심으로 예산을 활용할 수 있도록 관리정책의 방향과 우선순위를 조정해야 한다. 모든 성과는 연구자에게서 창출되며 연구자는 연구현장의 관리시스템과 문화 속에서 행동하게 된다는 것을 인식해야 한다.

(3) 정부출연연구기관이 글로벌 연구기관으로 도약하도록 운영시스템의 글로벌 스텐다드화가 필요하다.
우리나라 정부출연연구기관들은 일본의 정부연구기관들에 비해 국제화 수준이 떨어진다. 연구기관 운영의 경직성이 중요한 원인이지만 정부정책이나 기관운영 차원에서 국제화를 위한 노력을 많이 기울이지 않았다. 선진화된 연구기관으로 발전하기 위해서는 국내뿐만 아니라 국외연구자에게도 널리 개방되는 개방과 협력체제가 필요하다.

한 나라의 연구문화는 해당 국가의 정치, 사회, 문화적 산물이다. 연구기관, 연구원 모두 사회제도 및 사회구성원의 일원이기 때문이다. 그래서 연구문화와 풍토의 개선은 연구기관 내부의 노력만으로 이루어지지 않는다. 정치, 정부정책, 제도 측면에서도 바람직한 연구문화에 대한 수용과 개선 노력이 이루어져야 한다.

최근 정부연구개발예산 삭감 소식에 연구계가 떠들썩하다. 선진국에서는 재정 상황에 따라 발생하는 일이지만 우리나라는 그동안 정부연구개발예산이 급격하게 증가한 만큼 충격이 크다. 일부에서 연구지원 부족에 대한 우려를 하지만 더 중요한 것은 예산을 다루고 성과를 창출하는 시스템 개혁이다. 매년 대규모의 연구개발예산이 관리시스템을 통해 흐르고 있다. 정부예산 흐름이 질적인 연구성과와 실질적인 혁신성과 창출로 연계되도록 국가과학기술혁신시스템에 대한 과감한 개혁이 필요하다.

1부

1 연합뉴스(2023.3.23), '중국, 44개 주요 유망 기술 중 37개 연구 선두…미국은 7개'.

2 IPEF(Indo-Pacific Economic Framework)는 미국 바이든 정부의 대 중국 견제를 위한 구상으로 인도-태평양 지역내 파트너 국가들과 무역, 기술표준, 공급망, 탈탄소화, 인프라, 노동표준화 등을 포함하는 거대한 경제 플랫폼으로 구상되었다.(나무위키(https://namu.wiki/, 2023.5.17. 검색))

3 미국은 기술패권 경쟁에서 우위를 선점하기 위해 반도체 제조업 및 공급망 강화, 첨단 기술에 대한 연구개발 확대 등의 내용을 담은 반도체 및 과학법(CHIPS and Science Act)을 2022년 8월에 제정하였다.
송원아 외(2022), 미, 반도체 및 과학법(CHIPS and Science Act) 주요 내용 및 시사점. 한국과학기술기획평가원, KISTEP 브리프 29.

4 대한민국 정책브리핑, 2050 탄소중립(www.korea.kr, 검색일 2023.5.17.)

5 2016년 11월 4일 협정이 발효되었다.
대한민국 정책브리핑, 2050 탄소중립(www.korea.kr, 검색일 2023.5.17.)

6 대한민국 정책브리핑, 2050 탄소중립 (www.korea.kr, 검색일 2023.5.17.)

7 탄소중립녹색성장위원회(https://www.2050cnc.go.kr/, 검색일 2023.8.26.)

8 탄소중립녹색성장위원회(https://www.2050cnc.go.kr/. 검색일 2023.8.26.)

9 블룸버그에서는 기후정책이 갖는 중요성과 영향력을 강조하고 있다.
Bloomberg.com(https://www.bloomberg.com/) Climate policy has become central in the fight for global power.(검색일 2022.12.20.)

10 미국 IRA법에는 에너지 안보 및 기후변화, 건강보험법 확장, 서부지역가뭄대응역량

등이 포함되어 있다.

11 이승필 외(2023), 기술동향-전기차 배터리 핵심광물, 한국과학기술기획평가원, KISTEP 브리프 68.

12 나무위키(http://namu.wiki, 검색일 23.10.04)

13 과학기술정보통신부 보도자료(2023.5.19.), 한국형 탄소중립 100대 핵심기술을 확정, 본격적인 탄소중립 기술개발 청사진 제시.

14 RE100(Renewable Electricity 100)은 기업이 사용하는 전력을 2050년까지 전량 재생에너지로 대체하자는 캠페인이다.

15 과학기술정보통신부 보도자료(2022.11.29.), 미래 첨단 바이오 연구 및 산업 경쟁력을 좌우할 합성생물학을 본격 육성한다.

16 S&T GPS, 합성생물학의 윤리적 측면에 대한 정책 제언.(https://now.k2base.re.kr/, 검색일 2023.10.4.)

17 1980년에 David Collingridg가 The Social Control of Technology에서 제기한 문제이다. 위키피디아(https://en.wikipedia.org/, 검색일 2023.10.9.)

18 기술혁신과 규제의 딜레마는 점점 더 중요한 정책문제로 등장하고 있어 이를 해결하기 위한 제도의 발전이 필요하다. OECD의 과학기술혁신 전망에서도 이러한 문제를 다루고 있다. OECD(2023), Science, Technology and Innovation Outlook.

19 미국, 유럽연합(EU)은 AI행동강령 마련에 착수하였고 UN은 AI 규제를 위한 국제 규약과 전문기구 설립을 언급하였다. ESG경제(2023.6.13.), 유엔, AI 행동규범 추진... IAEA급 기구 만든다. ESG경제(https://www.esgeconomy.com/, 검색일 20203. 10. 16)

20 미국의 제조업 일자리는 1990년에서 2013년까지 569만개가 줄어들었다.
김보민 외(2014), 미국의 제조업 경쟁력 강화 정책과 정책 시사점, 대외경제정책연구원.

21 하버드 대학의 게리 피사노 교수는 미국 대기업들의 글로벌 아웃소싱 전략 추진이 산업혁신에 필요한 산업 공유지를 훼손시켜 미국의 제조업 경쟁력을 떨어뜨리고 있다고 한다.

게리 피사노, 윌리 시(2019), 왜 제조업 르네상스인가, Harvard Business Review Press, 지식노마드.

22 고속증식 원자로, 초음속여객기, 태양광업체 솔린드라 등이 정부 개입 및 산업정책의 실패사례로 자주 언급된다.

23 CNAS는 기술분야의 국가안보보좌관을 신설을 제안히였다.
CNAS(2022), Reboot: Framework for a New American Industrial Policy.

24 OECD, OPSI(Observatory of Public Sector Innovation(https://oecd-ospi.org. 검색일 2023.06.26.)

25 마츠카토 교수는 정부가 사회문제를 국가적 임무로 설정하고 문제해결을 위해 연구개발을 포함한 다양한 정책 조치를 취하고 시장까지 조성해야 한다고 주장한다.
Mazzucato, M.(2021), "Mission Economy, A Moonshot Guide to Changing Capitalism", PENGUIN BOOKS.
이민형 외(2022), 혁신환경 변화 대응 정부출연연구기관 역할 재정립 및 관리체계 개선방안, 과학기술정책연구원.

26 실제로 DARPA에서는 구체적인 과제 선정기준이 문서화되어 있지 않다고 알려져 있다. 문서화할 경우 오히려 전문적인 자율적 판단을 제약할 수 있기 때문이다.

27 ARPA-H도 기존의 NIH 프로그램이 점진적인 혁신을 추구하는 것과는 다른 차별화된 획기적인 성과창출을 내세우고 있으나 아직은 도입시간이 짧아 성과창출에는 시간이 필요하다.

28 국가과학기술자문회의 심의회의 운영위원회(2022), 임무중심 R&D 혁신체계 구축전략(안), 2022.10.13.

29 12대 전략기술분야는 반도체·디스플레이, 이차전지, 첨단 이동수단, 차세대 원자력, 첨단 바이오, 우주항공·해양, 수소, 사이버보안, 인공지능, 차세대 통신, 첨단로봇·제조, 양자 등이다.

30 한국산업기술진흥원(2022), 주요국의 경제안보 정책 현황 및 시사점, KIAT 산업기술정책센터.

31 이민형 외(2022), 혁신환경 변화 대응 정부출연연구기관 역할 재정립 및 관리체계 개선 방안, 과학기술정책연구원.

32 PM체계의 다층성이 있어 PM체계의 모습과 규모가 달라질 수 있다. 논의의 편의상 단일 PM 사업단체계를 중심으로 하지만 다층 체계도 내용이 유사하다.

33 임무중심의 전략기술은 경제안보라는 국가 전략적 관점에서 추진해야 하며 접근방식도 전략적이어야 한다. 기술개발 그 자체가 목적이 아니라 산업과 시장의 전략적 부문에서의 경쟁력 확보를 목표로 해야 한다. 전략기술분야를 전략적으로 다루려면 개별 PM체계보다는 보다 상위의 분야별 컨트롤타워체계가 필요하다.

34 정부가 출연연에 사업단을 지정해서 운영하는 방식은 활용이 제한적이어서 그 효과가 한계가 있다. 출연연의 활용은 정부가 개별 사업단을 지정하는 수준이 아닌 상위 수준의 임무 부여를 의미한다. 임무를 부여받은 출연연이 자율적으로 기획과 추진 사업단 등을 구성하는 방식을 의미한다.

35 전략적으로 가장 우선순위에 두어야 하는 분야는 컨트롤타워체계 방식으로 운영하고, 그렇지 않은 신흥기술분야는 출연연에 위임해 업무의 효율성을 높여야 한다.

36 2002년 노벨화학상 수상자인 다나카 고이즈미는 당시 민간기업인 시마즈 제작소 연구원이었다.

37 Triple Helix Model은 1990년대 중반에 Henry Etzkowitz에 의해 주창되어 산학연 협력 촉진을 위한 정책에 영향을 미쳤다.

38 전경련에서는 기업 관점에서 산학협력의 문제를 제시하고 있다.
전국경제인연합회(2010) 기업의 관점에서 바라본 산학협력의 현황과 과제, 기업R&D 전략리포트.

39 조윤애 외의 연구에서는 기업을 대상으로 한 산학연협력 실태조사 결과를 제시하고 있다.
조윤애 외(2016), 기업의 산학연 협력과 정책과제, 산업연구원.

40 개방형 혁신이론을 주도한 헨리 체스브로(Henry Chesbrough)는 혁신성과 창출을 위해 폐쇄형 혁신에서 개방형 혁신으로 변화의 필요성을 제기하였다.

Chesbrough Henry(2003) "Open Innovation: The New Imperative for Creating and Profiting from Technology", Harvard Business Press.

41 체스브로는 기업의 혁신이 단순히 특허지식 창출과 같은 지식성과활동에 머물러서는 안되고 창출된 지식이 기업활동에 보급되어 활용될 수 있어야 하는 점을 강조한다.

Chesbrough Henry, 이예지 기획(2021), 오픈 이노베이션-혁신을 추구하는 기업의 선택, mysc(Merry Year Social Company).

42 정미애 외(2012), 기초원천연구의 실용화 촉진 방안 : 산학연협력을 중심으로, 과학기술정책연구원.

43 EC는 개방성 확대를 위해 2016년에 Open Innovation 2.0을 추진하였다.

44 EU의 EIC(European Innovation Council)는 2018년부터 2021까지 파일럿 단계를 거쳐 2021년 3월에 정식 출범했다.

45 미국 의회는 인프라 투자 및 일자리법(Infrastructure Investment and Jobs Act, 일명 인프라법.) 반도체 칩과 과학법, 인플레이션감축법(IRA, Inflation Reduction Act)등을 제정하였다.

46 의원 구성은 총 14명이며, 의장은 총리가 맡고 정부장관, 일본학술회의의장 및 민간 전문가로 구성된다.

47 2000년 3월에 유럽의회에서 EU의 전략적 목표를 제시하였다. European Parliament(2000), Lisbon European Council 23 and 24 March 2000 Presidency Conclusions.(https://www.europarl.europa.eu/, 검색일 2023.06.26.)

48 유러피언 패러독스는 일반적으로 유럽의 혁신전환 능력이 떨어지는 것을 일컫는다. Interreg Europe(2020), University-Industry Collaboration, European Union, European Regional Development Fund.

49 유럽의 경우 과학기술정책이라는 용어를 거의 사용하지 않는다. 대부분 혁신정책이라는 용어로 사용되고 있다.

50 이민형 외(2021), 변혁적 환경 대응을 위한 정부 R&D역할과 시스템 혁신 전략-과학기술혁신정책 거버넌스 체계 중심으로, 과학기술정책연구원.

51 이민형 외(2021), 변혁적 환경 대응을 위한 정부 R&D 역할과 시스템 혁신 전략-과학기술혁신정책 거버넌스 체계 중심으로, 과학기술정책연구원.

2부

1 1980년대 Freeman(1987)과 Lundvall(1992), Nelson(1993) 등에 의해 제시되었다.
Freeman, L. C. (1987), "Technology Policy and Economic Performance: Lessons from Japan", Frances Pinter, London.
Lundvall, B. A. (1992), "National Systems of Innovation: Towards a Theory of Innovation and Interactive Learning", London: Pinter Publishers.
Nelson, R. R.(1993), "National Innovation Systems: A Comparative Analysis", Oxford University Press, USA.
이민형 외(2012), 연구성과 제고를 위한 정부출연연구기관 역할 및 운영체계 효율화 방안, 과학기술정책연구원.

2 이민형 외(2020), 시스템 중심 혁신정책 평가체계 구축과 활용방안, 과학기술정책연구원.

3 이민형 외(2020), 시스템 중심 혁신정책 평가체계 구축과 활용방안, 과학기술정책연구원.

4 Malerba는 산업분야별 혁신시스템 차이를 다양한 산업분야의 특성을 제시하면서 설명하고 있다.
Malerba, F. (2005), "Sectoral Systems of Innovation: a Framework for Linking I nnovationthe to the Knowledge Base, Structure and Dynamics of Sectors", Economics of Innovation and New Technology, 14(1-2), pp. 63-82.

5 유러피언 패러독스는 1995년 EC의 Green Paper on innovation에서 처음 제시되었다.

EC(1995), Green Paper on innovation, EU Publications, EC Website.

6 유럽의 기초연구 수준에 대한 평가는 연구마다 다소 차이가 있다. Dosi et al.(2005)은 유럽은 미국에 비해 과학연구시스템, 산업경쟁력에서 약점이 있다고 보았다. 또한 Pavitt(2000)은 첨단 분야에서 유럽의 과학적 성과가 떨어지고 있다고 보았다.

Dosi, G, Llerena, P. and Sylos Lavini, M.(2005), "Science-Technology-Industry Links and the "European Paradox": Some Notes on the Dynamic of Scientific and Techology Research in Europe," ResearchGate.

Pavitt, K.(2000), "Why European Union Funding of Academic Research Should Be Increased: A Radical Proposal," Science and Public Policy, 27(6), pp.455-460.

이민형 외(2012), 연구성과 제고를 위한 정부출연연구기관 역할 및 운영체계 효율화 방안, 과학기술정책연구원.

7 스웨덴 패러독스는 복지국가이면서 경제성장을 동시에 이루는 것을 의미하는 용어이기도 하다. 즉, 복지와 성장이라는 달성이 어려운 목표를 동시에 이룬 좋은 의미의 스웨덴 패러독스도 있다.

8 GDP 대비 제조업 비중이 독일 19%, 일본 20%, 미국 11% 등이다, 세계은행 2021, 반면 서비스업 비중은 한국 57%, 독일 63%, 일본 70%, 미국 77% 수준이다. 세계은행 2021, 중앙일보 2023, 3, 28. 최병일의 이코노믹스 제조업강국만으로는 미래를 준비할 수 없다. 한국의 GDP 대비 제조업 비중이 61%로 제시된 자료도 있다. 국회예산정책처(2022.8), 2022 대한민국 경제.

9 2023년 일사분기 기준 비중이다. ICT 통계포탈(https://www.jtstat.go.kr/, 검색일 2023.10.7.)

10 대기업은 법에서 정한 중견기업, 중소기업을 제외한 기업이 대상이며 산업별로 기준 차이가 있다. 과기정통부, 한국과학기술기획평가원, 한국산업기술진흥협회(2022), 2021년 연구개발활동조사보고서.

11 중국은 디스플레이 LCD, OLED를 비롯해 모바일 폰, 이동통신 인프라, 2차 전지 등 많은 제품과 장비에서 시장 점유율을 높이고 있다.

12 정부 재원은 약 23.6% 수준이다. 중국과 일본을 제외한 다른 국가에 비해서 낮은 수준이다.

13 OECD에서는 한국의 혁신시스템에 대한 진단을 2009년, 2014년, 2023년 실시하였다. 진단결과를 보면 한국혁신시스템의 강점은 줄어들고 약점은 약간의 개선은 있으나 구조적인 변화가 없다.
OECD(2023), OECD Reviews of Innovation Policy, KOREA 2023.

OECD(2014), OECD Reviews of Innovation Policy: Industry and Technology Policies in Korea.

OECD(2009), OECD Reviews of Innovation Policy: Korea.

14 공공기술료 수입이 2021년 2600억원 수준이며 5년간(2017~2021) 연평균 2.3% 증가하였다.
과학기술정보통신부, 한국과학기술기획평가원(2022), 2021년도 국가연구개발사업 성과분석보고서.

15 2021년 한국전자통신연구원(ETRI)이 출연연 전체 기술료 수입의 43%를 차지하고 있다.

16 이민형 외(2021), 변혁적 환경 대응을 위한 정부 R&D 역할과 시스템 혁신 전략-과학기술혁신정책 거버넌스 체계 중심으로, 과학기술정책연구원.

17 관계부처합동(2020), 제7차 기술이전사업화 촉진계획.

18 기획재정부(2023), 23년 국제경영개발대학원(IMD) 국가경쟁력 평가결과 보도참고자료, 2023.6.20.

19 동일기간 성과유형별 연평균 증가율이 논문은 4.5%, 해외특허 등록은 5.3%, 기술료수입은 1.2% 등이다.
한국과학기술기획평가원(2022), 2020년도 국가연구개발사업 성과분석 현황, KISTEP 통계브리프 16.

20 연구개발은 새로운 발견과 과학 지식의 발전, 기존 지식의 응용, 기술개발과 활용, 제품과 서비스 혁신 등 다양한 활동이 이루어진다. 또한 혁신성과 창출에 오랜 시간이 걸리는 경우도 있고 단기간에 시장에서 성과를 창출하는 경우도 있다. 그런데 연구개발 활동이 국민 세금으로 지원되었다면 모든 연구개발은 언젠가는 궁극적으로 국민들 삶에 기여할 수 있어야 한다는 것이 기본원칙이 되어야 한다.

21 22년 기준 과학기술분야 중장기계획 84개 중 43개만 국가과학기술자문회의 심의회의에 상정되었다.
한국과학기술기획평가원(2023) 제5차 과학기술기본계획과 과학기술분야 중장기계획 간 연계 현황 및 시사점, KISTEP 브리프 78.

274   혁신국가를 향한 과학기술혁신시스템의 대전환

22 이민형 외(2018), Post-PBS 시대의 새로운 연구개발정책 방향과 과제, STEPI Insight.

23 일반적으로 예산관리에서 인건비와 같은 고정비의 증가는 예산지출의 경직성을 높이기 때문에 통제를 강하게 한다.

24 연구개발예산 규모가 커지면서 연구개발예산 배분과 관리의 효율성이 중요해지고 있다. 예산과정은 합리성에 의해서만 기능하지 않기 때문에 경쟁이 과도하게 촉진되면 오히려 비효율성이 발생할 수 있다. PBS 경쟁 하에서 적용되는 예비타당성제도는 두 제도의 결합효과로 과열경쟁을 촉발해 비효율성을 유발할 수 있다. PBS제도 및 연구개발분야 예비타당성제도에 대한 검토와 개선이 필요하다.

25 일본의 '통합혁신전략 2023'에는 첨단과학기술의 전략적 추진, 지식기반 및 인재육성 강화, 혁신생태계 구축을 담고 있다.
한국과학기술기획평가원(2023), 일본 통합혁신전략 2023의 주요 내용과 시사점, KISTEP 브리프 79.

26 보건의료 분야는 건강의료분야에 대한 일반적인 구분 명칭이다. 연구개발분야에서는 공식적인 구분 명칭이 정해져 있지 않으며 보건의료분야이외에 바이오헬스라는 용어를 사용하고 있다.

27 이민형 외(2021), 변혁적 환경 대응을 위한 정부 R&D 역할과 시스템 혁신 전략-과학기술혁신정책 거버넌스 체계 중심으로, 과학기술정책연구원.

28 정부부처와 출연연의 역할이 단기와 장기로 명확하게 구분되는 것은 아니다. 출연연도 일부 단기수요 대응 역할을 하고 있다. 그러나 대체로 정부와 출연연의 연구개발 목표는 소요기간에 차이가 있다.

29 기획재정부(2015), 정부 R&D 혁신방안, 2015.5.29. 과학기술정책연구원 정책 심포지움 자료.

30 정부부처가 전문관리기관을 통해 직접 관리하는 연구개발예산 규모는 공식적인 통계가 제공되지 않아 규모의 증가 추이를 정확히 파악하기는 어렵다. 그러나 주요 예산집행주체들의 공개된 예산규모를 고려할 때 정부연구개발예산 증가분의 상당규모가 정부부처가 직접 관리하는 사업예산으로 활용되고 있는 것으로 보인다.

31 기업이 지속적인 혁신을 이어가려면 한 손으로는 새로운 지식과 기회를 탐색하고 다른 한손으로는 기존의 지식과 역량을 활용해 성과를 창출하는 양손잡이 전략을 구사해야 한다.

32 일본은 경제산업성 산하 산업기술종합연구소(AIST)에서 이미 수년전부터 기업연구실 설치가 이루어졌다. 기초연구를 수행하는 이화학연구소에서도 기업과의 협력이 활발하다.

33 유럽은 사회문제해결을 중심에 두는 혁신정책을 추진하고 있다. 그러나 별도의 과학기술정책의 부재는 과학기술정책의 역할이 다소 취약해 질 위험도 있다

34 Arnold, E.는 프로젝트 수준에서는 과학자 동료평가(peer review)가 중요하지만 프로그램 수준 이상에서는 과학자 동료보다 다른 전문가 평가(expert review)가 필요하다고 제시한다.
Arnold, E., (2004), "Evaluating Research and Innovation Policy: a Systems World Needs Systems Evaluations", Research. Evaluation. 13, pp. 3-17.

35 하비 브룩스(Harvey Brooks, 1915~2004)는 미국의 물리학자이면서 과학기술정책 연구자이다.

36 대표적인 예로 Covid-19 관련 정책은 과학적 지식정보에 절대적으로 의존해야만 가능하였다. 평상시에도 정부의 행정기능(안전, 재난, 토양, 환경오염 등) 수행을 위해 많은 과학적 분석정보들이 사용되고 있다. 대부분 부처 산하 국립연구원 및 시험연구소에서 이러한 업무를 담당하고 있으나 과학기술정책 영역에서 관심을 받지 못하고 있다.

37 정책지식생태계에 대한 연구는 많이 이루어지지 않았지만 김선빈 외(2006)는 건강한 정책지식생태계의 중요성과 조성방안을 제시하고 있다.

김선빈 외(2006), 국가경쟁력의 원천: 건강한 정책지식 생태계, 삼성경제연구소, CEO Information, 2006.11.1.

38 홀데인 원칙(Haldane principle)은 영국의 연구정책으로 연구기금은 정치가가 아닌 연구기관들에 의해 결정되어야 한다는 정책이다. 이는 홀데인 경(RIchard Burdon Haldane)이 1904~1908년 의장을 맡았던 기금위원회에 의해 주창되었다. 출처 : 위키백과(https://ko.wikipedia.org/, 2023.8.14. 검색)

39 투입부문에서 예산과 인력 채용에 대한 경직성뿐만 아니라 인력관리 측면에서의 경직성도 높다. 제도의 경직성으로 인해 우수한 인력관리가 어렵고 전체 인력활용의 유연성이 부족하다.

40 PBS제도는 출연연의 경쟁예산 비중을 서서히 증가시키고 지속적으로 제도의 효과와 부작용을 모니터링하면서 추진했어야 하나 도입 초기부터 경쟁예산 비중을 70%로 급격히 확대적용함으로써 큰 혼란이 야기되었다.

41 거버넌스에 대한 정의는 분야별로 다소 차이가 있으나 자원관리와 관련해서는 대체로 지배구조로 정의되고 있다. Arnold E.는 거버넌스는 지배하는 행위 또는 방식the action or manner of governing을 의미한다고 정의하고 있다.
Arnold E. et al.(2003), Research and Innovation Governance in Eight Countries, Technopolis.

42 김계수, 이민형(2003), 국가 과학기술 종합조정시스템과 연구회 운영시스템 발전방안, 과학기술정책연구원.

43 이민형 외(2021), 변혁적 환경 대응을 위한 정부 R&D역할과 시스템 혁신 전략-과학기술혁신정책 거버넌스 체계 중심으로, 과학기술정책연구원.

44 이민형 외(2021), 변혁적 환경 대응을 위한 정부 R&D역할과 시스템 혁신 전략-과학기술혁신정책 거버넌스 체계 중심으로, 과학기술정책연구원.

45 이민형 외(2021), 변혁적 환경 대응을 위한 정부 R&D역할과 시스템 혁신 전략-과학기술혁신정책 거버넌스 체계 중심으로, 과학기술정책연구원.

46 이민형 외(2021), 변혁적 환경 대응을 위한 정부 R&D역할과 시스템 혁신 전략-과학기술혁신정책 거버넌스 체계 중심으로, 과학기술정책연구원.

47 이민형 외(2020), 시스템 중심 혁신정책 평가체계 구축과 활용방안, 과학기술정책연구원.

48 국가연구개발혁신법 제정으로 부처간 사업관리규정의 차이로 인한 복잡성은 다소 해소되었으나 전문관리기관에 의존한 정부부처 중심 연구개발체계는 더욱 고착화되고 있다.

49 출연금의 안정성이 높은 KIST 운영사례는 타 기관의 운영방식 개선에 유용한 참고가

될 것이다

50 R&D예산의 급속한 증가로 출연연 비중이 크게 낮아졌다. 19년 40%에서 21년 36.1%로 낮아졌다. 국가과학기술연구회 소관 출연연의 예산 비중도 19년 19.2%에서 21년 16.9%로 낮아졌다.

51 정부출연연의 보유특허 10개중 약 6개가 장롱특허이며 C등급 이하의 낮은 질적 평가를 받은 특허가 50%를 넘고 있다. 머니투데이, '코리아 R&D 패러독스', 2021.7.15.

52 과학기술분야 정부출연연구기관 설립 육성에 관한 법률 제19조 (자율적 경영의 보장 등)

53 반대로 현재의 기관장 선정 시스템에서는 기관장에게 더 많은 권한과 임기를 부여하는 것이 부적절하다는 의견도 있다.

54 특정연구개발법인에는 이화학연구소(RIKEN), 산업기술총합연구소(AIST), 물질·재료연구기구(NIMS) 가 있다.

55 이민형 외(2022), 혁신환경 변화 대응 정부출연연구기관 역할 재정립 및 관리체계 개선방안, 과학기술정책연구원.

56 이민형 외(2022), 혁신환경 변화 대응 정부출연연구기관 역할 재정립 및 관리체계 개선방안, 과학기술정책연구원.

그림 미주

1) 이민형 외(2018), Post-PBS시대의 새로운 연구개발정책 방향과 과제, STEPI Insight
2) 이민형(2017), 미래를 향한 출연(연) 역할 및 시스템 혁신방안 - Post-PBS시대의 출연(연)시스템 패러다임 전환, 과학기술정책연구원, 과학기술정책포럼.
3) 이민형(2023), 우리나라 과학기술정책 거버넌스 특징과 혁신 거버넌스 개선방안, KIET 세미나 자료.
4) 이민형(2017), 미래를 향한 출연(연) 역할 및 시스템 혁신방안 - Post-PBS시대의 출연(연)시스템 패러다임 전환, 과학기술정책연구원, 과학기술정책포럼.
5) 이민형(2017), 미래를 향한 출연(연) 역할 및 시스템 혁신방안 - Post-PBS시대의 출연(연)시스템 패러다임 전환, 과학기술정책연구원, 과학기술정책포럼.